新世纪高职高专
大数据与会计专业课程体系系列规划教材

企业财务管理

（第二版）

新世纪高职高专教材编审委员会 组编
总主编 赵丽生 高翠莲
主　编 张卫东 侯君邦
副主编 周志红 任翔燕
　　　 芦晓莉

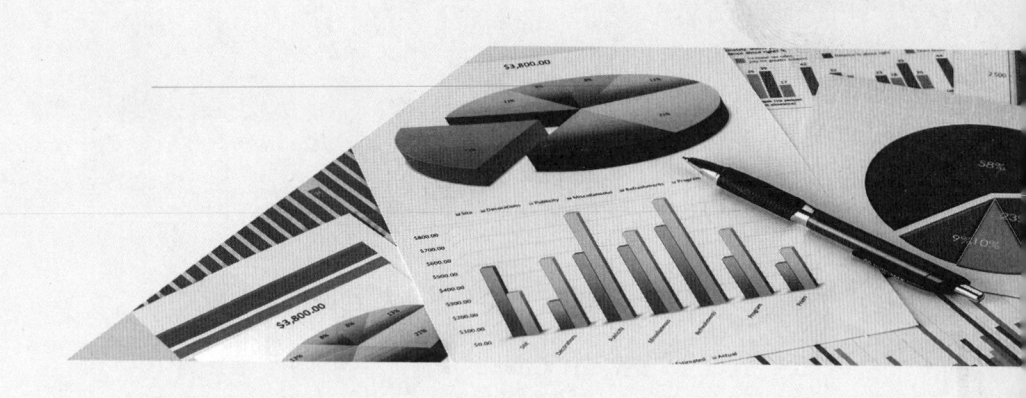

大连理工大学出版社

图书在版编目(CIP)数据

企业财务管理 / 张卫东,侯君邦主编. -- 2版. -- 大连:大连理工大学出版社,2021.7(2023.3重印)
新世纪高职高专大数据与会计专业课程体系系列规划教材
ISBN 978-7-5685-3044-6

Ⅰ.①企… Ⅱ.①张… ②侯… Ⅲ.①企业管理－财务管理－高等职业教育－教材 Ⅳ.①F275

中国版本图书馆CIP数据核字(2021)第100507号

大连理工大学出版社出版
地址:大连市软件园路80号 邮政编码:116023
发行:0411-84708842 邮购:0411-84708943 传真:0411-84701466
E-mail:dutp@dutp.cn URL:https://www.dutp.cn
大连市东晟印刷有限公司印刷 大连理工大学出版社发行

幅面尺寸:185mm×260mm	印张:17.25	字数:420千字
2014年8月第1版		2021年7月第2版
	2023年3月第3次印刷	
责任编辑:王 健		责任校对:刘俊如
	封面设计:对岸书影	

ISBN 978-7-5685-3044-6　　　　　　　　　　　　定 价:52.80元

本书如有印装质量问题,请与我社发行部联系更换。

前言 Preface

《企业财务管理》(第二版)作为高职教育大数据与会计专业核心课程教材,以财务管理活动为主线,从职业岗位能力出发,以职业素质培养为重心,贯穿"理论实践一体、突出技能培养"的思路,按照高职学生认知特点,从现实案例入手分析处理财务管理问题,培养学生财务管理业务的基本方法和专业技能,掌握企业筹资管理、投资决策管理、营运资金管理、收益分配管理、财务预算、财务分析等专业方法,同时培养学生解决实际问题的综合分析能力,使学生能够胜任企业财务管理相关工作。

本教材将课程思政融入教学实践,落实立德树人的根本任务,探索思政教育在财务管理人才培养目标中的价值引领作用,体现了社会责任意识、工匠精神、团队合作精神、创新创业、知行合一、会计职业道德八大准则等一系列的思政育人思想,致力于培养德才兼备的高素质技术技能型财务管理人才。

本教材作为山东省精品资源共享课"财务管理实务"的配套教材,拥有系统、全面的立体化线上配套教学资源。在配套资源开发过程中,注重优化职业教育类型定位,按照"产教融合、校企合作育人、以岗定学、课岗证赛融通"人才培养模式,教材配有课程标准、电子教案、教学课件、微课、实训资料、试题库等。编者团队对教材配套资源的建设力求完备精良,不仅能满足学生课内学习的需求,还能满足学生考取相关"1+X"职业技能等级证书的学习需要,提高学生的就业和创业能力。更多的课程资源可登录济南职业学院网络教学网站查找,或直接输入网址https://mooc1.chaoxing.com/course/202315990.html浏览。

在教材编写的过程中,编者通过大量行业岗位调研和财务工作流程分析,归纳确定出财务管理工作的六大典型工作岗位:筹资管理岗位、投资管理岗位、营运资金管理岗位、收益分配管理岗位、财务预算岗位、财务分析岗位。在专业岗位调研、岗位能力分析的基础上,由校企合作专家团队和骨干教师团队共同

企业财务管理

研讨,将财务管理工作项目化内容归纳整合为八大项目:基本能力、筹资管理、项目投资管理、证券投资管理、营运资金管理、收益分配管理、财务预算、财务分析,并进一步细化为30个工作任务。

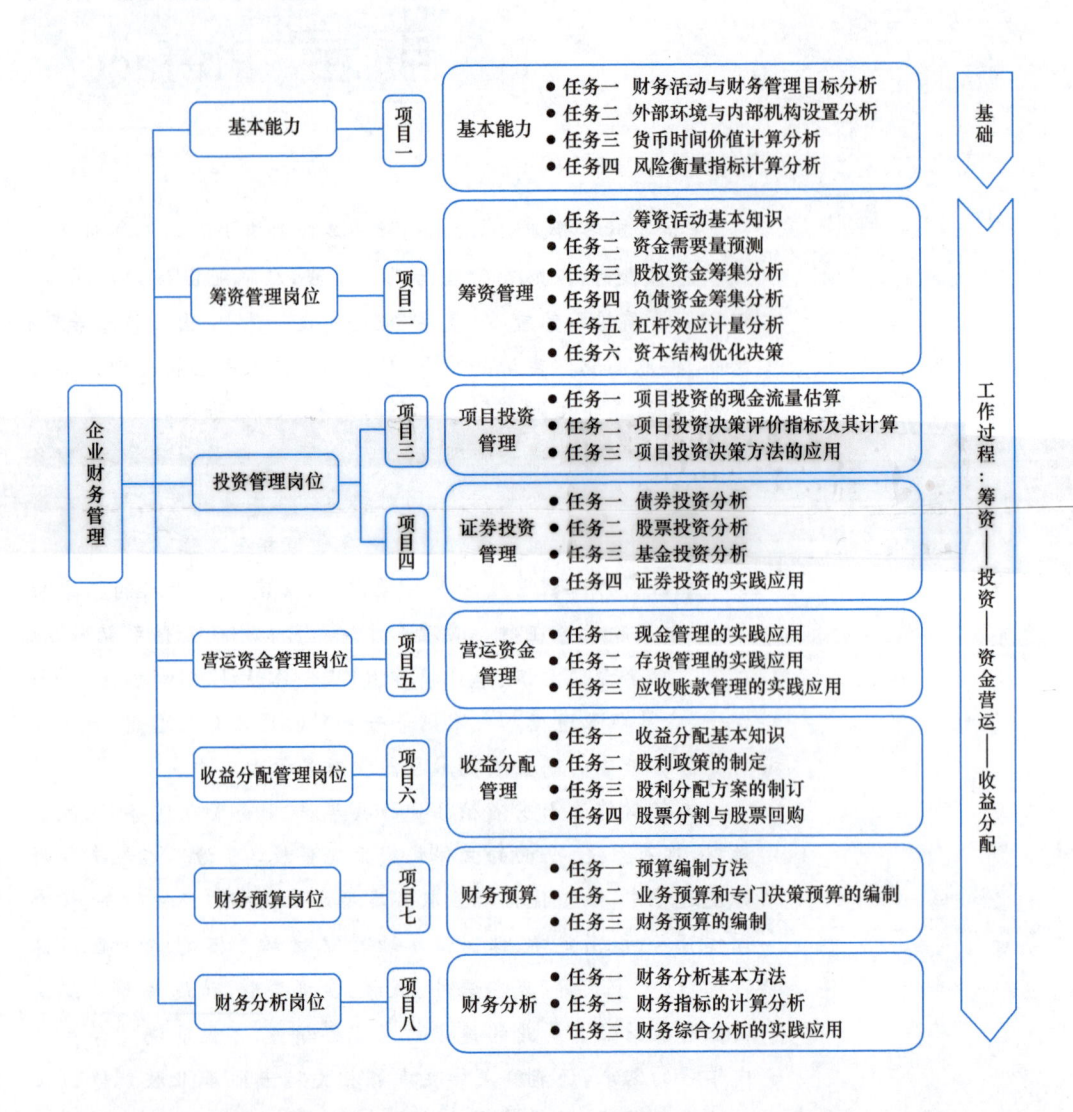

```
企业财务管理
├── 基本能力 → 项目一 基本能力
│     ├── 任务一 财务活动与财务管理目标分析
│     ├── 任务二 外部环境与内部机构设置分析
│     ├── 任务三 货币时间价值计算分析
│     └── 任务四 风险衡量指标计算分析
├── 筹资管理岗位 → 项目二 筹资管理
│     ├── 任务一 筹资活动基本知识
│     ├── 任务二 资金需要量预测
│     ├── 任务三 股权资金筹集分析
│     ├── 任务四 负债资金筹集分析
│     ├── 任务五 杠杆效应计量分析
│     └── 任务六 资本结构优化决策
├── 投资管理岗位 → 项目三 项目投资管理
│     ├── 任务一 项目投资的现金流量估算
│     ├── 任务二 项目投资决策评价指标及其计算
│     └── 任务三 项目投资决策方法的应用
│              → 项目四 证券投资管理
│     ├── 任务一 债券投资分析
│     ├── 任务二 股票投资分析
│     ├── 任务三 基金投资分析
│     └── 任务四 证券投资的实践应用
├── 营运资金管理岗位 → 项目五 营运资金管理
│     ├── 任务一 现金管理的实践应用
│     ├── 任务二 存货管理的实践应用
│     └── 任务三 应收账款管理的实践应用
├── 收益分配管理岗位 → 项目六 收益分配管理
│     ├── 任务一 收益分配基本知识
│     ├── 任务二 股利政策的制定
│     ├── 任务三 股利分配方案的制订
│     └── 任务四 股票分割与股票回购
├── 财务预算岗位 → 项目七 财务预算
│     ├── 任务一 预算编制方法
│     ├── 任务二 业务预算和专门决策预算的编制
│     └── 任务三 财务预算的编制
└── 财务分析岗位 → 项目八 财务分析
      ├── 任务一 财务分析基本方法
      ├── 任务二 财务指标的计算分析
      └── 任务三 财务综合分析的实践应用
```

基础 → 工作过程:筹资——投资——资金营运——收益分配

本教材思政特色方面是创新课程教学与课程思政相融合,潜移默化地实现知识传授与价值引领相统一,把培育和践行社会主义核心价值融入教书育人的全过程。业务特色方面是以财务管理工作过程为主线,注重吸收和借鉴国内外财务管理的新成果和实践工作的经验,突出教材的实用性、通用性和实践性。教材从岗位、任务和能力三个维度对课程进行定位并进行项目化课程改造和教学设计,从而完成教材内容的整体设计和单元设计,突出专业能力培养,提升教学实效。

前 言

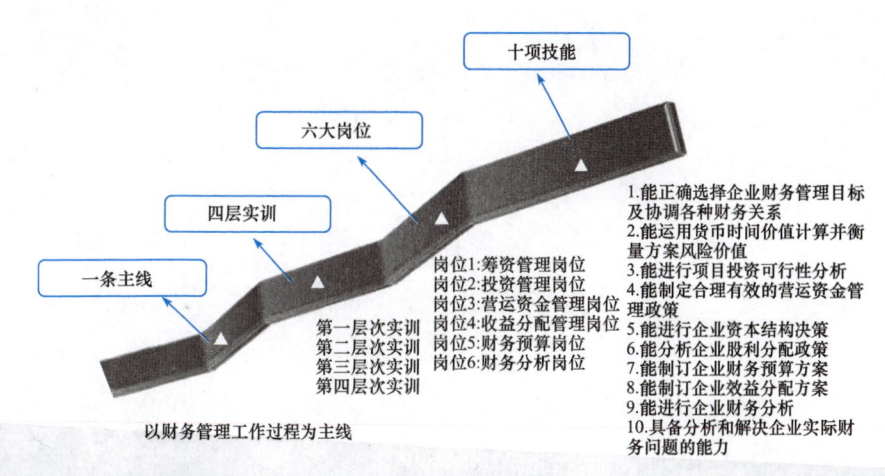

```
                                    十项技能
                        六大岗位
                                         1.能正确选择企业财务管理目标
                                           及协调各种财务关系
                                         2.能运用货币时间价值计算并衡
            四层实训                          量方案风险价值
                        岗位1:筹资管理岗位    3.能进行项目投资可行性分析
                        岗位2:投资管理岗位    4.能制定合理有效的营运资金管
   一条主线              岗位3:营运资金管理岗位   理政策
                        岗位4:收益分配管理岗位 5.能进行企业资本结构决策
            第一层次实训  岗位5:财务预算岗位    6.能分析企业股利分配政策
            第二层次实训  岗位6:财务分析岗位    7.能制订企业财务预算方案
            第三层次实训                     8.能制订企业效益分配方案
            第四层次实训                     9.能进行企业财务分析
                                         10.具备分析和解决企业实际财
      以财务管理工作过程为主线                    务问题的能力
```

本教材由济南职业学院张卫东、山东经贸职业学院侯君邦任主编,由山东经贸职业学院周志红、济南职业学院任翔燕、芦晓莉任副主编,山东经贸职业学院邵苗苗、韩莉、山东财康双创教育咨询公司王东伟、光大证券公司济南营业部袁涛参与了本教材的编写。本教材编写分工如下:张卫东编写项目一,侯君邦编写项目八,周志红编写项目七,任翔燕编写项目二,芦晓莉编写项目三,邵苗苗编写项目五,韩莉和袁涛编写项目四,王东伟编写项目六,全书由张卫东总纂定稿。

在编写本教材的过程中,编者参考、引用和改编了国内外出版物中的相关资料以及网络资源,在此表示深深的谢意!相关著作权人看到本教材后,请与出版社联系,出版社将按照相关法律的规定支付稿酬。

本教材是教师教学经验的总结和集体智慧的结晶。尽管我们在教材编写过程中做出了很多努力,但由于编者的水平有限,书中难免存在疏漏之处。敬请读者给予批评和指正,以便我们进一步修订和完善。

编　者
2021 年 7 月

所有意见和建议请发往:dutpgz@163.com
欢迎访问职教数字化服务平台:https://www.dutp.cn/sve/
联系电话:0411-84707492　84706671

目录 Contents

项目一　基本能力 ··· 1
    任务一　财务活动与财务管理目标分析 ·· 3
    任务二　外部环境与内部机构设置分析 ·· 9
    任务三　货币时间价值计算分析 ··· 21
    任务四　风险衡量指标计算分析 ··· 32

项目二　筹资管理 ·· 47
    任务一　筹资活动基本知识 ··· 49
    任务二　资金需要量预测 ·· 54
    任务三　股权资金筹集分析 ··· 59
    任务四　负债资金筹集分析 ··· 65
    任务五　杠杆效应计量分析 ··· 73
    任务六　资本结构优化决策 ··· 79

项目三　项目投资管理 ·· 91
    任务一　项目投资的现金流量估算 ··· 93
    任务二　项目投资决策评价指标及其计算 ······································ 100
    任务三　项目投资决策方法的应用 ··· 108

项目四　证券投资管理 ·· 120
    任务一　债券投资分析 ··· 122
    任务二　股票投资分析 ··· 126
    任务三　基金投资分析 ··· 129
    任务四　证券投资的实践应用 ··· 131

项目五　营运资金管理 ·· 140
    任务一　现金管理的实践应用 ··· 141
    任务二　存货管理的实践应用 ··· 148
    任务三　应收账款管理的实践应用 ··· 152

项目六　收益分配管理 ··· 163
任务一　收益分配基本知识 ·· 165
任务二　股利政策的制定 ·· 170
任务三　股利分配方案的制订 ·· 176
任务四　股票分割与股票回购 ·· 180

项目七　财务预算 ··· 193
任务一　预算编制方法 ··· 195
任务二　业务预算和专门决策预算的编制 ·· 205
任务三　财务预算的编制 ·· 214

项目八　财务分析 ··· 224
任务一　财务分析基本方法 ··· 226
任务二　财务指标的计算分析 ·· 234
任务三　财务综合分析的实践应用 ·· 246

附　录 ·· 260

项目一 基本能力

知识导图

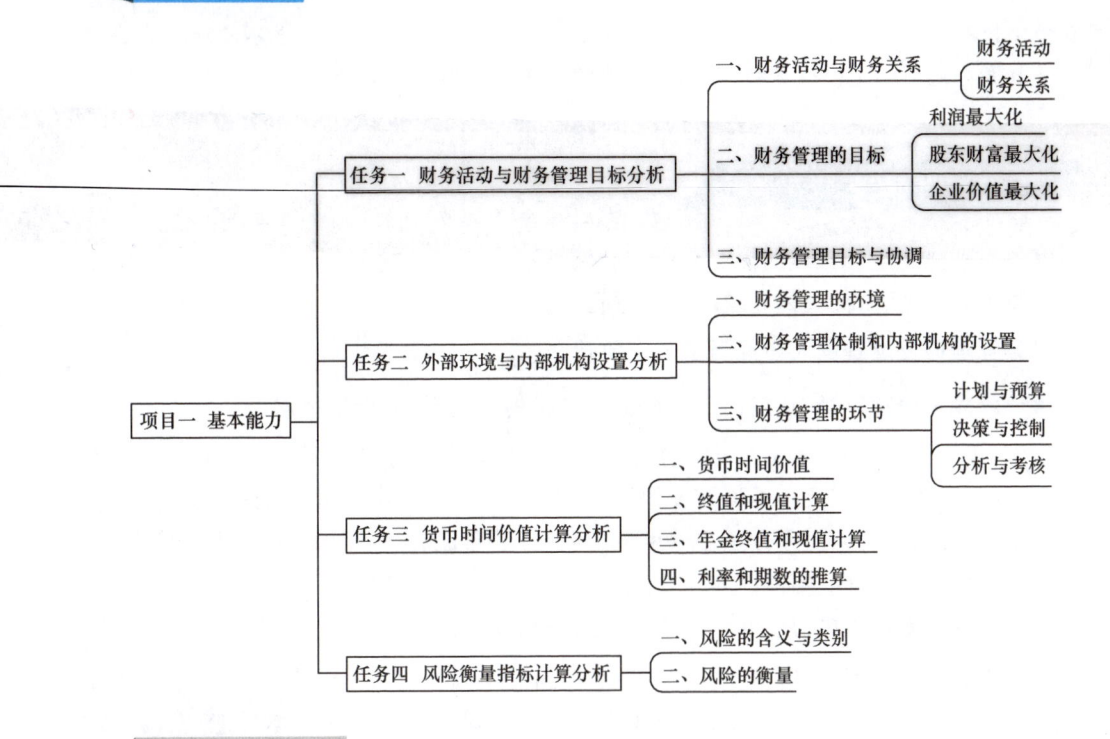

```
项目一 基本能力
├── 任务一 财务活动与财务管理目标分析
│   ├── 一、财务活动与财务关系 ── 财务活动
│   │                          财务关系
│   ├── 二、财务管理的目标 ── 利润最大化
│   │                      股东财富最大化
│   │                      企业价值最大化
│   └── 三、财务管理目标与协调
├── 任务二 外部环境与内部机构设置分析
│   ├── 一、财务管理的环境
│   ├── 二、财务管理体制和内部机构的设置
│   └── 三、财务管理的环节 ── 计划与预算
│                          决策与控制
│                          分析与考核
├── 任务三 货币时间价值计算分析
│   ├── 一、货币时间价值
│   ├── 二、终值和现值计算
│   ├── 三、年金终值和现值计算
│   └── 四、利率和期数的推算
└── 任务四 风险衡量指标计算分析
    ├── 一、风险的含义与类别
    └── 二、风险的衡量
```

思政目标

1. 树立大局意识,认识企业的内、外部环境,处理好相关各方财务关系,培养职业精神和社会责任感。

2. 培养风险意识,树立投资风险收益对等原则。

3. 会计职业道德养成之爱岗敬业。

导学案例

1797年3月,拿破仑在卢森堡第一国立小学演讲时,潇洒地把一束价值3路易的玫

1

企业财务管理

瑰花送给该校的校长，并且说了这样一番话："为了答谢贵校对我尤其是对我夫人约瑟芬的盛情款待，我不仅今天呈献上一束玫瑰花，并且在未来的日子里，只要我们法兰西存在一天，每年的今天我都将派人送给贵校一束价值相等的玫瑰花，作为法兰西与卢森堡友谊的象征。"从此卢森堡这个小国即对这"欧洲巨人与卢森堡孩子亲切、和谐相处的一刻"念念不忘，并载入史册。后来，拿破仑穷于应付连绵的战争和此起彼伏的政治事件，并最终因失败而被流放到圣赫勒那岛，自然也把对卢森堡的承诺忘得一干二净。

谁都不曾料到，1984 年年底，卢森堡人竟旧事重提，向法国政府提出这"赠送玫瑰花"的诺言，并且要求索赔。他们要求法国政府：要么从 1798 年起，用 3 个路易作为一束玫瑰花的本金，以 5 厘复利计息全部清偿；要么在法国各大报刊上公开承认拿破仑是个言而无信的小人。法国政府当然不想有损拿破仑的声誉，但计算机算出来的金额让他们惊呆了：原本 3 路易的许诺，至今本息已高达 1 375 596 法郎。最后，法国政府冥思苦想，找到一个让卢森堡比较满意的答复，即"以后无论在精神上还是在物质上，法国将矢志不渝地对卢森堡中小学教育事业予以支持与赞助，以此来兑现拿破仑将军那一诺千金的'玫瑰花'誓言。"

财务管理的产生与发展

财务管理随着生产管理的需要而产生。随着社会生产力的发展，财务管理也经历了一个由简单到复杂、由低级到高级的发展过程。

财务管理的发展过程大体经历了三个阶段。

第一阶段为萌芽阶段，从商品生产和商品交换的产生到 19 世纪中期。

18 世纪产业革命发生后，工厂化的机器生产方式取代了手工作坊、工厂手工业生产方式，商品生产和商品交换有了进一步的发展，财务活动日益增多，但当时企业组织结构比较简单，企业内外部的财务关系比较单纯，其财务管理工作大多由企业业主直接进行，企业中没有独立的财务管理部门。

第二阶段为发展阶段，从 19 世纪末至 20 世纪 40 年代。

这一阶段企业的生产经营规模不断扩大，股份公司和托拉斯不断建立，企业资金需要量大为增加，财务活动越来越复杂，由企业主自己从事财务管理工作已不可能，专门的财务管理工作便应运而生。

第三阶段为现代化阶段，从 20 世纪 50 年代至今。

这个时期的企业财务活动和财务政策日益复杂和敏感，对财务管理提出了更高的要求。现代的企业财务管理，以创造最大价值为目标，在管理内容上，逐渐由资金筹集、资金运用扩展到资金分配；在管理手段上，广泛实行财务预测，加强预算控制，进行时间价值和风险价值分析；在管理方法上，普遍运用数量模型和计算机等现代化计算分析工具，使财务管理的综合性大为增强，财务管理逐渐成为现代企业管理的关键组成部分。

财务管理产生和发展的历史表明了财务管理是商品经济条件下企业最基本的经济管理活动，商品经济越发达，市场经济越发展，财务管理就越重要。

任务一　财务活动与财务管理目标分析

知识目标

1. 掌握企业财务活动和财务关系。
2. 掌握财务管理的目标。
3. 了解财务管理目标的协调。

技能目标

1. 能够分清企业各种财务活动及相互关联。
2. 能够分清企业各方面的财务关系特点。
3. 能够分析财务管理目标。

财务管理是组织企业财务活动、处理企业与各方财务关系的一项综合性管理工作。财务管理是企业最基本的管理活动,是在一定的整体目标下,企业组织财务活动、处理财务关系的一种经济管理行为。财务管理区别于其他管理的特点在于它是一种价值管理,利用资金价值规律合理配置经济资源,通过对企业各种资金的筹集、使用、收入和分配进行预测、决策、控制、核算、分析与考核,提高资源配置效率,促使企业以尽可能少的资金占用,取得尽可能多的经济效益。企业在进行各项财务活动时,必然要与有关方面发生财务关系。

一、财务活动与财务关系

（一）财务活动

企业在生产经营中客观存在着财务活动,必然要与有关方面发生财务关系,财务管理正是基于企业在生产过程中客观存在的财务活动和财务关系而产生的,是企业组织财务活动、处理企业与各方面财务关系的一项经济管理工作。财务活动是指资金的筹集、运用、收回及分配等一系列行为,具体包括筹资活动、投资活动、资金营运活动、分配活动。

1. 筹资活动

筹资活动是指企业为了满足投资和资金营运的需要,筹集所需资金的行为。筹资活动可以看成公司理财中首要的、基本的环节。企业筹资决策所要解决的问题是如何取得企业经营发展所需要的资金,包括筹资规模、筹资时效、筹资渠道、筹资方式等问题。筹资决策的关键在于决定各种资金来源在总资金中所占的比重,即注重资本结构的合理安排,以使筹资风险、筹资成本与期望资金收益相匹配。

企业筹措的资金可分为两类:一类是企业的股权资本,它是通过吸收直接投资、发行股票、企业内部留存收益等方式取得的;另一类是企业债务资金,它是企业通过向银行借款、发行债券、应付款项等方式取得的。

2. 投资活动

投资活动是指企业根据项目资金需要投出资金的行为。投资可以分为广义投资和狭义投资两种。

投资活动是企业所有决策中最为关键、最为重要的活动,对企业未来经营成败具有根本性的影响。广义投资是指企业将筹集的资金投入使用的过程,包括企业内部使用资金的过程(如购置流动资产、固定资产、无形资产等)以及对外投放资金的过程(如投资购买其他企业的股票、债券或与其他企业合资经营)。狭义投资仅指企业的对外投资。

投资必须考虑投资规模、投资方向和投资方式的选择,确定合理的投资结构,以提高投资效益并同时降低投资风险。

3. 资金营运活动

资金营运活动主要是企业为满足日常经营活动的要求垫付资金,资金营运与生产经营周期具有一致性。在一定时期内资金周转越快,就可以利用相同数量的资金,生产出更多的产品,取得更多的收入,获得更多的报酬,因此,如何加速资金周转,提高资金利用效率,是日常财务管理的主要考量。

4. 分配活动

企业通过投资活动(包括对内投资和对外投资)取得价值增值,分配总是作为投资的结果而出现的。利润分配是针对非股份制企业而言的,股利分配是针对股份制企业而言的,两者主要指的是企业实现的净利润如何进行分配,即有多少分配给投资者(股东),有多少留在企业作为再投资之用。

若利润(股利)分配过多,则会影响企业再投资能力,使未来收益减少,不利于企业发展;若利润(股利)分配过少,则会引起投资者(股东)不满。因此,利润(股利)决策的关键是确定利润(股利)的支付率。影响企业利润(股利)决策的因素很多,企业必须根据自身的具体情况确定企业最佳的利润(股利)决策。

上述财务活动存在着相互作用、相互依存的逻辑关系,如图 1-1 所示,这四种不同的财务活动可以看作为了实现价值目标的四个阶段。

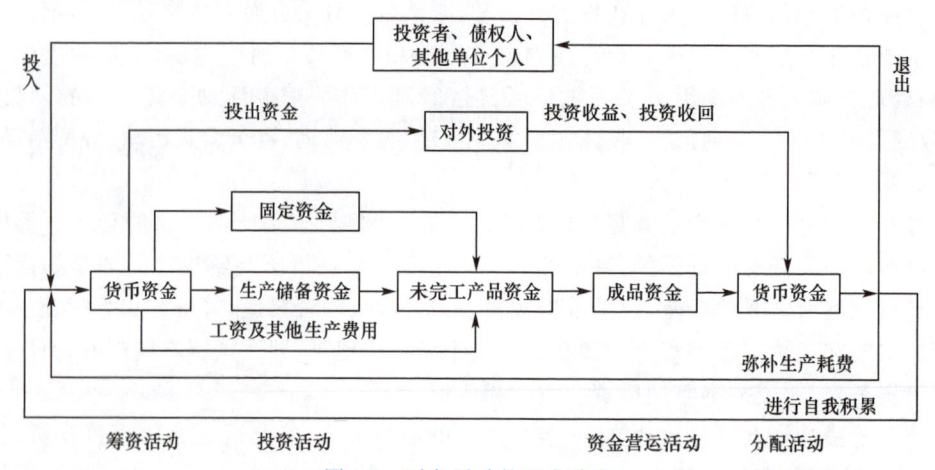

图 1-1 财务活动的四个阶段

(二)财务关系

财务关系是指企业在进行财务活动过程中与有关方面所发生的经济利益关系。财务关系具体表现如下:

1.企业同所有者之间的财务关系

企业同所有者之间的财务关系是指投资者按照投资合同、协议、章程的约定向企业投入资金,企业按照出资比例或合同、章程的规定向投资者支付投资报酬所形成的经济利益关系。

2.企业同受资者之间的财务关系

企业同受资者之间的财务关系是指企业以购买股票或直接投资的形式向其他企业投资,受资者应按规定分配给企业投资报酬所形成的经济利益关系。

3.企业与债权人之间的财务关系

企业与债权人之间的财务关系是指企业向债权人借入资金、发行债券,并按借款合同等有关规定按时支付利息和归还本金,以及在购买活动中采用延期付款等与有关单位发生的商业信用而形成的经济利益关系。

4.企业与债务人之间的财务关系

企业与债务人之间的财务关系是指企业向债务人提供借款、购买债券,并按照约定的条件要求债务人支付利息和归还本金,以及在营业活动中延期收款等发生的商业信用而形成的经济利益关系。

5.企业内部各单位之间的财务关系

企业内部各单位之间的财务关系是指企业内部各单位之间在生产经营各环节中形成的资金结算关系。企业内部形成了各单位与财务部门之间的领款、报销、代收、代付等收支结算关系,其反映了企业内部各单位之间的经济利益关系。

6.企业与职工之间的财务关系

企业与职工之间的财务关系是指向职工支付工资、津贴、奖金等劳动报酬,按照规定提取福利费和公益金、为职工代垫款项等而形成的经济利益关系,反映了职工个人和企业在劳动成果上的分配关系。

7.企业与税务机关之间的财务关系

企业与税务机关之间的财务关系是指企业按照国家税法规定向税务机关缴纳流转税、所得税、资源税和其他税款。

二、财务管理的目标

企业的目标就是创造价值。从企业长期生存需要来看,企业不能是一个唯利是图的机构,而应是一个对社会负责的平台,在生产社会需要产品的同时,在追求价值升值的要求下,以保证自身的生存为前提获得更为长久的发展。

企业目标对财务管理的目标有着深远的影响,企业目标为生存目标、发展目标、盈利目标,这三个目标相互联系:

(1)生存目标。企业力求保持以收抵支和偿还到期债务的能力,减少破产的风险,使企业能长期、稳定地生存下去。企业只有生存，才可能盈利。

(2)发展目标。企业是在发展中求得生存的。企业的生产经营如"逆水行舟"，不进则退。企业必须不断推出更好、更新、更受顾客欢迎的产品，才能在市场中立足。

(3)盈利目标。企业必须能够盈利，才有存在的价值，并且建立企业的目的是盈利。

企业目标决定财务管理目标，财务管理目标是一切财务活动的出发点和归宿。当今关于企业财务管理目标最具有代表性的观点主要有以下三种：利润最大化、股东财富最大化、企业价值最大化。

(一)利润最大化

利润最大化是西方微观经济学的理论基础。这种观点认为：利润是企业在一定期间全部收入与全部费用的差额，它代表了企业所创造的财富；同时利润的多少在一定程度上反映企业经济效益的高低和竞争能力的强弱。如果每个企业都最大限度地创造利润，整个社会的财富就可能实现最大化，从而带来社会的进步和发展，所以利润最大化作为财务管理的目标，有其合理的一面。

利润最大化观点的优点如下：企业追求利润最大化可促使企业讲求经济核算，加强管理，改进技术，提高劳动生产率，降低产品成本。这些措施都有利于企业资源的合理配置，有利于企业整体经济效益的提高。

利润最大化作为财务管理目标存在如下缺点：

(1)没有考虑利润取得与投入资本额的关系。该利润是绝对指标，不能真正衡量企业经营业绩的优劣，也不利于企业在同行业中竞争优势的确立。

(2)不符合货币时间价值的理财原则。它没有考虑利润的取得时间，不符合现代企业"时间就是价值"的理财理念。

(3)不符合风险—报酬均衡的理财原则。它没有考虑利润和所承担风险的关系，增大了企业的经营风险和财务风险。

(4)可能导致企业短期财务决策倾向，影响企业长远发展。即只顾实现目前的最大利润，而不顾企业的长远发展。如忽视产品开发、人才培养、技术装备水平等。

(5)利润额的确定受会计政策的影响较大，即利润额是一个受人为因素影响较大的会计指标，这就给企业管理当局提供了进行利润操纵的空间。利润最大化作为企业财务管理的目标，只是对经济效益浅层次的认识，因此，其并不是财务管理的最优目标。

(二)股东财富最大化

股东财富最大化是指企业财务管理以实现股东财富最大化为目标。在上市公司，股东财富是由其所拥有的股票数量和股票市场价格两方面决定的。在股票数量一定时，股票价格达到最高，股东财富也就达到最大。

与利润最大化相比，股东财富最大化的主要优点如下：

(1)考虑了风险因素，因为通常股价会对风险做出较敏感的反应。

(2)在一定程度上能避免企业短期行为，因为不仅目前的利润会影响股票价格，预期未来的利润同样会对股价产生重要影响。

(3)对上市公司而言，股东财富最大化目标比较容易量化，便于考核和奖惩。

以股东财富最大化作为财务管理目标存在以下缺点：

(1)适用范围存在限制。因为非上市公司无法像上市公司一样随时准确获得公司股价，所以该目标只适用于上市公司，不适用于非上市公司。因此，该目标不具有代表性。

(2)股票价格受各种因素的影响，如国家政策、国内外经济形势、股民的心理等，其中有些是非正常因素，这些因素对企业管理当局而言是不可控的。

(3)该目标强调得更多的是股东利益，证券市场既是股东筹资和投资的场所，也是债权人进行投资的重要场所，同时还是经理人市场形成的重要条件，股东财富最大化片面强调站在股东立场的资本市场的重要性，而对其他相关者的利益重视不够，不利于证券市场的全面发展。

(4)不符合理财主体假设。理财主体假设认为，财务管理工作应限制在每一个经营上和财务上具有独立性的单位组织内，而股东财富最大化将股东这一理财主体与企业这一理财主体相混同，不符合理财主体假设。

(三)企业价值最大化

企业价值最大化是指企业财务管理行为以实现企业的价值最大化为目标。企业价值可以理解为企业所有者权益的市场价值，或者是企业所能创造的预计未来现金流量的现值。未来现金流量这一概念，包含了资金的时间价值和风险价值两个方面的因素。企业价值最大化要求企业通过采用最优的财务政策，充分考虑资金的时间价值和风险与报酬的关系，在保证企业长期稳定发展的基础上使企业总价值达到最大。

以企业价值最大化作为财务管理目标的主要优点如下：

(1)考虑了取得报酬的时间，并用时间价值的原理进行了计量。

(2)考虑了风险与报酬的关系。

(3)将企业长期、稳定的发展和持续的盈利能力放在首位，能克服企业在追求利润上的短期行为，因为不仅目前的利润会影响企业的价值，预期未来的利润对企业价值也会产生重大影响。

(4)用价值代替价格克服了过多受外界市场因素的干扰，有效地规避了企业的短期行为。

以企业价值最大化作为财务管理目标也存在缺点：

(1)企业的价值过于理论化，不易操作。尽管对于上市公司，股票价格的变动在一定程度上揭示了企业价值的变化，但是，股价是多种因素共同作用的结果，特别是在资本市场效率低下的情况下，股票价格很难反映企业的价值。

企业价值计量方面存在问题。首先，把不同理财主体的自由现金流混合折现不具有可比性。其次，把不同时点的现金流共同折现不具有说服力。

(2)对于非上市公司，只有对企业进行专门的评估才能确定其价值，而在评估企业的资产时，受评估标准和评估方式的影响，很难做到客观和准确。

近年来，随着上市公司数量的增加，以及上市公司在国民经济中地位、作用的增强，企业价值最大化目标逐渐得到了广泛认可。

本教材中仍采用企业价值最大化作为财务管理的目标。

三、财务管理目标与协调

不同利益主体在财务管理目标上的矛盾与协调决定了企业财务目标是企业价值最大化,协调财务活动所涉及的不同利益主体之间的矛盾,是财务管理目标中必须解决的问题。

1. 所有者与经营者的矛盾与协调

设想你是一家公司的老板。毫无疑问,你创办公司的目的是赚钱。当公司具有一定规模时,你难以对所有的事情都亲自过问,于是聘请了一位总经理。你当然希望他尽心尽力,以你这个老板的利益为中心,但事实会如你所愿吗?企业价值最大化直接反映了企业出资者的利益。但是,经营者的目标可能不同于所有者的目标。如果经营者追求他们自己的目标而不是股东的目标,那么企业目标就会出现分歧。经营者所要追求的最大化目标又是什么呢?

威廉姆森提出了"费用偏好"概念,他指出经营者通过某些费用获得了价值。比如公司的小汽车、办公家具、办公地点和自主决定投资的资金,经营者对这些的过度消费,会使股东的利益受到损失。这就是经济学上常说的所有权和经营权两权分离带来的代理成本。

对所有者来讲,经营者所得的利益正是其所放弃的利益。在理论上,这种放弃的利益也称为经营者的享受成本,但问题的关键不是经营者享受成本的多少,而是经营者增加享受成本的同时,是否更多地提高了企业价值。经营者和所有者的主要矛盾就是经营者希望在提高企业价值和股东财富的同时,能更多地增加享受成本,而所有者和股东则希望以较小的享受成本提高企业价值和股东财富。

当所有者和经营者之间存在冲突的时候,到底是所有者还是经营者控制了公司?这涉及对公司控制权的认识问题。理论上认为,股东拥有公司的剩余控制权,但同时会存在经营者偏离股东目标的行为,所有者就要采取相应的机制来加以校正。所有者可以使用以下几种措施将经营者与所有者的利益联系在一起:

(1)解聘。解聘是所有者通过行政手段约束经营者的一种有效办法。其发生的原因就在于公司所有者(股东)和经营者(总经理)作为不同的利益主体,在实现自身利益最大化的过程中,会发生矛盾冲突。如果经营者未能使企业价值达到最大,就解聘经营者,经营者害怕解聘而被迫实现财务管理目标。

(2)接收。这是一种通过市场约束经营者的办法。如果经营者经营决策失误,经营不力,不能采取一切有效措施使企业价值提高,该公司就可能被其他公司强行接收或并购,经营者也会被解聘。经营者为了避免这种接收,必须采取一切措施搞好经营。

(3)激励。激励就是将经营者的报酬与其绩效直接挂钩,以使经营者自觉采取能提高所有者财富的措施。这种方式符合"双赢"原则,是最有效的一种机制。激励通常有股票期权、绩效股两种方式:

①股票期权是指允许经营者以约定的价格购买一定数量的本企业股票,股票的市场价格高于约定价格的部分就是经营者所得的报酬。经营者为了获得更大的股票涨价益处,就必然主动采取能够提高股价的行动,从而增加所有者财富。

②绩效股是指企业运用每股收益、资产收益率等指标来评价经营者绩效,并视其绩效高低给予经营者数量不等的股票作为报酬。如果经营者绩效未能达到规定目标,经营者将丧失原先持有的部分绩效股。这种方式使经营者为了多得绩效股而不断采取措施提高经营绩效,而且经营者为了使每股市价最大化,也会采取各种措施使股票市价稳定上升,从而增加所有者财富。

(4)职业经理人员市场的竞争。职业经理人员市场的竞争也可以促使管理者在经营中以股东利益为重,否则他们将被其他人取代。但这种机制以存在良好健全的职业经理人员市场为前提。职业经理人员市场之所以会起作用,关键在于职业经理人员作为职业人员,对自身职业声誉的看重,如果没有职业声誉,也就没有职业经理价值。

2.所有者与债权人的矛盾与协调

所有者的财务目标可能与债权人可望实现的目标发生矛盾。首先,所有者可能未经债权人同意,要求经营者投资于比债权人预计风险高的项目,这会增大偿债的风险,债权人的负债价值也必然会降低。若高风险的项目成功了,则额外的利润会被所有者独享;但若失败,债权人却要与所有者共同负担由此而造成的损失。这对债权人来说,风险与收益是不对称的。其次,所有者或股东未征得现有债权人同意,而要求经营者发行新债券或借新债,导致旧债券价值降低(因为相应的偿债风险增加)。

所有者与债权人的上述矛盾可以通过下列方式解决:

(1)限制性借款。它是通过对借债的用途限制、借债的担保条款和借款的信用条件来防止所有者降低债权人的债权价值。

(2)收回借款。它是当债权人发现公司有侵害其债权价值的意图时,采取收回债权不予重新放款的措施,来保护自身的权益。

(3)债转股。债权人通过合约方式,将部分债务转为股本,从而使债权人角色转换为股东角色,以实现两者利益的协同。

任务二 外部环境与内部机构设置分析

知识目标

1.了解财务管理外部环境。
2.认识财务管理机构的设置。
3.掌握财务管理环节和相互关系。

> **技能目标**
>
> 1.会分析企业财务管理外部环境。
> 2.会分辨财务管理机构设置。
> 3.能够确定财务管理环节和相互关系。

一、财务管理的环境

财务管理环境又称理财环境,是指对企业财务活动、财务关系产生影响的因素的总和。了解企业的财务管理环境,可以提高企业财务行为对环境的适应能力、应变能力及利用能力,有助于企业顺利实现财务管理目标。

财务管理环境按其与企业的关系可分为内部财务管理环境与外部财务管理环境两大部分。企业内部财务管理环境是指企业内部影响财务管理的各种因素,如企业的生产技术情况、经营规模、资产结构、生产周期、企业文化等。企业外部财务管理环境是指企业外部影响财务管理的各种因素,如国家政治形势、经济形势、法律制度、企业面临的市场状况等。相对而言,内部财务管理环境比较简单,企业容易把握,而外部财务管理环境企业则难以控制和改变,更多的是适应和因势利导。影响企业比较大的外部财务管理环境包括三个:经济环境、法律环境和金融环境。

(一)经济环境

经济环境是指国家在一定时期的各种经济政策以及经济发展水平。在影响财务管理的各种外部环境中,经济环境是最为重要的,经济环境内容十分广泛,具体包括经济周期、经济发展水平、市场环境、宏观经济政策及通货膨胀水平等。

1.经济周期

在市场经济条件下,经济发展总是表现为"波浪式前进,螺旋式上升"的态势,大体上经历复苏、繁荣、衰退和萧条几个阶段的循环,这种循环称为经济周期(Economic Cycle)。经济周期性波动对企业理财有重要影响。一般而言,在萧条阶段,由于整个宏观经济的不景气,企业处于紧缩状态之中,产销量下降,投资锐减,有时资金供应紧张,有时出现资金闲置。在繁荣阶段,市场需求旺盛,企业销量大幅上升,为了扩大生产,企业就要扩大投资,雇用更多的劳动力,这就要求企业及时地筹集所需资金,为企业的生存与发展提供有力的财务保证。经济周期各阶段的特征见表 1-1。

表 1-1　　　　　　　　　　经济周期各阶段的特征

经济活动	复苏	繁荣	衰退	萧条
设备投资	增加厂房设备,实行长期租赁	扩充厂房设备	停止扩张,出售多余设备	建立投资标准,放弃次要利益
存货储备	建立存货	继续建立存货	削减存货,停止长期采购	削减存货

（续表）

经济活动	复苏	繁荣	衰退	萧条
人力资源	增加劳动力	增加劳动力	停止扩招雇员	裁减雇员
产品策略	开发新产品	提高产品价格，开展营销规划	停产不利产品	保持市场份额，压缩管理费用

2.经济发展水平

财务管理的发展水平是和经济发展水平密切相关的，经济发展水平越高，财务管理水平也越高。财务管理水平的提高，将推动企业降低成本、提高效率、增加效益，从而促进经济发展水平的提高；经济发展水平的提高，将改变企业的财务战略、财务理念、财务管理模式和财务管理的方法手段，从而促进企业财务管理水平的提高。

3.市场环境

在市场经济条件下，每个企业都面临着不同的市场环境，这都会影响和制约企业的理财行为。企业所处的市场环境，通常有下列四种：

(1)完全垄断市场。处于这种环境下的企业，销售一般都不成问题，价格波动也不会很大，企业的利润稳中有升，不会产生太大的波动，因而风险较小，可利用较多的债务来筹集资金。

(2)完全竞争市场。处于这种环境下的企业，销售价格完全由市场来决定，价格容易出现上下波动，企业利润也会出现上下波动，因而不宜过多地采用负债方式筹集资金。

(3)不完全竞争市场。处于这种环境下的企业，是指存在一定程度控制力的竞争市场。在这类市场上有许多商品生产者，但不同生产厂家的产品存在一定的差异（如质量、牌号等）。这样，消费者在购买时要有所选择，使得有些厂家可以在一定程度上控制和影响市场。

(4)寡头垄断市场。处于不完全竞争市场和寡头垄断市场的企业，为了在竞争中取胜，关键是要使自己的产品超越其他企业的产品，具有独特性和创新性。需要在新产品研究与开发上投入大量资金，研制出新的优质产品，做好售后服务，给予优惠的信用条件等。为此，财务管理人员要筹集足够的资金，用于产品的研究、开发及推销。

4.宏观经济政策

我国正在进行财税体制、金融体制、外汇体制、外贸体制、价格体制、投资体制、社会保障制度等各项改革。这些措施，影响着企业的发展和财务活动的运行。如金融政策中的货币发行量、信贷规模会影响企业投资的资金来源和投资的预期收益；财税政策会影响企业的资金结构和投资项目的选择等；价格政策会影响资金的投向和投资的回收期及预期收益；会计制度的改革会影响会计要素的确认和计量，进而对企业财务活动的事前预测、决策及事后的评价产生影响等。

5.通货膨胀水平

通货膨胀水平对企业财务活动的影响主要表现如下：引起资金占用的大量增加，从而增加企业的资金需求；引起企业利润虚增，造成企业资金由于利润分配而流失；引起利润上升，加大企业的权益资本成本；引起有价证券价格下降，增加企业的筹资难度；引起资金供应紧张,增加企业的筹资困难。企业应当采取措施来减少通货膨胀带来的不利影响。在通货膨胀初期,货币面临着贬值的风险,这时企业进行投资可以避免风险,实现资本保值;与供应商签订长期购货合同,以减少物价上涨造成的损失;取得长期负债,保持资本成本的稳定。在通货膨胀持续期,企业可以采用比较严格的信用条件,减少企业债权;调整财务政策,防止和减少企业资本流失等。

(二)法律环境

影响企业的法律环境主要有企业组织形式和税收法规。

1.企业组织形式

了解企业的组织形式,有助于企业财务管理活动的开展。按组织形式不同,可将企业分为个人独资企业、合伙企业和公司。

(1)个人独资企业。个人独资企业是指依法设立,由一个自然人投资,财产为投资人个人所有,投资人以其个人财产对公司债务承担无限责任的经营实体。

(2)合伙企业。合伙企业是依法设立,由各合伙人订立合伙协议,共同出资,合伙经营,共享收益,共担风险,并对合伙企业债务承担无限连带责任的营利性组织。

合伙企业具有开办容易、信用相对较佳的优点,但也存在责任无限、权力不易集中、有时决策过程过于冗长等缺点。

(3)公司。公司指有限责任公司和股份有限公司。

公司的组织形式已经成为企业所采用的普遍形式,也是我国建立现代企业制度过程中选择的企业组织形式之一。本教材所讲的企业财务管理,主要是指公司的财务管理。

企业组织形式的比较见表1-2。

表1-2　　　　　　　　　　企业组织形式的比较

企业组织形式		出资人数	责任承担方式	偿债限额	税收形式	财务管理组织形式
个人独资企业		一人出资	一人偿还	无限	仅交个人所得税	所有权与经营权统一,出资人享有财务管理所有权力
合伙企业		2人以上合伙出资	合伙人连带偿还	普通:无限 有限:有限	各自交个人所得税	
公司	有限责任	2~50个股东出资	公司、股东共同承担	公司以全部财产承担,股东以出资额为限承担	公司交企业所得税,股东交个人所得税	所有权与经营权分离 所有者:权益变动的决策权 经营者:日常经营活动的决策权
	股份有限	公开发行等额股份,5个以上发起人,无上限				

公司治理结构是指明确界定股东大会、董事会、监事会和经理人员职责和功能的一种企业组织结构。上市公司治理结构包括:公司最高权力机构即股东大会、对股东大会负责的决策机构即董事会、对董事会负责的执行机构即高级管理机构、监督机构即监事会和外部独立审计;作为对《中华人民共和国公司法》关于公司治理结构的补充,中国证监会在其颁布的《关于在上市公司建立独立董事制度的指导意见》和《上市公司治理准则》中引入和

强化了独立董事制度。

公司治理机制是公司治理结构在运行中的表现,包括内部治理机制和外部治理机制。内部治理机制是指公司为保证投资利益在公司内部通过组织程序明确股东、董事会和高级管理人员的权力分配和制衡关系,具体表现为公司章程、董事会议事规则、决策权力分配等一系列内部控制制度;外部治理机制是公司通过外部主体如政府、中介机构和市场监督约束发生作用的,这些外部的约束包括法律、法规、合同、协议等条款。外部治理机制常表现为事后保障机制,需要充分准确的公司信息披露。信息披露特别是财务信息披露,是公司治理的决定因素之一,而公司治理的体系和治理效果又直接影响信息披露的要求、内容和质量。

2. 税收法规

税收是国家为了实现其职能,按照法律预先规定的标准,国家凭借政治权力,强制地、固定地、无偿地征收货币或实物的一种经济活动,也是国家参与国民收入分配和再分配的一种方法。税收具有强制性、无偿性和固定性三个显著特征。

税收按不同的标准,分为以下几种类型:(1)按征税对象的不同,可分为流转税类、收益税(所得税)类、财产税类、资源税类和行为税类;(2)按中央和地方政府对税收的管辖不同,分为中央税(或国家税)、地方税、中央与地方共享税三类;(3)按税收负担能否转嫁,分为直接税和间接税;(4)按征收的实体来划分,分为货币税和实物税。

税法是由国家机关制定的调整税收征纳关系及其管理关系的法律规范的总称。我国税法的构成要素主要包括:

(1)征税人,是指代表国家行使征税职责的国家税务机关,包括国家各级税务机关、海关和财政机关。

(2)纳税义务人,也称纳税人或纳税主体,指税法上规定的直接负有纳税义务的单位和个人。纳税义务人可以是个人(自然人)、法人、非法人的企业和单位,这些个人、法人、单位既可以是本国人,也可以是外国人。

(3)课税对象,即课税客体,它是指税法针对什么征税而言。课税对象是区别不同税种的重要依据和标志。

(4)税目,指某一税种的具体征税项目。它具体反映某一单行税法的适用范围。

(5)税率,是应纳税额与课税对象之间的比率。它是计算税额的尺度,是税法中的核心要素。我国现行税率主要有比例税率、定额税率和累进税率三种。

(6)纳税环节,是税法对商品从生产到消费的整个过程所选择规定的应纳税环节。

(7)计税依据,指计算应纳税金额的根据。

(8)纳税期限,指纳税人按税法规定在发生纳税义务后,应向国家缴纳税款的时限。

(9)纳税地点,是指缴纳税款的地方。纳税地点一般为纳税人的住所地,也有规定在营业地、财产所在地或特定行为发生地。纳税地点关系到税收管辖权和是否便利纳税等问题,在税法中明确规定纳税地点有助于防止漏征或重复征税。

(10)减免税,指税法对特定的纳税人或征税对象给予鼓励和照顾的一种优待性规定。我国税法的减免税内容主要有三种:起征点、免征额和减免规定。

(11)法律责任,是指纳税人存在违反税法行为所应承担的法律责任,包括由税务机关或司法机关所采取的惩罚措施。

(三)金融环境

企业从事投资和经营活动,除了自有资金之外,主要从金融机构和金融市场取得资金。金融政策的变化必然影响企业的筹资、投资和资金运营活动。金融环境是企业最为主要的环境因素之一。

1.金融机构

社会资金从资金供应者手中转移到资金需求者手中,大多要通过金融机构。金融机构主要包括银行和非银行金融机构。

(1)银行

银行是指经营存款、放款、汇兑、储蓄等金融业务,承担信用中介的金融机构。银行的主要职能是充当信用中介、提供信用工具、充当投资手段和充当国民经济的宏观调控手段。中国人民银行是我国的中央银行,代表政府管理全国的金融机构和金融活动,经理国库。我国银行主要包括各种商业银行和政策性银行。商业银行是以经营存款、贷款,办理转账结算为主要业务,以营利为主要经营目标的金融企业,包括国有商业银行(如中国工商银行、中国农业银行、中国银行和中国建设银行)和其他商业银行(如交通银行、广东发展银行、招商银行、光大银行等)。政策性银行,是由政府设立以贯彻国家产业政策、区域发展政策为目的、不以营利为目的的金融机构,主要包括中国进出口银行、国家开发银行、农业发展银行。

(2)非银行金融机构

非银行金融机构主要包括:

①保险公司,主要经营保险业务,包括财产保险、责任保险、保证保险和人身保险。目前,我国保险公司的资金运用被严格限制在银行存款、政府债券、金融债券和投资基金范围内。

②信托投资公司,主要是以受托人的身份代人理财,其主要业务有经营资金和财产委托、代理资产保管、金融租赁、经济咨询以及投资等。

③证券机构,是从事证券业务的机构,包括证券公司、证券交易所、登记结算公司。

④财务公司,通常类似于投资银行。我国的财务公司是由企业集团内部各成员单位入股,向社会募集中长期资金,为企业提供服务的金融股份有限公司。

⑤金融租赁公司,是指办理筹资租赁业务的公司,其主要业务有动产和不动产的租赁、转租赁、回租租赁等。

2.金融工具

金融工具是指融通资金双方在金融市场上进行资金交易、转让的工具,借助金融工具,资金从供给方转移到需求方。金融工具一般具有期限性、流动性、风险性和收益性四个基本特征。

(1)期限性,是指金融工具一般规定了偿还期。

(2)流动性,是指金融工具在必要时迅速转变为现金而不致遭受损失的特性。

(3)风险性,是指购买金融工具的本金和预定收益遭受损失的可能性。一般包括信用风险和市场风险两个方面。

(4)收益性,是指持有金融工具所带来一定收益的特性。

金融工具分为基本金融工具和衍生金融工具两大类。常见的基本金融工具有货币、票据、债券、股票等。衍生金融工具又称派生金融工具,是在基本金融工具的基础上通过特定技术设计形成的新的融资工具,如各种远期合约、互换、掉期、资产支持证券等,种类非常复杂、繁多,具有高风险、高杠杆效应的特点。

3. 金融市场

金融市场是指资金供应者和资金需求者双方通过通信工具融通资金的市场,实现货币借贷和资金融通,办理各种票据和进行有价证券交易活动的市场。金融市场分类如图 1-2 所示。

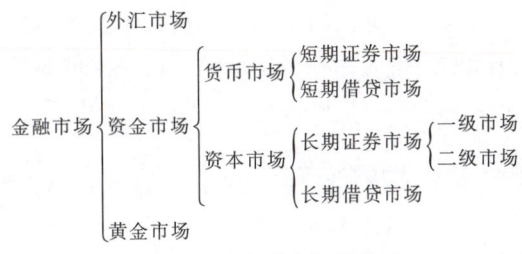

```
          ┌─外汇市场
          │            ┌─货币市场┌─短期证券市场
          │            │        └─短期借贷市场
金融市场─┤─资金市场─┤
          │            │        ┌─长期证券市场┌─一级市场
          │            └─资本市场┤             └─二级市场
          │                      └─长期借贷市场
          └─黄金市场
```

图 1-2　金融市场分类

需要强调的是:①金融市场是以资金为交易对象的市场,在金融市场上,资金被当作一种"特殊商品"来交易。②金融市场可以是有形的市场,也可以是无形的市场。前者有固定的场所和工作设备,如银行、证券交易所;后者利用电脑、电传、电话等设施通过经纪人进行资金商品交易活动,而且可以跨越城市、地区和国界。

金融市场对于商品经济的运行,具有充当金融中介、调节资金余缺的功能。从总体上看,建立金融市场,有利于广泛地积聚社会资金,有利于促进地区间的资金协作,有利于开展资金融通方面的竞争,提高资金使用效率,有利于国家控制信贷规模和调节货币流通。从企业财务管理角度来看,金融市场作为资金融通的场所,是企业向社会筹集资金必不可少的条件。财务管理人员必须熟悉金融市场的各种类型和管理规则,有效地利用金融市场来组织资金的筹措和进行资本投资等活动。

4. 利率

利率又称利息率,是利息占本金的百分比。从资金的借贷关系来看,利息是一定时期运用资金资源的交易价格,利率是资金使用权的价格。利率按照不同的标准进行分类:

(1)按利率之间的变动关系,分为基准利率和套算利率。

基准利率又称基本利率,是指在多种利率并存的条件下起决定作用的利率。套算利率是指在基准利率确定后,各金融机构根据基准利率和借贷款项的特点而换算出的利率。

(2)按利率与市场资金供求情况的关系,分为固定利率和浮动利率。

固定利率是指在借贷期内固定不变的利率,受通货膨胀的影响,实行固定利率会使债权人利益受到损害。浮动利率是指在借贷期内可以调整的利率,在通货膨胀条件下采用浮动利率,可使债权人减少损失。

(3)按利率形成机制不同,分为市场利率和法定利率。

市场利率是指根据资金市场上的供求关系,随着市场而自由变动的利率。法定利率是指由政府金融管理部门或者中央银行确定的利率。

资金的利率通常由三部分组成：①纯利率；②通货膨胀补偿率；③风险报酬率。

利率的一般计算公式如下：

$$利率＝纯利率＋通货膨胀补偿率＋风险报酬率$$

纯利率，是指没有风险和通货膨胀情况下的均衡点利率。

通货膨胀补偿率，是指由于持续的通货膨胀会不断降低货币的实际购买力，为补偿其购买力损失而要求提高的利率。

风险报酬率包括违约风险报酬率、流动性风险报酬率和期限风险报酬率。违约风险报酬率是指为了弥补因债务人无法按时还本付息而带来的风险，由债权人要求提高的利率；流动性风险报酬率是指为了弥补因债务人资产流动不好而带来的风险，由债权人要求提高的利率；期限风险报酬率是指为弥补因偿债期长而带来的风险，由债权人要求提高的利率。

二、财务管理体制和内部机构的设置

(一)财务管理体制

1.财务管理体制的一般模式

财务管理体制主要有如下三种模式：

(1)集权型财务管理体制

集权型财务管理体制，是指企业对各所属单位的所有财务管理决策都进行集中统一，各所属单位没有财务决策权，企业总部财务部门不但参与决策和执行决策，在特定情况下还直接参与各所属单位的执行过程。其主要管理权限集中于企业总部，各所属单位执行企业总部的各项指令。

(2)分权型财务管理体制

分权型财务管理体制，是指企业将财务决策权与管理权完全下放到各所属单位，各所属单位只需将一些决策结果报请企业总部备案即可。

(3)集权与分权相结合型财务管理体制

集权与分权相结合型财务管理体制实质就是集权下的分权，企业对各所属单位在所有重大问题的决策与处理上实行高度集权，各所属单位则对日常经营活动具有较大的自主权。

2.集权与分权的选择与应用

企业的财务特征决定了分权的必然性，而企业的规模效益、风险防范又要求集权。集权和分权各自的利弊和特点：

财务管理体制采用集权还是分权，需要考虑企业与所属单位之间的资本关系和业务关系的具体特征，以及集权与分权的"成本"和"利益"。

集中的"成本"主要是各所属单位积极性的损失和财务决策效率的下降，分散的"成本"主要是可能发生的各所属单位财务决策目标、财务行为与企业整体财务目标的背离以及财务资源利用效率的下降。集中的"利益"主要是容易使企业财务目标协调和提高财务资源的利用效率,分散的"利益"主要是提高财务决策和调动各所属单位的积极性。

集权型或分权型财务管理体制的选择,本质上体现着企业的管理政策,是企业基于环境约束与发展战略考虑顺势而定的权变性策略。

3.集权与分权相结合型财务管理体制的一般内容

总结中国企业的实践,集权与分权相结合型财务管理体制的核心内容,是企业总部应做到制度统一,资金集中,信息集成和人员委派。

具体集权内容主要有"七集中":集中制度制定权,集中筹资、融资权,集中投资权,集中用资、担保权,集中固定资产购置权,集中财务机构设置权,集中收益分配权。

具体分权内容主要有"四分散":分散经营自主权、分散人员管理权、分散业务定价权、分散费用开支审批权。

(二)内部机构的设置

不同的企业财务管理体制决定了企业设置不同的财务管理机构,但总体上可以分为三种类型:

1.以会计为轴心的财务管理机构

会计核算职能与财务管理职能不进行分工,该机构同时履行这两种职能。内部以会计核算职能为轴心来划分内部职能,一般设总会计师、财务部经理、财务主管、总账报表与财务分析、出纳、费用核算、销售与应收项目核算、成本核算、存货与应付项目核算、权益与分配类核算、固定资产、无形资产、待摊项目、预提项目核算等岗位。

事实上,这样一种机构主要履行的是会计管理职能。

2.与会计机构并行的财务管理机构

这种机构实行会计管理与财务管理职能分离,财务管理职能由独立于会计部门的财务管理部门执行。财务管理部门专施筹资、投资、分配岗位之职,以财务管理职能或财务管理活动为轴心来设立内部职能部门,划分内部职责。企业财务管理机构的设置如图1-3所示。

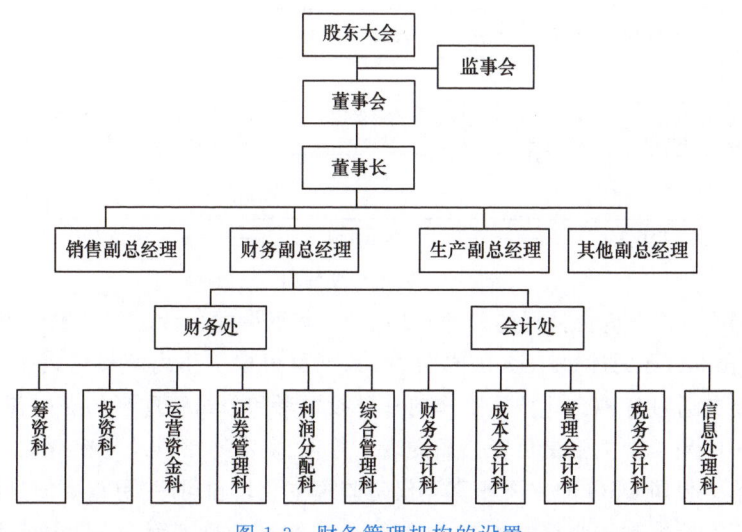

图1-3 财务管理机构的设置

3.公司型财务管理机构

这种机构一般设立于集团公司或者跨国公司内部。该种组织形式的职责包括：

(1)负责整个集团公司或者跨国公司的资金筹集，即从外部筹资，通常是通过金融市场业务取得资金。

(2)运用整个集团公司或者跨国公司的盈余资金或者单独筹集资金从事金融市场投资，买卖金融商品，提高信用放贷等。

(3)担当集团公司或者跨国公司内部银行的角色，在各成员企业之间融通资金、办理结算等。这种财务管理机构通常称为财务公司。

(三)财务经理的职责

在实务中，公司财务管理通常与公司高层管理人员有关，如财务副总裁（Vice-President of Finance, VP）或财务经理（又称首席财务官，Chief Financial Officer, CFO）。财务经理的主要工作是通过财务和会计工作为公司创造价值。

财务经理需要回答两个基本问题：一是如何在商品市场上进行实物资产投资，为公司未来创造价值。二是如何在金融市场上筹措资本，为投资者创造价值。对第一个问题的回答是公司的投资决策，也称资本预算决策，即根据公司的战略规划确定公司资本预算方法和程序，参与投资方案的财务评估；对第二个问题的回答是公司的筹资决策，即根据公司的需要与商业银行或投资银行一起选择或设计各种筹资工具、估算资本成本、设置资本结构和股利政策。

图 1-4 描述了现金从投资者流向公司并最终返还投资者的过程：

(1)筹资，在资金市场向投资者出售金融资产。

(2)投资，在商品市场进行实物资产投资。

(3)分析，将筹资现金流量和投资现金流量进行对比分析。

(4)再投资，将投资或经营产生的现金流量的一部分用于再投资。

(5)分红付息，将投资收益的一部分以利息、股息和红利的形式分配给投资者。

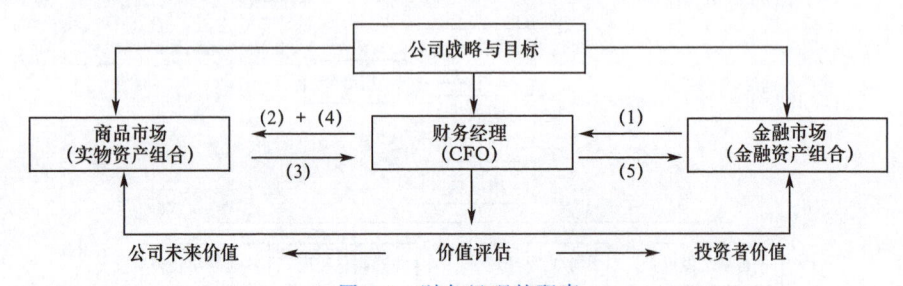

图 1-4　财务经理的职责

在发达国家，CFO 负责公司的财务管理工作，其下设立会计部门和财务部门，分别由主计长（Controller）和司库（Treasurer）负责，其下再根据工作内容设置若干科室。主计长的职责主要是通过各种会计核算工作向外部投资者和公司管理当局提供各种数量化的财务信息。司库的职责主要是负责公司的现金管理、资本筹措以及与银行、股东及其他投资者保持联系。公司 CFO 的主要职责不仅是监管主计长和司库，更重要的是根据公司战略规划和经营目标编制和调整财务计划，制定公司的财务政策等。在上述各种管理职责中,有的是集中在财务部门,有的是由几个部门共同管理。如应收账款中的信贷限额可由财务部负责,也可由市场部负责,但由此引起的现金流量则必须通过财务部完成。

莱瑞·吉特曼和查尔斯·马克两位学者在20世纪90年代曾对美国1 000家大型公司中的财务经理进行调查,了解他们如何分配自己的工作时间。调查结果显示:在财务经理的工作时间里,35%的时间用于公司财务计划的编制与预算,32%的时间用于公司营运资本管理,19%的时间用于资本预算管理,14%的时间用于长期资本筹集管理。

从投资管理和筹资管理的时间分布看,大约58%的时间用于资产管理,42%的时间用于负债和股权资本管理。

在长短期资本管理方面,60%的时间用于短期资本管理,40%的时间用于长期资本管理。

20世纪末,信息技术进步和金融市场全球化改变了公司商业运作模式和价值创造过程。在一个复杂多变的管理世界里,公司不仅期待着CFO能够具备扎实的专业技能、固守职业操守,还应能有效地筹集资本、参与部署公司战略并沟通市场。CFO的战略视野和沟通能力被视为CFO的重要技能,其重要性甚至超过财务专业技能。国际会计师联盟(IFAC)下属的财务与管理会计委员会(FMAC)发表了一份题为《首席财务执行官的任务》的研究报告,该报告对财务经理未来职责的展望,主要表现在以下八个方面:

(1)战略规划已成为CFO工作中的关键部分。他们将以全球化的视野积极参与公司的战略管理(收购与兼并),关注公司战略远胜于财务数据。

(2)在电子商务蓬勃发展、公司数字化生存的环境下,对信息进行流程化管理,远非过去的财务信息的编制者甚或会计数字的魔术师。

(3)公司财务仍然是CFO的基本职责,但其重心将转向以价值为基础的财务运营管理,包括税务、现金流量管理、业绩评估和风险管理等方面。

(4)CFO在构建公司治理结构中将更有所作为,结构简单、坚守诚信将成为主流选择。

(5)沟通将是全方位、多角度的,CFO的关注点将从财务监控与信息加工中解脱出来,成为沟通公司内外的信息桥梁。

(6)CFO在高层经营班子里将扮演一个积极成员的角色。CFO与CEO是建立在相互信任基础上的战略伙伴关系,两者相辅相成,彼此默契配合。

(7)在资本全球化的大趋势下,在不同国度面对不同的投资者,为公司营造良好的投资者关系是CFO面临的重大挑战。

(8)形成一套全球统一的会计准则和财务报告标准,将大大简化公司披露成本。

三、财务管理的环节

财务管理的环节是指财务管理的工作步骤和一般程序,它包括计划与预算、决策与控制、分析与考核等内容。

(一)计划与预算

1.财务预测

财务预测是根据企业财务活动的历史资料,考虑现实的要求和条件,对企业未来的财务活动做出较为具体的预计和测算的过程。财务预测是财务决策的基础,是编制财务计划和预算的前提,是组织企业日常财务活动的必要条件。

财务预测的方法主要有定性预测法和定量预测法:

(1)定性预测法是利用一些直观资料,依靠财务人员过去的经验和各方面的意见进行分析判断,预测企业未来的发展状况和发展变动趋势。

(2)定量预测法是根据比较完整的资料,运用数学方法,建立数学模型,对企业的未来进行预测。在实际工作中,通常将两者结合起来进行预测。

财务预测一般包括以下工作步骤:

(1)确定预测对象和目的。

(2)搜集和整理相关资料。

(3)建立数学模型进行财务预测。

2.财务计划

财务计划是根据企业整体战略目标和规划,结合财务预测的结果,对财务活动进行规划,并以指标形式落实到每一个计划期间的过程。

确定财务计划指标的方法主要有平衡法、因素法、比例法和定额法等。

3.财务预算

财务预算是根据财务战略、财务计划和各种预测信息,确定预算期内各种预算指标的过程。

财务预算的方法主要包括固定预算与弹性预算,增量预算与零基预算,定期预算和滚动预算等。

(二)决策与控制

1.财务决策

财务决策是按照财务战略目标的总体要求,利用专门的方法对各种备选方案进行比较和分析,从中选出最佳方案的过程。它不是拍板决定的瞬间行为,而是提出问题、分析问题、解决问题的全过程。财务决策的正确与否,往往关系到企业的兴衰成败,因而财务决策是财务管理的核心。

财务决策工作步骤如下:①确定决策对象;②提出备选方案;③选择最优方案。

2.财务控制

财务控制是利用有关信息和特定手段,对企业的财务活动施加影响或调节,以便实现计划所规定的财务目标的过程。

财务控制的方法主要有前馈控制、过程控制、反馈控制几种。一般包括如下工作步骤:①制定控制标准,分解和落实计划指标。②实施追踪控制。③确定和调整差异。④搞好考核奖惩。

(三)分析与考核

1.财务分析

财务分析是根据企业财务报表等信息资料,采用专门方法系统分析和评价企业偿债能力、营运能力、盈利能力和发展能力。

财务分析的方法主要有比较分析、比率分析、综合分析等。财务分析一般包括如下工作步骤:①进行指标对比,做出评价。②分析原因,明确责任。③落实措施,改进工作。

2.财务考核

财务考核是将报告期实际完成数与规定的考核指标进行对比,确定有关责任单位和个人是否完成任务的过程。财务考核的形式是多种多样的,可以用绝对指标、相对指标、完成百分比考核,也可用多种财务指标进行综合评价考核。

财务管理各个环节互相联系、互相制约,形成周而复始的财务管理循环过程,构成财务管理的完整工作体系。

任务三 货币时间价值计算分析

知识目标

1. 理解货币时间价值的实质。
2. 掌握复利终值与现值的计算分析。
3. 掌握各种年金终值与现值的计算分析。

技能目标

1. 学会复利终值与现值的计算。
2. 学会各种年金终值与现值的计算。
3. 学会各类时间价值方案的分析比较。

一、货币时间价值

货币时间价值也称为资金时间价值,是指在没有风险、没有通货膨胀条件下,一定量资金在不同时点上的价值量差额。它源于货币进入社会再生产过程后所增加的价值。

通常情况下,货币时间价值是没有风险、没有通货膨胀情况下的社会平均利润率,比如年初存入银行10 000元,在年利率为3%的情况下,一年后该笔存款的本息和为10 300元,多出的300元就是货币经历一年时间产生的时间价值。那么,今天的10 000元与一年后的10 000元,因为其时间价值的存在价值是不相等的,根据货币时间价值理论,可以将不同时点的货币折算到同一时点进行价值量的比较。

计算货币时间价值首先要明确两个概念:终值和现值。终值(Future value)是指现在一定量资金折算到未来某一时点上的价值,俗称本利和,通常记作 F。现值(Present value)又称本金,是指未来某一时点上的一定量资金折算到现在的价值,通常记作 P。终值和现值的计算涉及利息计算方式的选择。目前,有两种利息计算方式:单利和复利。

二、终值和现值计算

(一)单利终值和现值计算

单利方式下,每期都按照初始本金计算利息,计息基础不变。即只就本金计算利息,产生的利息不再计入本金。

1.单利终值

$$F=P+I=P+P\times i\times n=P\times(1+i\times n)$$

式中　P——现值;
　　　F——终值;
　　　I——利息;
　　　i——利息率;
　　　n——计息期

(计息期是指相邻两次计息的间隔,如年、月、日等,除非特别说明,计息期一般为一年)。

2.单利现值

单利现值的计算就是终值的逆运算:

$$P=\frac{F}{1+i\times n}$$

> **做中学 1-1**
>
> 张明今年存入银行 100 万元,想 5 年后投资一个建设项目,假设目前存款利率为 3%,张明 5 年后能从银行取出多少钱?
>
> $$F=100+100\times 3\%\times 5$$
> $$=100\times(1+3\%\times 5)=115(万元)$$

> **做中学 1-2**
>
> 假定银行存款利率为 3%,张明希望在 3 年后从银行取出 200 万元进行项目建设,那么张明现在需要存入银行多少钱?
>
> $$P=\frac{200}{1+3\%\times 3}\approx 183.49(万元)$$

(二)复利终值和现值

复利方式下,不仅本金要计算利息,利息也要计入本金再计息,俗称"利滚利"。因为复利计息方式更加科学客观,所以财务估值中一般都按照复利方式计算资金时间价值。

1.复利终值

复利终值是指一定量的本金按照复利计算若干期后的本利和。计算公式如下:

$$F=P\times(1+i)^n$$

上式中$(1+i)^n$称作1元复利终值系数,记作$(F/P,i,n)$。参见附表1"复利终值系数表",该表的第一行是利率i,第一列是计息期数n,相应的复利终值系数在其纵横交叉处。复利终值计算公式简写为

$$F=P\times(F/P,i,n)$$

做中学 1-3

假定华中公司董事长决定从今年留存收益中提取120 000元存入银行,准备8年后用来更新设备。若目前银行利率为6%,8年后可用来更新设备的金额是多少?

$$F=120\ 000\times(1+6\%)^8=120\ 000\times(F/P,6\%,8)=191\ 256(元)$$

华中公司8年后可向银行取得本利和191 256元用来更新设备。

由复利终值系数表可以看出,除了根据i和n查找复利终值系数外,也可以利用该表在已知复利终值系数的情况下,根据i查找n,或根据n查找i。

做中学 1-4

李洋投入股票市场10万元,假设近年市场平均投资报酬率为6%,那么李洋的投入经过多少年才能增长1倍呢?

$$F=P\times(1+i)^n$$
$$20=10\times(1+6\%)^n$$
$$(1+6\%)^n=2\ 即(F/P,6\%,n)=2$$

查阅附表1"复利终值系数表"得到:$(F/P,6\%,12)=2.012\ 2$

所以,李洋的资金要等12年才可以增长1倍。

2.复利现值

复利现值是为将来取得一定本利和,现在所需要的本金,由终值求现值,也称为贴现。计算公式如下:

$$P=\frac{F}{(1+i)^n}=F\times(1+i)^{-n}$$

上式中的$(1+i)^{-n}$称为一元复利现值系数,记作$(P/F,i,n)$。(参见附表2"复利现值系数表")。复利现值的计算公式可简写为

$$P=F\times(P/F,i,n)$$

做中学 1-5

华中公司打算在5年后获得10 000万元资金用于分公司的建立,假设投资报酬率为10%,那么现在公司应投入多少钱?

$$P=\frac{10\ 000}{(1+10\%)^5}=10\ 000\times(P/F,10\%,5)=6\ 209(万元)$$

3.名义利率与实际利率

复利的计算通常以年为计息周期,但在实际应用中,也有按半年、季、月或日计息的时候,当利率的时间单位和计息周期不一致时,就出现了名义利率和实际利率的区分。

计算利息时,实际采用的有效利率就是实际利率,当利息在一年内需要复利多次时,所给出的年利率就是名义利率。通常所说的年利率都是名义利率,如果不对计息期加以说明,则表示一年计息一次。

名义利率和实际利率之间的关系如下:

$$i=\left(1+\frac{r}{M}\right)^M-1$$

式中 i——实际利率;

　　　r——名义利率;

　　　M——每年复利次数。

做中学 1-6

王昊投资了某理财产品 10 000 元,为期 3 年,年利率为 4%,每半年复利一次,他实际取得的利息有多少?该产品的实际利率又是多少?

半年利率=4%÷2=2%

复利次数=3×2=6(次)

$F=10\ 000\times(1+2\%)^6=10\ 000\times(F/P,2\%,6)=11\ 262(元)$

$I=11\ 262-10\ 000=1\ 262(元)$

若按照 4% 的名义利率计算利息:$I=10\ 000\times(F/P,4\%,3)-10\ 000=1\ 249(元)$

实际取得利息比按照名义利率计算利息高出 13(1 262-1 249)元,所以当计息周期短于一年时,实际取得的利息比按照名义利率计算的利息高,此时的实际利率大于名义利率。

利用上式可直接计算半年复利的实际利率:

$$i=\left(1+\frac{4\%}{2}\right)^2-1=4.04\%$$

三、年金终值和现值计算

年金是指间隔期相等的系列等额收付款项。年金是复利的特殊形式,其特点是间隔期相等,收付金额相等,如折旧、利息、租金、保险费等都为年金的形式。年金根据每年收支的具体时间不同,分为"普通年金(后付年金)""预付年金(先付年金)""递延年金""永续年金"四种。年金的四种形式如图 1-5 所示:

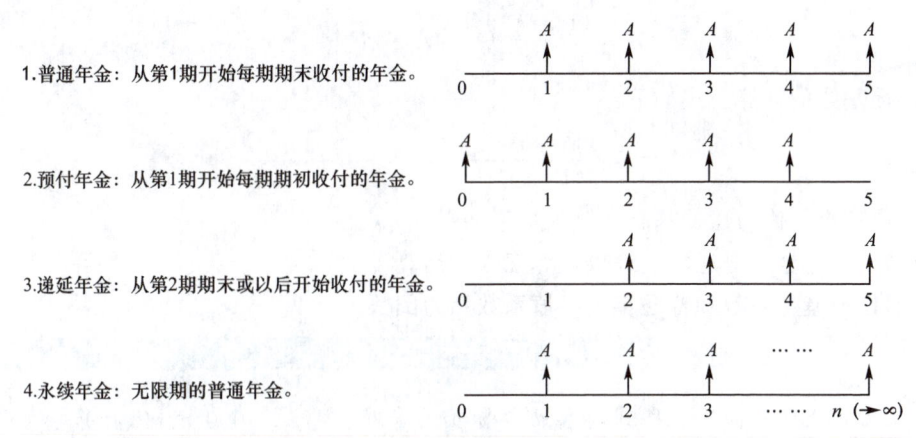

1. 普通年金：从第1期开始每期期末收付的年金。

2. 预付年金：从第1期开始每期期初收付的年金。

3. 递延年金：从第2期期末或以后开始收付的年金。

4. 永续年金：无限期的普通年金。

图 1-5　年金的四种形式

（一）普通年金

从第一期起，收付款项发生在每期期末的年金叫作普通年金。

1. 普通年金终值

根据复利终值的计算方法，普通年金的终值的计算公式如下：

$$F = A(1+i)^0 + A(1+i)^1 + A(1+i)^2 + \cdots + A(1+i)^{n-1}$$

（其中：年金为 A，利率为 i，期数为 n）

将上式两边同时乘上 $(1+i)$ 得

$$(1+i)F = A(1+i)^1 + A(1+i)^2 + A(1+i)^3 + \cdots + A(1+i)^n$$

两式相减得

$$(1+i)F - F = A(1+i)^n - A$$

普通年金终值公式为

$$F = A \times \frac{(1+i)^n - 1}{i}$$

公式中 $\frac{(1+i)^n - 1}{i}$ 为年金终值系数，记作 $(F/A, i, n)$，参见附表 3"年金终值系数表"，普通年金终值公式可以简写为

$$F = A \times (F/A, i, n)$$

做中学 1-7

华润企业打算向一所希望小学捐款资助，在今后 5 年中，每年年末投入资金 100 000 元，若利率为 8%，5 年后的总资助额为多少？

$$F = 100\,000 \times \frac{(1+8\%)^5 - 1}{8\%} = 100\,000 \times (F/A, 8\%, 5) = 586\,660（元）$$

---

2. 偿债基金计算

计算普通年金终值是已知年金求终值，实务中有时会遇到已知年金终值求年金的情况，这是年金终值的逆运算，即偿债基金的计算。偿债基金是指为了在约定的未来某一时点清偿某笔债务或积聚一定数额的资金而必须分次等额形成的存款准备金，也就是为使年金终值达到既定金额的年金数额（即已知终值 F，求年金 A）。由普通年金终值计算公式

$$F = A \times \frac{(1+i)^n - 1}{i} = A \times (F/A, i, n)$$

可知偿债基金的计算公式如下：

$$A = F \times \frac{i}{(1+i)^n - 1} = F \times \frac{1}{(F/A, i, n)}$$

普通年金终值与偿债基金计算的关系如下：

(1)偿债基金与普通年金终值计算互为逆运算。

(2)偿债基金系数和普通年金终值系数互为倒数。

做中学 1-8

王维在大学期间一直得到国家助学贷款的资助，共计 30 000 元，他打算在工作后 5 年内还清，从现在起计划每年年末等额存入银行一笔款项用于还债。假设利率为 10%，每年需要存入多少钱？

$$A = 30\,000 \times \frac{1}{(F/A, 10\%, 5)} = 30\,000 \times \frac{1}{6.105\,1} = 4\,913.92(元)$$

王维每年存入银行 4 913.92 元，5 年后可以清偿 30 000 元的债务。

3. 普通年金现值

根据复利现值的计算方法，普通年金现值的计算公式如下：

$$P = A(1+i)^{-1} + A(1+i)^{-2} + \cdots + A(1+i)^{-n}$$

等式两边同乘 $(1+i)$：

$$P(1+i) = A + A(1+i)^{-1} + A(1+i)^{-2} + \cdots + A(1+i)^{-n} + A(1+i)^{-(n-1)}$$

两式相减得

$$P = A \times \frac{1-(1+i)^{-n}}{i}$$

公式中 $\frac{1-(1+i)^{-n}}{i}$ 为年金现值系数，记作 $(P/A, i, n)$，参见附表 4"年金现值系数表"。普通年金的现值公式可以简写为

$$P = A \times (P/A, i, n)$$

做中学 1-9

星源公司为提高产品质量，决定向日本松下购买专用技术，双方在合同上约定星源公司分 6 年支付技术转让费。每年年末支付 48 000 元，假定银行存款年利率为 9%，星源公司现在购买该项专用技术转让费的价格为多少？

$$P = 48\,000 \times \frac{1-(1+9\%)^{-6}}{9\%} = 48\,000 \times (P/A, 9\%, 6)$$
$$= 48\,000 \times 4.485\,9 = 215\,323.2(元)$$

4. 年资本回收额计算

普通年金现值计算是已知年金求现值，同样我们也可以把这个过程反过来计算年资本回收额。年资本回收额是指在约定年限内等额回收初始投入资本或清偿所欠债务的金

额,即已知普通年金现值 P,求年金 A。由普通年金现值计算公式 $P=A\times\dfrac{1-(1+i)^{-n}}{i}$ $=A\times(P/A,i,n)$,可知年资本回收额的计算公式如下：

$$A=P\times\dfrac{i}{1-(1+i)^{-n}}=P\times\dfrac{1}{(P/A,i,n)}$$

普通年金现值与年资本回收额的计算关系如下：
(1)年资本回收额与普通年金现值计算互为逆运算。
(2)年资本回收系数与普通年金现值系数互为倒数。

做中学 1-10

建鑫公司申请了 1 000 万元的贷款,若想在 10 年内以年利率 12% 等额偿还,则每年应偿还多少?

根据题意,已知年金现值为 1 000 万元,在利率为 12%、期数为 10 年的前提下,求解年金 A 即可。

$$A=1\,000\times\dfrac{1}{(P/A,12\%,10)}=1\,000\times\dfrac{1}{5.650\,2}$$
$$=1\,000\times 0.177=177(万元)$$

每年偿还 177 万元就可以在 10 年内偿还 1 000 万元的贷款了。

(二)预付年金

从第一期起,在每期期初收付相等金额的系列款项,叫作"预付年金"或"先付年金"。预付年金和普通年金的区别在于收付款项的时点不同,在计算终值或现值时,预付年金比 n 期的普通年金要多计 1 期利息。

1.预付年金终值

预付年金终值的计算公式如下：

$$F=A\times(1+i)+A\times(1+i)^2+\cdots+A\times(1+i)^n$$
$$F=A\times\dfrac{(1+i)^n-1}{i}\times(1+i)=A\times\left[\dfrac{(1+i)^{n+1}-1}{i}-1\right]$$

式中 $\dfrac{(1+i)^{n+1}-1}{i}-1$ 为预付年金终值系数,预付年金终值的计算公式可简写为

$$F=A\times(F/A,i,n)(1+i)$$
$$=A\times[(F/A,i,n+1)-1]$$

做中学 1-11

中华公司有一个基建项目,分 5 次投资,每年年初投入 100 万元,预计第五年建成,若该公司申请贷款进行投资,银行年利率为 12%,该项目 5 年后的投资总额应为多少?

$$F=A[(F/A,i,n+1)-1]=100\times[(F/A,12\%,6)-1]$$
$$=100\times(8.115\,2-1)=711.52(万元)$$

2.预付年金现值

预付年金现值可在普通年金现值的基础上进行调整，比普通年金现值多算一期利息。预付年金现值的计算公式如下：

$$P = A + A(1+i)^{-1} + A(1+i)^{-2} + \cdots + A(1+i)^{-(n-1)}$$

$$P = A \times \frac{1-(1+i)^{-n}}{i} \times (1+i) = A \times \left[\frac{1-(1+i)^{-(n-1)}}{i} + 1\right]$$

式中 $\left[\frac{1-(1+i)^{-(n-1)}}{i} + 1\right]$ 是预付年金现值系数，记作 $[(P/A, i, n-1) + 1]$。

预付年金现值公式可简写为

$$P = A \times (P/A, i, n)(1+i)$$
$$= A \times [(P/A, i, n-1) + 1]$$

做中学 1-12

张宇泰打算分 5 年分期付款购买一台计算机，每年年初支付 1 000 元，如果银行年利率为 10%，该分期付款相当于现在一次性支付的买价是多少？

$$P = A \times [(P/A, i, n-1) + 1]$$
$$= 1\,000 \times [(P/A, 10\%, 4) + 1]$$
$$= 1\,000 \times (3.169\,9 + 1) = 4\,169.9(元)$$

（三）递延年金

递延年金是指在递延了最初若干期后，从后面若干期才开始等额系列收付款项，是普通年金的特殊形式。计算递延年金的终值与现值，首先要分清递延期与连续收支期。如图 1-6 所示：

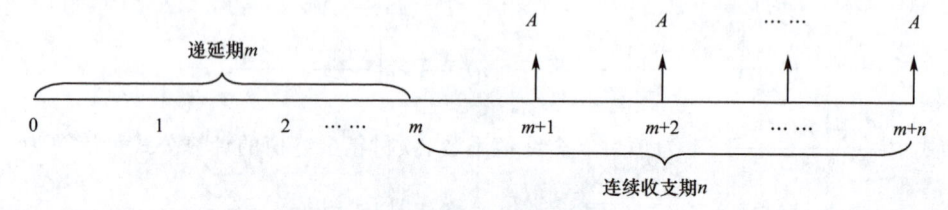

图 1-6 递延年金示意图

字母 m 表示递延期，n 表示连续收支期，总期数为 $m+n$。

1.递延年金终值

递延年金终值只与连续收支期 n 有关，而与递延期无关，如果将递延期 m 去掉，就成为普通年金的形式。递延年金的终值与普通年金终值计算相同。计算公式如下：

$$F = A(F/A, i, n)$$

做中学 1-13

银行发行了一张十年期债券,利率为12%。发行条例上载明:前三年不偿还本息,从第四年起每年年末每张债券还本付息200元。试问第十年年末,每张债券共还本付息多少钱?

由题意可知实际发生年金的期数为7期,所以:

$$F = 2\ 000 \times (F/A, 12\%, 7) = 200 \times 10.089 = 2\ 017.8(元)$$

2.递延年金现值

计算递延年金现值有三种方法:

方法一:把递延年金视为普通年金,先求出递延期期末的现值,然后再贴现至期初。其计算公式如下:

$$P = A \times (P/A, i, n) \times (P/F, i, m)$$

式中 m——递延期;

 n——年金期。

方法二:先求出 $m+n$ 期的年金现值,再减去递延期 m 的年金现值。其计算公式如下:

$$P = A \times [(P/A, i, m+n) - (P/A, i, m)]$$

方法三:先求出递延年金的终值,再折现为现值:

$$P = A \times (F/A, i, n) \times (P/F, i, m+n)$$

做中学 1-14

假定三亚公司于今年年初发行一种8年期的公司债券,当时的票面利率为12%。发行条例上规定:前两年不偿还本息,但从第3年起至第8年止每年每张公司债券还本付息240元。

要求:

(1)计算到第8年年末,每张公司债券共还本付息多少金额?

(2)根据上述资料,为潜在投资者计算购买该公司债券每张最多愿出价多少?

解析:

(1)第8年年末公司债券的还本付息的总金额即递延年金终值。

$$F = 240 \times (F/A, 12\%, 6) = 240 \times 8.115\ 2 = 1\ 947.65(元)$$

(2)潜在投资者认可公司债券的购买价格就是求解递延年金的现值。

其中递延期 $m=2$,年金期 $n=6$

方法一:$P = A \times (P/A, i, n) \times (P/F, i, m)$

$= 240 \times (P/A, 12\%, 6) \times (P/F, 12\%, 2)$

$= 240 \times 4.111\ 4 \times 0.797\ 2$

$= 786.63(元)$

方法二：$P = A \times [(P/A, i, m+n) - (P/A, i, m)]$
$= 240 \times [(P/A, 12\%, 8) - (P/A, 12\%, 2)]$
$= 240 \times (4.9676 - 1.6901)$
$= 786.60(元)$

方法三：$P = A \times (F/A, i, n) \times (P/F, i, m+n)$
$= 240 \times (F/A, 12\%, 6) \times (P/F, 12\%, 8)$
$= 240 \times 8.1152 \times 0.4039$
$= 786.66(元)$

（四）永续年金

无限期收付相等金额款项的年金，叫作"永续年金"，如优先股股利、奖学金等，具有永续年金特点。永续年金的期限趋于无穷，所以没有终值。永续年金的现值可以通过普通年金现值的计算公式推导得出：

$$P = A \times \frac{1 - (1+i)^{-n}}{i}$$

当 $n \to +\infty$ 时，$(1+i)^{-n}$ 的极限为零，永续年金的现值公式如下：

$$P = \frac{A}{i}$$

做中学 1-15

某学校拟建立一项永久性奖学金用来奖励优等生，每年计划颁发 10 000 元奖金，银行利率为 10%，学校要拿出多少钱设立奖学金？

$$P = \frac{A}{i} = \frac{10\ 000}{10\%} = 100\ 000(元)$$

学校要拿出 10 万元作为奖学金，才能确保该项奖学金的运行。

四、利率和期数的推算

（一）利率的推算

在已知终值、现值和期数的情况下，可以推算出利率。

首先计算复利（年金）系数，然后通过查阅系数表，找到与已知系数最接近的两个系数及其所对应的利率，通过插值法计算求解。插值法公式如下：

$$i = i_1 + \frac{B - B_1}{B_2 - B_1} \times (i_2 - i_1)$$

式中 i——所求利率；
B——i 对应的系数；
B_1 和 B_2——与 B 相邻的系数；
i_1 和 i_2——B_1 和 B_2 对应的系数。

做中学 1-16

星海企业向银行申请贷款进行产品技术革新,第 1 年年初贷入 35 000 元,以后每年年末还本付息 5 000 元,连续 10 年还清款项。试问该项贷款利率是多少?

每年年末等额支付款项,属于后付年金。依据年金现值公式:

$$P = A \times (P/A, i, n)$$
$$35\,000 = 5\,000 \times (P/A, i, 10)$$
$$(P/A, i, 10) = 7$$

查阅年金现值系数表,可得

$$(P/A, 7\%, 10) = 7.023\,6$$
$$(P/A, 8\%, 10) = 6.710\,1$$

运用插值法可得:

$$i = 7\% + \frac{7 - 7.023\,6}{6.710\,1 - 7.023\,6} \times (8\% - 7\%) = 7.08\%$$

(二)期数的推算

同利率的推算类似,在已知终值、现值和利率的情况下,可以根据插值法公式推算出期数。

做中学 1-17

已知企业有一笔贷款 300 000 元,打算每年年末偿还 50 000 元,在银行利率为 10% 的情况下,计算多少年能还清?

$$P = A \times (P/A, i, n)$$
$$300\,000 = 50\,000 \times (P/A, 10\%, n)$$

那么,$(P/A, 10\%, n) = 6$

查阅年金现值系数表可知,

$$(P/A, 10\%, 9) = 5.759\,0$$
$$(P/A, 10\%, 10) = 6.144\,6$$

运用插值法可得:

$$n = 9 + \frac{6 - 5.759\,0}{6.144\,6 - 5.759\,0} \times (10 - 9) = 9.625(年)$$

该笔贷款在 10% 利率水平下,预计 9.625 年能还清。

任务四 风险衡量指标计算分析

知识目标

1. 理解风险的含义和类别。
2. 掌握风险衡量的步骤和计算方法。
3. 掌握风险与收益的决策方法。

技能目标

1. 能够正确计算风险报酬。
2. 能够正确衡量项目的投资报酬率。
3. 能够根据风险和收益的关系做出决策。

一、风险的含义与类别

(一) 风险的含义

风险是指收益的不确定性。虽然风险的存在可能使收益增加,但人们更关注的是风险带来损失的可能性,所以,从财务管理的角度看,风险就是企业在各项财务活动中,由于各种难以预料和无法控制的因素作用,使企业的实际收益与预计收益发生背离,从而蒙受经济损失的可能性。风险是客观存在的,企业的财务决策,几乎都是在风险和不确定性的情况下做出的。

风险是具有价值的,这也是投资者甘愿冒风险进行投资的原因之一,冒风险需要有相应的超过货币时间价值的报酬作为补偿,而且风险越大,额外报酬越高。风险报酬,是投资者由于冒风险进行投资而获得的超过货币时间价值的额外收益,也称为投资的风险价值或风险收益。

通常风险报酬有两种表示方法:风险报酬额和风险报酬率。风险报酬额是绝对量,表示投资者由于冒风险进行投资而获得的超过货币时间价值的额外收益额;风险报酬率是相对数,是风险报酬额与原始投资额的比率。在财务管理中,风险报酬通常用风险报酬率来衡量。

(二) 风险的类别

从个人投资主体的角度看,风险可以分为市场风险和公司特有风险两类。

1. 市场风险

市场风险是指影响所有公司的因素引起的风险,如战争、经济衰退、通货膨胀、高利率等。这类风险涉及所有的投资对象,由于其不能通过多元化投资来分散,所以又称不可分散风险或系统风险。

2. 公司特有风险

公司特有风险是指发生于个别公司的特有事件造成的风险,如罢工、新产品开发失败、没有争取到重要合同、诉讼失败等。这类事件是随机发生的,因而可以通过多元化投资来分散,即发生于一家公司的不利事件可以被其他公司的有利事件所抵消。这类风险称可分散风险或非系统风险。

从公司本身来看,风险又可以分为经营风险和财务风险两类。

1. 经营风险

经营风险是指生产经营的不确定性带来的风险,是任何商业活动都有的,也叫商业风险。比如,开发自然资源时能否找到矿藏、开发新产品能否成功、原材料供应情况如何等问题都是经营风险。经营风险主要来自市场销售、生产成本、生产技术和其他方面。

2. 财务风险

财务风险是指由于企业采用不同方式筹措资金而形成的风险,特别是企业负债所面临的风险,也叫筹资风险。

二、风险的衡量

风险的衡量就是风险价值的计算,通常需要使用概率和统计方法,运用资产收益率的离散程度来衡量。离散程度是资产收益率的各种可能结果与预期收益率的偏差。衡量风险的指标主要有方差、标准差和标准离差率。

(一)概率分布

概率就是指随机事件发生的可能性。概率分布则是指一项活动可能出现的所有结果的概率集合。肯定发生事件的概率定为1,肯定不会发生的事件的概率定为0,一般随机事件的概率是介于0与1之间的某个数。

概率分布必须符合下列两个要求:

一是所有的概率 P_i 都在0到1之间,即 $0<P_i<1$

二是所有结果的概率之和应等于1,即 $\sum_{i=1}^{n} P_i = 1$

做中学 1-18

ABC公司有两个投资机会,甲项目是一个高科技项目,该领域竞争很激烈,如果市场状况好,利润会很大,否则利润很小,甚至亏本。乙项目是一个老产品并且是必需品,销售前景可以准确预测出来。假设未来的经济情况只有三种:繁荣、正常、衰退,有关的概率分布和预期收益见表1-3。

表1-3　　　　　　　甲、乙项目概率分布和预期收益　　　　　　单位:万元

经济情况	发生概率	甲项目预期收益	乙项目预期收益
繁荣	0.3	90	20

(续表)

经济情况	发生概率	甲项目预期收益	乙项目预期收益
正常	0.4	10	15
衰退	0.3	−60	10
合计	1.0	—	—

(二)期望值

期望值是随机变量的所有可能结果,以相应的概率为权数的加权平均数,可以反映随机变动结果的平均化,代表着投资者合理的预期收益,通常用符号 $\overline{E}$ 表示,其计算公式如下:

$$\overline{E} = \sum_{i=1}^{n} X_i P_i$$

式中 $\overline{E}$——期望值;

X_i——第 i 种可能结果的预计收益额;

P_i——第 i 种可能结果的概率;

n——结果的个数。

做中学 1-19

假定华能公司计划年度准备以 2 000 万元进行投资创办饮料厂,根据市场调查,预计在三种不同的市场情况下可能获得的净收益及概率见表1-4。

表 1-4　　　　　　　　　预期收益及概率表

市场情况	预期收益(X_i)(万元)	概率(P_i)
繁荣	600	0.2
一般	400	0.5
衰退	200	0.3

该公司的期望收益是多少?

$\overline{E} = 600 \times 0.2 + 400 \times 0.5 + 200 \times 0.3 = 380$(万元)

(三)方差与标准差

标准离差简称标准差,也叫均方差,反映概率分布中各种可能报酬额对期望值的偏离程度,是方差的平方根。通常用符号 δ 表示,其计算公式如下:

$$\delta = \sqrt{\sum_{i=1}^{n}(X_i - \overline{E})^2 \times P_i}$$

式中　δ——标准差;

X_i——第 i 种可能结果的预计收益额;

$\overline{E}$——期望值;

P_i——第 i 种可能结果的概率；

n——结果的个数。

标准差以绝对数衡量投资项目的全部风险，在预期期望值相同的情况下，标准差越大，风险越大；标准离差越小，风险越小。

> **做中学 1-20**
>
> 以【做中学 1-19】中的数据为例，计算甲公司的标准差。
> $$\delta = \sqrt{(600-380)^2 \times 0.2 + (400-380)^2 \times 0.5 + (200-380)^2 \times 0.3}$$
> $$= 140(万元)$$

标准差作为反映随机变量离散程度的绝对指标，通常用于期望值相同时不同方案的决策；如果各方案期望值不同，则需要考虑标准离差率。

（四）标准离差率

标准离差率是标准差与期望值的比值，也称标准离差系数或离散系数，通常用 V 表示，其计算公式如下：

$$V = \frac{\delta}{E}$$

在期望值不同的情况下，标准离差率越大，风险越大；标准离差率越小，风险越小。

> **做中学 1-21**
>
> 以【做中学 1-20】中的有关数据为例，计算甲公司的标准离差率。
> $$V = \frac{140}{380} = 0.3684$$
> 即该投资项目的风险程度为 0.3684。

资产风险评价过程如图 1-7 所示：

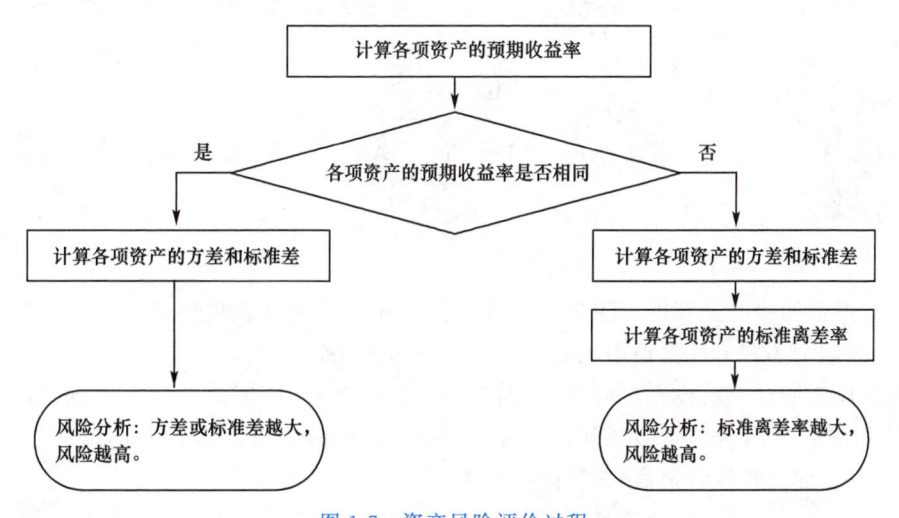

图 1-7 资产风险评价过程

做中学 1-22

1. 工作任务要求：请做出 D 公司的新产品投产决策。

2. 情境案例设计：D 公司打算投产新产品，初步决定在 A、B 两种产品中选择风险较低者。请对两种产品未来的市场情况进行调查，并根据调查结果对 A、B 两种产品的收益情况做出预测，见表 1-5。

表 1-5　　　　　　　　D 公司产品收益预测

市场情况	很好	较好	一般	较差	很差
出现概率	0.1	0.2	0.4	0.2	0.1
A 产品收益率	30%	20%	15%	−5%	−10%
B 产品收益率	15%	10%	8%	5%	3%

3. 任务实施过程：

(1) 计算预期收益率

A 产品的预期收益率 $= 0.1 \times 30\% + 0.2 \times 20\% + 0.4 \times 15\% + 0.2 \times (-5\%) + 0.1 \times (-10\%) = 11\%$

B 产品的预期收益率 $= 0.1 \times 15\% + 0.2 \times 10\% + 0.4 \times 8\% + 0.2 \times 5\% + 0.1 \times 3\% = 8\%$

(2) 计算标准差

A 产品的标准差 $= \sqrt{(30\% - 11\%)^2 \times 0.1 + (20\% - 11\%)^2 \times 0.2 + (15\% - 11\%)^2 \times 0.4 + (-5\% - 11\%)^2 \times 0.2 + (-10\% - 11\%)^2 \times 0.1} = 12.41\%$

B 产品的标准差 $= \sqrt{(15\% - 8\%)^2 \times 0.1 + (10\% - 8\%)^2 \times 0.2 + (8\% - 8\%)^2 \times 0.4 + (5\% - 8\%)^2 \times 0.2 + (3\% - 8\%)^2 \times 0.1} = 3.16\%$

(3) 计算标准离差率

A 产品的标准离差率 $= \dfrac{12.41\%}{11\%} = 1.13$

B 产品的标准离差率 $= \dfrac{3.16\%}{7\%} = 0.45$

因为 A 产品的标准离差率高于 B 产品，所以 B 产品的风险较低，应选择投产 B 产品。

(五) 风险收益率

风险投资的目的是获得风险报酬。风险报酬通常有两种表现形式：一种是绝对数的"风险报酬额"，还有一种就是用相对数表示的"风险报酬率"。

风险投资所要求的投资报酬率（即期望投资报酬率）在不考虑通货膨胀的情况下，应该包括两部分：一部分是资金时间价值，即无风险报酬率，通常可以用政府债券或存款利率替代；另一部分是风险价值，即风险报酬率。

$$期望投资报酬率 = 无风险报酬率 + 风险报酬率$$

项目一 基本能力

> **做中学 1-23**
>
> 假如某项投资的风险报酬率为 4%，目前国库券的利率为 6%，在不考虑通货膨胀的情况下，该项投资期望的报酬率为
>
> 期望投资报酬率＝6%＋4%＝10%

根据风险与收益的关系，投资者往往愿意选择低风险高收益的方案，然而高收益必然伴随高风险，投资人必须对报酬和风险做出权衡，为追求较高报酬而承担较大风险，或为减少风险而接受较低的报酬。因此在财务决策中要权衡好二者的关系。

对投资者而言，风险报酬率是衡量一个投资项目是否值得投资的依据。通过预测投资方案的风险收益率，将其与应得的风险收益率相比较，可以初步判断企业承担的风险程度。

【拓展阅读】 房贷的两种还款方式

购房按揭的还款方式主要有两种：等额本息还款法（等额法）和等额本金还款法（递减法）。

等额本息还款法即把按揭贷款的本金总额与利息总额相加，然后平均分摊到还款期限的每个月中，每个月的还款额是固定的，但每月还款额中的本金比重逐月递增、利息比重逐月递减。这种方法是目前最为普遍的还款方式，也是大部分银行推荐的还款方式。

由于每月的还款额相等，所以在贷款初期每月的还款中，剔除按月结清的利息后，所还的贷款本金就较少；在贷款末期每月的还款中，剔除按月结清的利息后，所还的贷款本金就较多。这种还款方式，实际占用银行贷款的数量更多、占用的时间更长，但是它还便于借款人合理安排每月的生活和理财活动，对于精通投资、擅长"以钱生钱"的人来说，这无疑是最好的选择。等额本息还款法每月还款额的计算公式如下：

每月还款额＝贷款本金×[月利率×(1＋月利率)^{还款月数}]÷[(1＋月利率)^{还款月数}－1]

等额本金还款法即借款人每月按相等的金额（贷款金额/贷款月数）偿还贷款本金，每月贷款利息按月初剩余贷款本金计算并逐月结清，两者合计即为每月的还款额。

每月应还本金＝$a \div n$

每月应还利息＝$a_n \times \dfrac{i}{30} \times d_n$

等额本金法每月应还利息＝贷款结余金额×年利率/12

式中　a——贷款本金；

　　　i——贷款月利率；

　　　n——贷款月数。

a_n 为第 n 个月贷款剩余本金，$a_1＝a$，$a_2＝a－a/n$，$a_3＝a－2\times a/n$，以此类推。

d_n 为第 n 个月的实际天数，如平年 2 月就为 28，3 月就为 31，4 月就为 30，以此类推。

由于每月所还本金固定，而每月贷款利息随着本金余额的减少而逐月递减，因此，等额本金还款法在贷款初期月还款额大，此后逐月递减（月递减额＝月还本金×月利率）。

举个例子：

吴明打算购房，申请商业贷款 10 万元，期限为 20 年，年利率为 6.12％，分别用等额本息及等额本金还款方式计算每月还款额。

等额本息还款方式：首月还款额为 723.37 元，其中本金 213.37 元，利息 510 元，以后每月还款额不变，但月还本金逐月增加，月还利息逐月减少。

期末，利息总计为 73 609 元，本息合计为 173 609.07 元。

等额本金还款方式：首月月还款额为 926.67 元，其中本金 416.67 元，利息 510 元，以后每月月还本金不变，月还款额与月还利息逐月减少。

期末，利息总计为 61 455 元，本息合计为 161 455 元。

正常还款情况下，两者的差额＝173 609.07－161 455＝12 154.07(元)

从某种意义上说，购房还贷，等额本金法(递减法)未必优于等额本息法(等额法)，到底选择什么样的还款方式还要因人而异。"等额本息还款法"就是借款人每月始终以相等的金额偿还贷款本金和利息，在还款初期，利息支出较大，本金还得少，以后随着每月利息支出的逐步减少，本金偿还得逐步增多；"等额本金还款法"就是借款人每月以相等的额度偿还贷款本金，利息随本金逐月递减，每月还款额亦逐月递减。

两种还款方式都是随着剩余本金的逐月减少，利息也逐月递减，两者都是按照占用资金的货币时间价值计算的。但由于"等额本金还款法"较"等额本息还款法"而言，初期偿还贷款本金较多，所以以后各期确定贷款利息时作为计算利息的基数变小，所归还的总利息相对就少。

【拓展阅读】 **24 美元买下曼哈顿**

24 美元买下曼哈顿！这并不是一个荒唐的痴人说梦，而是一个流传已久的故事，也是一个可以实现的愿望，更是一个老生常谈的投资方式，但是做得到的人不多。

故事是这样的：1626 年，荷属美洲新尼德兰省总督 PeterMinuit 花了大约 24 美元从印第安人手中买下了曼哈顿岛。到 2000 年 1 月 1 日，曼哈顿岛的价值已经达到了 2.5 万亿美元。以 24 美元买下曼哈顿，PeterMinuit 无疑占了一个天大的便宜。但是，如果转换一下思路，PeterMinuit 也许并没有占到便宜。如果当时的印第安人拿着这 24 美元去投资，按照 11％(美国近 70 年股市的平均投资收益率)的投资收益计算，到 2000 年，这 24 美元将变成 238 万亿美元，远远高于曼哈顿岛的价值即 2.5 万亿美元。

如此看来，PeterMinuit 是吃了一个大亏。是什么神奇的力量让资产实现了如此巨大的倍增？是复利。长期投资的复利效应将实现资产的翻倍增值。爱因斯坦就说过，"宇宙最大的能量是复利，世界的第八大奇迹是复利"。一个不大的基数，以一个即使很微小的量增长，假以时日，都将膨胀为一个庞大的天文数字。那么，即使以 24 美元为起点，经过一定的时间后，也可以买得起曼哈顿这样的超级岛屿。

职业能力训练

一、名词解释

1. 财务管理　　2. 利润最大化　　3. 企业价值最大化　　4. 财务预测
5. 财务决策　　6. 财务预算　　　7. 财务控制　　　　　8. 财务分析
9. 货币时间价值　10. 终值　　　　11. 现值　　　　　　12. 名义利率
13. 年金　　　　14. 普通年金　　15. 递延年金　　　　16. 系统风险
17. 风险报酬　　18. 期望值

二、单项选择题

1. 企业财务管理的对象是（　　）。
A. 资金运动及其体现的财务关系　　B. 资金的数量增减变动
C. 资金的循环与周转　　　　　　　D. 资金投入、退出和周转

2. 企业的财务活动是指企业的（　　）。
A. 货币资金收支活动　　　　　　　B. 资金分配活动
C. 资本金的投入和收回　　　　　　D. 资金的筹集、运用、收回及分配

3. 在资本市场上向投资者出售金融资产,如借款、发行股票和债券等,从而取得资金的活动是（　　）。
A. 筹资活动　　　　　　　　　　　B. 投资活动
C. 收益分配活动　　　　　　　　　D. 资金营运活动

4. 从公司当局可控因素来看,影响报酬率和风险的财务活动是（　　）。
A. 筹资活动　　　　　　　　　　　B. 投资活动
C. 营运活动　　　　　　　　　　　D. 分配活动

5. 下列各项经济活动中,属于企业狭义投资的是（　　）。
A. 购买设备　　　　　　　　　　　B. 购买零部件
C. 购买专利权　　　　　　　　　　D. 购买国库券

6. 企业与债权人的财务关系在性质上是一种（　　）。
A. 经营权与所有权关系　　　　　　B. 投资与被投资关系
C. 委托代理关系　　　　　　　　　D. 债权债务关系

7. 公司与政府之间的财务关系体现为（　　）。
A. 债权债务关系　　　　　　　　　B. 强制和无偿分配的关系
C. 风险收益对等关系　　　　　　　D. 资金结算关系

8. （　　）是财务预测和财务决策的具体化,是财务控制和财务分析的依据。
A. 财务管理　　　　　　　　　　　B. 财务预算
C. 财务关系　　　　　　　　　　　D. 财务活动

9. 利润最大化目标的优点是（　　）。
A. 反映企业创造剩余产品的能力　　B. 反映企业创造利润与投入资本的关系
C. 反映企业所承受的风险程度　　　D. 反映企业取得收益的货币时间价值因素

10.相对于每股利润最大化目标而言,企业价值最大化目标的不足之处是(　　)。
　A.没有考虑资金的货币时间价值　　B.没有考虑投资的风险价值
　C.不能反映企业潜在的盈利能力　　D.不能直接反映企业当前的盈利水平
11.企业价值最大化的财务目标没有考虑的因素是(　　)。
　A.预期资本利润率　　　　　　　　B.社会资源的合理配置
　C.资金使用的风险　　　　　　　　D.企业净资产的账面价值
12.在下列财务管理目标中,通常被认为比较合理的是(　　)。
　A.利润最大化　　　　　　　　　　B.企业价值最大化
　C.每股收益最大化　　　　　　　　D.股东财富最大化
13.股东和经营者发生冲突的根本原因在于(　　)。
　A.具体行为目标不一致　　　　　　B.掌握的信息不一致
　C.利益动机不同　　　　　　　　　D.在企业中的地位不同
14.财务管理最为主要的环境因素是(　　)。
　A.经济环境　　　　　　　　　　　B.法律环境
　C.体制环境　　　　　　　　　　　D.金融环境
15.按利率与市场资金供求情况的关系,利率可分为(　　)。
　A.固定利率和浮动利率　　　　　　B.市场利率和法定利率
　C.名义利率和实际利率　　　　　　D.基准利率和套算利率
16.在借贷期内可以调整的利率是(　　)。
　A.套算利率　　　　　　　　　　　B.市场利率
　C.浮动利率　　　　　　　　　　　D.实际利率
17.没有风险和通货膨胀情况下的利率是指(　　)。
　A.浮动利率　　B.市场利率　　C.纯利率　　D.法定利率
18.企业分配活动有广义和狭义之分,广义的利润分配是指(　　)。
　A.对企业销售收入和销售成本进行分配
　B.利润分配
　C.工资分配
　D.收入与利润的分摊、分割过程
19.某企业于年初存入银行10 000元,假定年利率为6%,每年复利两次,已知(F/P,6%,5)=1.338 2,(F/P,6%,10)=1.790 8,(F/P,3%,5)=1.159 3,(F/P,3%,10)=1.343 9,则第五年年末的本利和为(　　)元。
　A.13 382　　　　　　　　　　　　B.17 908
　C.11 593　　　　　　　　　　　　D.13 439
20.企业有一笔5年后到期的贷款,每年年末归还借款3 000元,假设贷款年利率为4%,则企业该笔贷款的到期值为(　　)元。已知(F/A,4%,5)=5.416 3,(P/A,4%,5)=4.451 8。
　A.15 680　　　　　　　　　　　　B.16 248.9
　C.13 355.4　　　　　　　　　　　D.18 673

21.一定时期内每期期初等额收付的系列款项是（　　）。
   A.普通年金　　　　　　　　B.永续年金
   C.递延年金　　　　　　　　D.预付年金

22.恒发公司年初贷款 50 000 元用于厂房建设,期限为 10 年,利率为 12%,每年年末等额偿还,每年应付金额为（　　）元。
   A.8 849　　　　　　　　　　B.5 000
   C.6 000　　　　　　　　　　D.2 825

23.在普通年金终值系数的基础上,期数加 1、系数减 1 得到的结果,数值上等于（　　）。
   A.预付年金现值系数　　　　B.预付年金终值系数
   C.普通年金现值系数　　　　D.普通年金终值系数

24.距今若干期后发生的每期期末收付的年金为（　　）。
   A.预付年金　　　　　　　　B.永续年金
   C.递延年金　　　　　　　　D.普通年金

25.普通年金终值系数的倒数为（　　）。
   A.投资回收系数　　　　　　B.复利现值系数
   C.普通年金现值系数　　　　D.偿债基金

26.已知$(P/A,10\%,9)=5.7590$,$(P/A,10\%,10)=6.1446$。则 10 年、10% 的预付年金现值系数为（　　）。
   A.6.759 0　　　　　　　　　B.4.759 0
   C.7.144 6　　　　　　　　　D.5.144 6

27.一项年金前 3 年无现金流入,后 5 年每年年初流入 500 万元,假设年利率为 10%,其现值为（　　）。
   A.1 994.59　　　　　　　　B.1 566.36
   C.1 813.48　　　　　　　　D.1 423.21

28.小王年初存入银行 10 000 元,假设银行按每年 8% 的复利计息,每年年末取出 2 000 元,则最后一次能够足额(2 000 元)提款的时间是（　　）。
   A.第 6 年年末　　　　　　　B.第 7 年年末
   C.第 8 年年末　　　　　　　D.第 9 年年末

29.某项永久性奖学金,每年计划颁发 10 万元奖金。若年复利率为 8%,该项奖学金的本金应为（　　）元。
   A.6 250 000　　　　　　　　B.1 250 000
   C.2 500 000　　　　　　　　D.4 000 000

30.投资者因冒风险进行投资,所获得超过货币时间价值的那部分额外报酬称为（　　）。
   A.无风险报酬　　　　　　　B.风险报酬
   C.平均报酬　　　　　　　　D.投资报酬

31.必要收益率为10%,短期国库券收益率为6%,通货膨胀补偿率为2%,那么纯利率、无风险收益率、风险收益率分别为(   )。
A.6%、8%、4%   B.2%、6%、4%
C.4%、6%、4%   D.4%、6%、10%

32.甲、乙两投资方案的期望值不同,甲投资方案的标准离差率为10%,乙投资方案的标准离差率为8%,下列判断正确的是(   )。
A.甲方案比乙方案风险大   B.甲方案比乙方案风险小
C.甲、乙两方案风险相同   D.无法判断

33.下列不是衡量风险程度的指标的是(   )。
A.方差   B.预期收益率
C.标准差   D.标准离差率

三、多项选择题

1.企业生存的基本条件是(   )。
A.盈利   B.以收抵支   C.到期偿债   D.增加收入

2.下列各项中,属于企业资金营运活动的有(   )。
A.采购原材料   B.销售商品
C.购买国库券   D.支付利息

3.企业投资可以分为广义投资和狭义投资,狭义投资包括(   )。
A.固定资产投资   B.证券投资
C.对外联营投资   D.流动资产投资

4.下列各项属于企业在投资决策过程中必须考虑的因素的有(   )。
A.投资规模   B.投资方向和投资方式
C.投资风险   D.投资结构

5.下列有关货币市场表述正确的有(   )。
A.货币市场也称为短期金融市场,它交易的对象具有较强的货币性
B.货币市场也称为资本市场,其收益较高、流动性较差
C.资金借贷量大
D.交易的目的主要是满足短期资金周转的需要

6.利润最大化不是企业最优的财务管理目标,其原因包括(   )。
A.不能直接反映企业创造剩余产品的多少
B.没有考虑利润和投入资本额的关系
C.没有考虑利润取得的时间和承受风险的大小
D.没有考虑企业成本的高低

7.企业价值最大化目标的优点为(   )。
A.考虑了货币时间价值和投资的风险价值
B.满足企业资产保值增值的要求
C.克服了短期行为
D.有利于社会资源的合理配置

8.在不存在通货膨胀的情况下,利率的组成因素包括( )。
A.纯利率 B.违约风险报酬率
C.流动性风险报酬率 D.期限风险报酬率

9.以下关于利率表述正确的有( )。
A.利率是利息占本金的百分比指标
B.利率是一定时期运用资金资源的交易价格
C.利率是中国人民银行对商业银行贷款的利率
D.利率是没有风险和通货膨胀的情况下的社会平均利润率

10.财务预测环节的工作主要包括以下几个步骤( )。
A.明确预测目标 B.搜集相关资料
C.建立预测模型 D.实施财务预测

11.对企业财务管理而言,下列因素中的( )只能加以适应和利用,但不能改变。
A.国家的经济政策 B.金融市场环境
C.企业经营规模 D.国家的财务法规

12.下列各项中属于年金形式的有( )。
A.直线法计提的折旧额 B.等额分期付款
C.优先股股利 D.按月发放的养老金

13.下列表述中,正确的有( )。
A.普通年金现值系数和普通年金终值系数互为倒数
B.复利终值系数和复利现值系数互为倒数
C.普通年金终值系数和偿债基金系数互为倒数
D.普通年金现值系数和年资本回收系数互为倒数

14.下列各项中,可以直接或间接利用普通年金现值系数计算出确切结果的项目有( )。
A.偿债基金 B.年资本回收额
C.预付年金现值 D.预付年金终值

15.某项年金前三年没有现金流入,从第四年开始每年年末流入现金1 000元,共计4次,假设年利率为8%,则该递延年金现值的计算公式正确的有( )。
A.1 000×(P/A,8%,4)×(P/F,8%,4)
B.1 000×[(P/A,8%,8)−(P/A,8%,4)]
C.1 000×[(P/A,8%,7)−(P/A,8%,3)]
D.1 000×(F/A,8%,4)×(P/F,8%,7)

16.企业投资的必要收益率的构成包括( )。
A.纯粹利率 B.通货膨胀补偿率
C.风险收益率 D.资本成本率

17.风险按形成的原因可以分为( )。
A.财务风险 B.市场风险
C.经营风险 D.公司特有风险

18.对风险进行衡量时应着重考虑的因素有(　　)。
A.期望值　　　　　　　　B.标准差
C.标准离差率　　　　　　D.无风险报酬率

19.下列项目中,属于转移风险对策的有(　　)。
A.租赁经营　　　　　　　B.向保险公司投保
C.业务外包　　　　　　　D.进行准确的预测

20.若甲方案的预期收益率高于乙方案的预期收益率,且甲方案的标准差小于乙方案的标准差,下列表述不正确的有(　　)。
A.甲方案的风险与乙方案的风险相同
B.甲方案的风险小,应选择甲方案
C.乙方案的风险小,应选择乙方案
D.难以确定,需进一步计算标准离差率

21.下列各项中,属于财务管理风险对策的有(　　)。
A.接受风险　　　　　　　B.转移风险
C.规避风险　　　　　　　D.减少风险

22.关于投资者要求的投资报酬率,下列说法中正确的有(　　)。
A.风险程度越高,要求的投资报酬率越低
B.无风险报酬率越高,要求的投资报酬率越高
C.无风险报酬率越低,要求的投资报酬率越高
D.风险程度、无风险报酬率越高,要求的投资报酬率越高

四、判断题

1.财务活动是指企业在生产经营过程中客观存在的资金运动,包括筹资活动、投资活动、资金营运活动和资金分配活动。(　　)

2.从财务管理的角度来看,企业价值所体现的资产的价值既不是其成本价值,也不是其现时的会计收益。(　　)

3.企业和政府之间的财务关系体现为投资与受资关系。(　　)

4.企业的资金运动,表现为钱和物的增减变动,不能揭示人与人之间的经济利益关系。(　　)

5.因为企业所有者、经营者在财务管理工作中的目标是完全一致的,所以没有任何利益冲突。(　　)

6.股东财富最大化目标考虑了众多相关利益主体的不同利益。(　　)

7.企业价值最大化直接反映了企业所有者的利益,他与企业经营者没有直接的利益关系。(　　)

8.影响财务管理的经济环境因素主要包括经济周期、经济发展水平、经济政策和金融市场状况。(　　)

9.在多种利率并存的条件下起决定作用的利率称为法定利率。(　　)

10.金融市场的基础利率没有考虑风险和通货膨胀因素。(　　)

11.金融市场利率波动与通货膨胀有关,若后者起伏不定,则利率也会随之波动。
(   )
12.期限风险报酬率是指为了弥补因偿债期长而带来的风险,由债权人要求提高的利率。
(   )
13.在依据一定的法律原则下,如何合理确定利润分配规模和分配方式,以使企业的长期利益最大,也是财务管理的主要内容之一。
(   )
14.人们在进行财务决策时,之所以选择低风险的方案,是因为低风险会带来高收益,而高风险方案则往往收益偏低。
(   )
15.由于未来金融市场的利率难以准确地预测,所以财务管理人员不得不合理搭配长短期资金,以使企业适应任何利率环境。
(   )
16.在利率和计息期相同的条件下,复利现值系数与复利终值系数互为倒数。(   )
17.在通常情况下,货币时间价值是在既没有风险也没有通货膨胀条件下的社会平均利润率。
(   )
18.在终值一定的情况下,贴现率越低,计算期越少,则复利现值越大。(   )
19.如果在 3 年内每年年初存入 1 000 元,年利率为 10%,单利计息,则 3 年后可以取出的本利和为 3 300 元。
(   )
20.在通货膨胀率很低的情况下,公司债券的利率可视同货币时间价值。(   )
21.计算偿债基金系数,可根据年金现值系数求倒数。(   )
22.普通年金现值系数加 1 等于同期、同利率的预付年金现值系数。(   )
23.在没有通货膨胀的情况下,无风险收益率等于货币时间价值;在存在通货膨胀的情况下,无风险收益率大于货币时间价值。
(   )
24.已知(P/F,8%,5)=0.680 6,(F/P,8%,5)=1.469 3,(P/A,8%,5)=3.992 7,(F/A,8%,5)=5.866 6,则 $i=8\%$,$n=5$ 时的资本回收系数为 0.250 5。(   )
25.递延年金终值的大小与递延期无关,因此其计算方法和普通年金终值相同。(   )
26.在其他条件相同的情况下,递延期越长,递延年金的终值越大。(   )
27.永续年金与其他年金一样,既有现值,又有终值。(   )
28.名义利率是指一年内多次计息时给出的年利率,它等于每期利率与年内复利次数的乘积。
(   )
29.对于多个投资方案而言,无论各方案的期望值是否相同,标准离差率最大的方案一定是风险最大的方案。
(   )
30.没有经营风险的企业也就没有财务风险;反之,没有财务风险的企业也就没有经营风险。
(   )

五、实务训练题

1.中国银行 A 市分行拟租用一处沿街商品房,租期 10 年,年租金 10 万元。关于租金的支付方式房主提出了四种方案如下:

(1)如果现在一次性支付 10 年的租金,则支付 80 万元。

(2)每年年末支付 10 万元。

(3)每年年初支付 9.5 万元。

(4)前4年不支付,从第5年开始,每年年末支付20万元,支付到第10年年末。

要求:该银行的资本成本率为10%,请为中国银行A市分行选择支付租金的方案。

2.向阳公司准备购买一套办公用房,有两个付款方案可供选择:

(1)甲方案:从现在起每年年初付款200万元,连续支付10年,共计2 000万元。

(2)乙方案:从第五年起,每年年初付款250万元,连续支付10年,共计2 500万元。

假定该公司的资本成本率为10%,通过计算说明应选择哪个方案。

3.利恩企业欲购置一台设备,现有三种付款方式,第一种是第1年年初一次性付款240 000元;第二种是每年年初付50 000元,连续付5年;第三种是第1年、第2年年初各付40 000元,第3年至第5年年初各付60 000元。假设利率为8%,则企业应采用哪种方式付款更有利?

4.刘先生打算在甲、乙两种股票中选择一个进行投资,经过对未来股市行情的预测,得到两种股票的收益情况见表1-6。

表1-6　　　　　　　　　　　甲、乙股票收益情况

股市行情	繁荣	适度增长	稳定	较差
出现概率	0.1	0.3	0.4	0.2
甲股票收益率	20%	12%	5%	−10%
乙股票收益率	15%	12%	8%	−5%

要求:请分析刘先生应如何决策。

项目二 筹资管理

知识导图

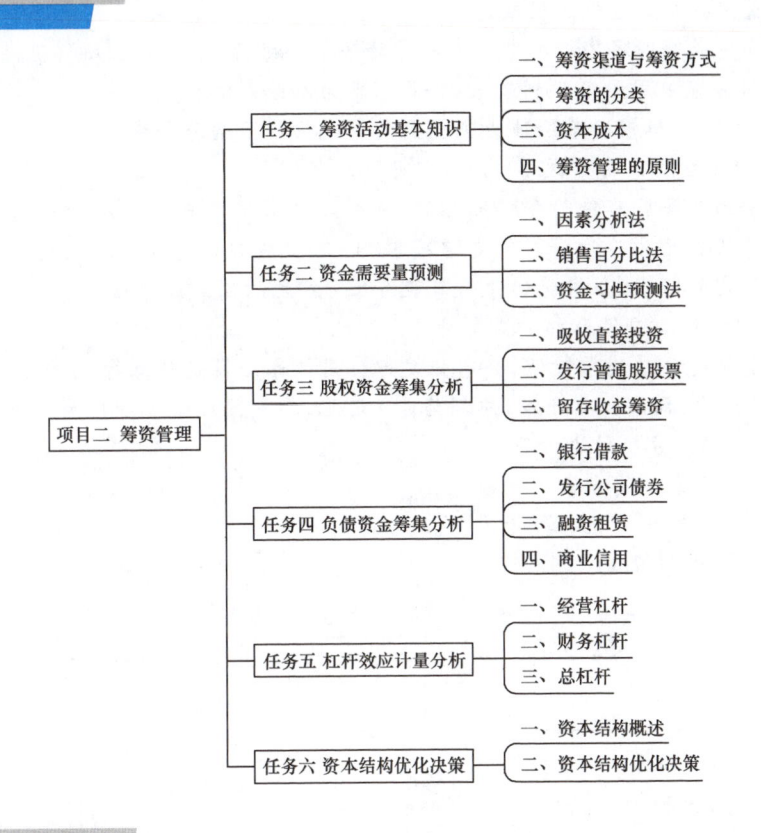

项目二 筹资管理
- 任务一 筹资活动基本知识
  - 一、筹资渠道与筹资方式
  - 二、筹资的分类
  - 三、资本成本
  - 四、筹资管理的原则
- 任务二 资金需要量预测
  - 一、因素分析法
  - 二、销售百分比法
  - 三、资金习性预测法
- 任务三 股权资金筹集分析
  - 一、吸收直接投资
  - 二、发行普通股股票
  - 三、留存收益筹资
- 任务四 负债资金筹集分析
  - 一、银行借款
  - 二、发行公司债券
  - 三、融资租赁
  - 四、商业信用
- 任务五 杠杆效应计量分析
  - 一、经营杠杆
  - 二、财务杠杆
  - 三、总杠杆
- 任务六 资本结构优化决策
  - 一、资本结构概述
  - 二、资本结构优化决策

思政目标

1. 培养诚信的操守和财务职业分析能力。
2. 实践沟通协调能力,培养团队合作意识。
3. 会计职业道德养成之提高技能。

导学案例

海悦整体厨柜公司是一家专业生产、销售整体厨柜的股份公司。随着经济快速发展,

企业财务管理

居民掀起购房和装修热,对公司生产的不同类型的整体厨柜需求旺盛,销售收入增长迅速。公司预计北京及其周边地区的市场具有较大潜力,销售收入预计每年将增长50%～100%。为此,公司决定在2021年底前在北京郊区建成一座新厂。公司为此需要筹资5亿元,其中2 000万元可以通过公司自有资金解决,剩余的4.8亿元需要从外部筹资。2020年8月31日,公司总经理周佳明召开总经理办公会议研究筹资问题,要求财务经理陆华提出具体方案并提交董事会会议讨论。

一、公司在2020年8月31日的有关财务数据

1. 资产总额为27亿元,资产负债率为50%。
2. 公司有长期借款2.4亿元,年利率为5%,每年年末支付一次利息。其中6 000万元将在2年内到期,其他借款的期限尚余5年。借款合同规定公司资产负债率不得超过60%。
3. 公司发行在外普通股3亿股。
4. 2019年完成净利润2亿元。2020年预计全年净利润2.3亿元。所得税税率为25%。

假定公司一直采用固定股利政策,年股利率为每股0.6元。

二、财务经理陆华根据总经理办公会议的意见设计了两套筹资方案

方案1:以增发股票的方式筹资4.8亿元。

目前的普通股每股市价为10元。拟增发股票每股定价为8.3元,扣除发行费用后,预计净价为每股8元。为此公司需要增发6 000万股股票以筹集4.8亿元资金。为了给公司股东以稳定的回报,公司将仍执行每股分配0.6元的固定股利政策。

方案2:以发行公司债券的方式筹资4.8亿元。

鉴于目前银行存款利率较低,公司拟发行公司债券。设定债券年利率为4%,期限为10年,年付息一次,到期一次还本,总额为4.9亿元,其中预计发行费用为1 000万元。

阅读上述资料,分组讨论以下问题:

1. 分析上述两套筹资方案的优缺点。
2. 请为该公司选出较佳的筹资方案。

1. 业务流程图(图2-1)

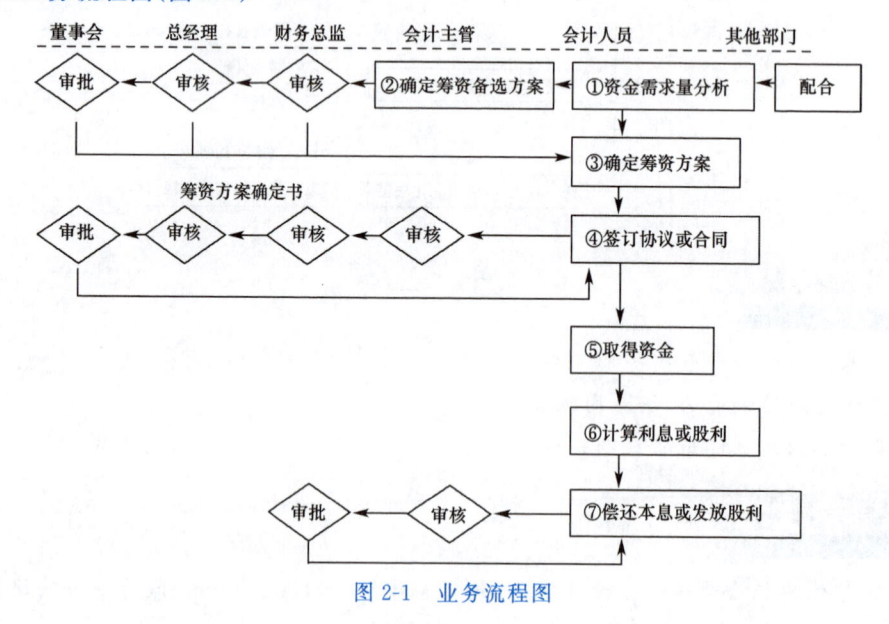

图2-1 业务流程图

2. 业务涉及人员及主要会计岗位职责（图 2-2）

职责内容

1. 负责企业所有融资项目的成本预算，组织协调实施融资预算，设计融资方案。
2. 负责分析市场和项目融资风险，对企业短期及较长期的资金需求进行预测，及时出具分析报告，提出相应的应对措施，制订并实施相应的融资解决方案。
3. 积极开拓金融市场，与国内外目标融资机构沟通，建立多元化的企业融资渠道，与各金融机构建立和保持良好的合作关系。
4. 对企业资产和负债进行全面分析，针对不同银行的特点设计融资项目和方式。
5. 执行融资决策，实现企业融资的流动性，为资金平衡奠定基础。
6. 进行资金分析和调配，监督各项资金的运营，优化资金结构，提高资金使用效率。

图 2-2　业务涉及人员及主要会计岗位职责

任务一　筹资活动基本知识

知识目标

1. 了解筹资的渠道和方式。
2. 理解资本成本的含义及作用。
3. 理解筹资管理基本原则。

技能目标

1. 能正确区分不同筹资方式与分类。
2. 能分析股权筹资与债务筹资的差异。

筹资是企业生存和发展的基本前提。企业筹资是指企业为了满足其经营活动、投资活动、资本结构调整等需要，运用一定的筹资方式，筹措和获取所需资金的一种行为。筹资活动是企业资金运动的起点，筹资管理要求解决企业为什么筹资、需要筹集多少资金、从何种渠道以何种方式筹集、如何协调财务风险和资本成本以及合理安排资本结构等问题。

一、筹资渠道与筹资方式

（一）筹资渠道

筹资渠道是指企业筹措资金的来源方向与通道。我国企业目前的筹资渠道主要有以下几种：

1. 国家财政资金

国家财政资金是指代表国家投资的政府部门或机构投入企业的国有资金,如国家财政直接拨款形成的资金、国家对企业减免各种税款形成的资金、国家给予企业的"税前还贷"优惠形成的资金等。目前我国国有企业,特别是国有独资企业,其资金主要来源于国家的直接拨款或投资。

2. 银行信贷资金

银行信贷资金是指银行对企业的各种贷款,是我国目前各类企业最为重要的资金来源。我国银行分为商业性银行和政策性银行两种。商业性银行主要以营利为目的给企业提供各种商业贷款,如中国银行、中国农业银行、中国工商银行、中国建设银行、交通银行等;政策性银行主要为特定企业提供政策性贷款,如国家开发银行、中国进出口银行和农业发展银行。

3. 其他金融机构资金

其他金融机构主要指信托投资公司、保险公司、租赁公司、证券公司、企业集团所属的财务公司等。这些机构提供各种金融服务,包括信贷资金投放、物资融通、承销证券等。

4. 其他企业资金

其他企业资金是指从其他企业吸收的资金,如企业在赊购商品、预收货款等交易行为中利用商业信用而取得对方企业的资金,或直接取得其他企业暂时闲置的资金等。

5. 民间资金

民间资金是指游离于银行及其他金融机构之外的个人资金。近年来,民间资金因其筹资手续简便、要求的条件较低、获取资金及时、使用效率较高而逐渐成为一些中小企业进行筹资的补充渠道。

6. 企业自留资金

企业自留资金是指企业内部形成的资金,主要包括企业按规定提取的盈余公积和未分配利润。由于这类资金无须花费筹资费用,所以它是企业筹资的首要选择,但其受到企业内部积累和股利政策的影响,筹资数量有限,仅能满足部分资金需要。

7. 外商资金

外商资金是指外国自然人、企业和其他组织对中国境内的投资,是外商投资企业的重要资金来源。

(二)筹资方式

筹资方式是指企业筹措资金的具体形式,我国企业筹资方式主要有以下七种:

1. 吸收直接投资

吸收直接投资是指企业通过签订投资合同、协议等形式,定向地吸收国家、法人、自然人等投资主体资金的一种筹资方式。它是非股份制企业筹集权益资本的基本方式。

2. 发行股票

发行股票是指股份有限公司通过发行股票来筹集权益资金的一种筹资方式。这种方式只适用于股份有限公司。股票的发售对象可以是社会公众,也可以是定向的特定投资主体。

3.利用留存收益

留存收益包括盈余公积和未分配利润，它是企业将当年利润转化为股东对企业追加的投资。留存收益可用于转增资本、扩大生产规模，是企业筹集权益资本的一种重要方式。

4.发行债券

发行债券是指企业通过发行债券来筹集资金的方式。所有公司制法人均可以发行公司债券。发行债券是一种债务筹资方式。

5.向金融机构借款

向金融机构借款是指企业根据借款合同从银行或非银行金融机构借入款项的一种债务筹资方式。这种筹资方式适用于各类企业。

6.利用商业信用

利用商业信用是指企业在商品交易中，通过延期付款或延期交货形成短期借贷关系（如应付账款、预收账款等）的一种债务筹资方式。它是企业短期资金的重要来源。

7.融资租赁

融资租赁是指企业与租赁公司签订融资租赁合同，从租赁公司取得租赁物资产，通过对该资产的占有、使用取得资金的筹资方式。承租方企业通过分期支付租金的方式避免了一次性支付所需资产的全部资金额，完成了筹集长期债务资金的行为。

二、筹资的分类

企业筹资可以按照不同的标准进行如下分类：

（一）按资金的权益性质划分

1.股权筹资

股权筹资是指企业通过吸收直接投资、发行股票和利用留存收益等形式形成的企业依法长期拥有、能够自主调配运用的资本，即股权资本。股权资本在企业持续经营期间，投资者不得抽回，因而也称之为企业的自有资本、主权资本或股东权益资本。股权资本无须偿还本金，对筹资企业而言，其财务风险较小，但资本成本相对较高。

2.债务筹资

债务筹资是指企业通过借款、发行债券、融资租赁以及赊销商品或服务等方式取得的在规定期限内需要清偿的资金，其通常形成企业的长期或短期债务。债务资金到期需要偿还本金并支付利息，因此对筹资企业而言，其财务风险较大，但资本成本相对较低。

股权筹资与债务筹资的主要差异见表2-1。

表2-1　　　　　　　　股权筹资与债务筹资的主要差异

特征	股权筹资	债务筹资
主要筹资方式	吸收直接投资、发行股票、利用留存收益等方式	银行借款、发行债券、融资租赁、利用商业信用等方式
主要筹资成本	支付股利	支付利息

(续表)

特征	股权筹资	债务筹资
税收地位	股利不属于企业费用,企业必须在税后向股东支付股利。股东还要为此交纳个人所得税	利息属于企业财务费用,在计算应交所得税时,可以税前扣除
控制权	有企业表决权	无企业表决权,但可以根据契约行使控制权
筹资期限	永久使用,无到期日	约定了固定到期日
违约风险	不用还本,企业也不会因没有支付股利而破产	企业具有法定还本付息义务,否则将直接导致企业破产
清偿权	在财务困境或企业破产时有最后财产清偿权	在财务困境或企业破产时有优先财产清偿权

3.混合筹资

混合筹资是指兼具股权和债务性质的筹资方式,我国上市公司目前最常见的混合筹资方式是可转换债券融资和认股权证融资。

(二)按是否以金融机构为媒介划分

1.直接筹资

直接筹资是指企业不通过金融机构而直接与资金供应者协商融通资本的一种筹资活动。如企业吸收直接投资、利用留存收益筹资等方式就属于直接筹资。此外,企业通过证券公司发行股票、债券等活动,因为资金拥有者并未向证券公司让渡资金使用权,所以其也属于直接筹资方式。企业通过直接筹资既可以形成股权资金,又可以形成债务资金。

2.间接筹资

间接筹资是指企业借助银行和非银行金融机构融通资本的筹资活动。银行等金融机构在资金拥有者与使用者之间发挥了中介的作用,但其与证券公司等中介机构不同,资金拥有者首先向银行等金融机构让渡资金的使用权,然后由银行等金融机构将资金提供给企业。间接筹资形成的主要是债务资金,其基本方式是向银行和非金融机构借款,此外还有融资租赁等筹资方式。

(三)按资金的来源范围划分

1.内部筹资

内部筹资是指企业通过利润留存而形成的资金来源,即利用内部留存收益(包括盈余公积和未分配利润)来满足企业的部分资金需要。

2.外部筹资

外部筹资是指企业向外部筹措资金而形成的资金来源。对于企业来说,内部筹资往往只能满足一部分资金需要,更多的资金需求来源于外部筹资,如发行股票、债券,取得商业信用、向银行借款等。

(四)按资金的使用期限划分

1.长期筹资

长期筹资是指企业取得使用期限在一年以上的资金筹集活动,如企业通过吸收直接投资、发行股票、发行债券、长期借款、融资租赁和利用留存收益等进行的筹资活动。长期资金主要用于投资回收期较长的项目,如企业进行产品和技术研发、购建长期资产、垫支流动资金、扩大生产规模等。从资金的权益性质来看,长期资金既可以是股权资金,也可以是债务资金。

2.短期筹资

短期筹资是指企业筹集使用期限在一年以内的资金筹集活动。短期资金主要用于企业的流动资产和日常资金周转,如现金、应收账款、存货等,一般在短期内便可收回。短期筹资经常利用商业信用、短期借款、应收账款转让等方式来筹集。

三、资本成本

(一)资本成本的含义

资本成本是指企业为筹集和使用资本而付出的代价,包括筹资费用和用资费用。筹资费用是指企业为获取资本而支付的费用,如股票或债券发行费、借款手续费等,通常为一次性支付;用资费用是指企业因使用资本而必须向资本提供者支付的费用,如支付的股利、利息等,通常按年支付。

资本成本有绝对数和相对数两种表现形式。资本成本用绝对数表示,即筹资费用和用资费用的金额之和;资本成本用相对数表示,即资本成本率。在财务管理实务中,资本成本通常用相对数表示,其一般计算公式如下:

$$资本成本 = \frac{年用资费用}{筹资总额 - 筹资费用} \times 100\% = \frac{年用资费用}{筹资总额 \times (1 - 筹资费用率)} \times 100\%$$

(二)资本成本的作用

1.资本成本是比较筹资方式、选择筹资方案的依据

各种资本的资本成本,是比较、评价各种筹资方式的依据。在评价各种筹资方式时,一般会考虑的因素包括对企业控制权的影响、对投资者吸引力的大小、融资的难易和风险、资本成本的高低等,资本成本是其中的重要因素。当其他条件相同时,企业筹资应选择资本成本最低的方式。

2.平均资本成本是衡量资本结构是否合理的重要依据

企业财务管理目标是企业价值最大化,企业价值是企业资产带来的未来现金流量的贴现值。计算企业价值时,经常采用企业的平均资本成本作为贴现率,当平均资本成本最小时,企业价值最大,此时的资本结构是企业理想的资本结构。

3.资本成本是评价投资项目可行性的主要标准

任何投资项目,若预期的投资报酬率超过该项目使用资金的资本成本,则该项目在经济上就是可行的。因此,资本成本是企业用以确定项目要求达到的投资报酬率的最低标准。

4.资本成本是评价企业整体业绩的重要依据

一定时期企业资本成本的高低,不仅能反映企业筹资管理的水平,还可以作为评价企业整体经营业绩的标准。企业的生产经营活动,实际上就是所筹集资本经过投放后形成资产的营运,企业的总资产税后报酬率应高于其平均资本成本,这样才能带来剩余收益。

四、筹资管理的原则

企业进行筹资管理,要在严格遵守国家法律法规的基础上,通过各种有效的筹资渠道,结合资本结构调整的需要,综合权衡所需资金的性质、数量、成本和风险,合理选择筹资方式,以满足企业经营运转及投资发展的资金需要。具体应遵循以下基本原则:

(一)筹措合法原则

企业的筹资行为和筹资活动必须遵守国家的相关法律法规,依法履行法律法规和投资合同约定的责任,合法合规筹资,依法披露信息,维护各方的合法权益。

(二)规模适当原则

企业要根据生产经营及发展的需要,合理预测资金的需要量。筹资规模应当与资金需要量保持一致,既要避免因资金筹集不足而影响正常的生产经营,又要防止因筹资过多而造成的资金闲置。

(三)筹措适时原则

筹措适时是指企业财务人员要合理安排资金的筹集时间,适时获取所需资金,既不能过早取得资金而造成资金闲置,又不能滞后取得资金错失投资良机。

(四)方式经济原则

通过不同的筹资渠道和筹资方式所取得的资金,其资本成本及所承担的风险是不同的。企业应当对各种可行的筹资方式进行对比,综合考虑筹资的风险和成本因素,在控制财务风险的前提下,选择资本成本较低的筹资方式进行筹资。

(五)结构优化原则

企业在筹资时还要综合考虑股权资金与债务资金的关系、长期资金与短期资金的关系、内部资金与外部资金的关系,以合理安排资本结构,保持适当偿债能力,防范企业财务危机,提高筹资效益。

任务二 资金需要量预测

知识目标

1. 了解资金需要量预测的因素分析法。
2. 掌握资金需要量预测的销售百分比法。
3. 掌握资金需要量预测的资金习性预测法。

> **技能目标**
> 1.能使用销售百分比法进行资金需要量计算分析。
> 2.能使用资金习性预测法进行资金需要量计算分析。

企业进行筹资,既要保证筹集的资金能满足生产经营的需要,又要避免发生资金多余而闲置,这就需要在筹资前做好资金需要量的预测工作。下面介绍几种常用的资金需要量预测方法。

一、因素分析法

因素分析法又称分析调整法,是以有关项目基期年度的平均资金需要量为基础,根据预测年度的生产经营任务和资金周转加速的要求,进行分析调整,来预测资金需要量的一种方法。这种方法计算简便,容易掌握,但预测结果不太精确。它通常用于品种繁多、规格复杂、资金用量小的项目。因素分析法的计算公式如下:

资金需要量=(基期资金平均占用额-不合理资金占用额)×(1+预测期销售增长率)×(1-预测期资金周转速度增长率)

做中学 2-1

美年公司 2020 年度资金平均占用额为 4 000 万元。经分析,其中不合理资金占用额为 100 万元。预计本年度销售额增长率为-3%,资金周转速度增长 1%。

要求:预测公司 2021 年度资金需要量。

解析:预测年度资金需要量=(4 000-100)×(1-3%)×(1-1%)=3 745(万元)

注:若周转速度增加,则用减号;反之,用加号。这是因为周转速度越快,资金占用越少。

二、销售百分比法

企业的销售规模扩大时,要相应增加流动资产;如果销售规模扩大很多,还必须增加长期资产。为取得扩大销售所需增加的资产,企业需要筹措资金。这些资金,一部分来自预测期留存收益,另一部分通过外部筹资取得。因此企业需要预先知道自己的筹资需求,提前做好筹资计划,否则就可能发生资金短缺问题。

销售百分比法是根据销售增长与资产增长之间的关系,预测未来资金需要量的方法。销售百分比法首先假设某些资产与销售额存在稳定的百分比关系,根据销售与资产的比例关系预计资产额,根据资产额预计相应的负债和所有者权益,进而确定筹资需要量。销售百分比法预测资金需要量的基本步骤如下:

1.确定随销售额变动而变动的资产和负债项目

随着销售额的变动,经营性资产项目将占用更多的资金。同时,随着经营性资产的增加,相应的经营性短期债务也会增加,如存货增加会导致应付账款增加,此类债务称为"自动性债务",可以为企业提供暂时性资金。经营性资产与经营性负债的差额通常与销售额保持稳定的比例关系。这里,经营性资产项目包括库存现金、应收账款、存货等项目;而经营性负债项目包括应付票据、应付账款等项目,不包括短期借款、短期融资券、长期负债等筹资性负债。在销售百分比法中,经营性资产和经营性负债项目因其与销售额变动的相关关系,通常也称为敏感资产和敏感负债。

2. 确定经营性资产与经营性负债有关项目与销售额的比例关系

如果企业资金周转的营运效率保持不变,那么经营性资产与经营性负债会随销售额的变动而成正比例变动,保持稳定的百分比关系。企业应当根据历史资料和同业情况,剔除不合理的资金占用,寻找与销售额的稳定百分比关系。

3. 确定需要增加的筹资数量

预计由于销售增长而需要的资金需求增长额,扣除利润留存后,即为所需要的外部筹资额。即

$$外部融资需求量 = \frac{A}{S_1} \times \Delta S - \frac{B}{S_1} \times \Delta S - P \times E \times S_2$$

式中　A——随销售而变化的敏感性资产;

　　　B——随销售而变化的敏感性负债;

　　　S_1——基期销售额;

　　　S_2——预测期销售额;

　　　ΔS——销售变动额;

　　　P——销售净利率;

　　　E——利润留存率;

　　　A/S_1——敏感资产与销售额的关系百分比;

　　　B/S_1——敏感负债与销售额的关系百分比。

做中学 2-2

星海公司 2020 年 12 月 31 日的简要资产负债表见表 2-2。假定星海公司 2020 年销售额为 10 000 万元,销售净利率为 10%,利润留存率为 40%。星海公司 2021 年销售额预计增长 20%,有足够的生产能力,无须追加固定资产投资。

要求:预测星海公司 2021 年外部融资需求量。

解析:首先,确定有关项目及其与销售额的关系百分比。见表 2-2,"N"为不变动,指该项目不随销售的变化而变化。

其次,确定需要增加的资金量。从表 2-2 中可以看出,销售收入每增加 100 元,必须增加 50 元的资金占用,但其同时会自动增加 15 元的资金来源,两者差额还有 35% 的资金需求。因此,每增加 100 元的销售收入,星海公司必须增加 35 元的资金来源,销售额从 10 000 万元增加到 12 000 万元,按照 35% 的比率可预测星海公司将增加 700 万元的资金需求。

表 2-2　　　　　　星海公司资产负债表(2020 年 12 月 31 日)　　　　　　单位:万元

资产	金额	与销售关系(%)	负债与权益	金额	与销售关系(%)
货币资金	500	5	短期借款	2 500	N
应收账款	1 500	15	应付账款	1 000	10

(续表)

资　产	金　额	与销售关系(%)	负债与权益	金　额	与销售关系(%)
存　货	3 000	30	预提费用	500	5
固定资产	3 000	N	应付债券	1 000	N
			实收资本	2 000	N
			留存收益	1 000	N
合　计	8 000	50	合　计	8 000	15

最后,确定外部融资需求的数量。2021年的净利润为1 200(12 000×10%)万元,利润留存率为40%,则将有480万元利润被留存下来,还有220万元的资金必须从外部筹集。

根据星海公司的资料,可求得对外融资的需求量为

外部融资需求量＝50%×2 000－15%×2 000－40%×1 200＝220(万元)

销售百分比法的优点是其能为筹资管理提供短期预计的财务报表,以适应外部筹资的需要,且易于使用。但在有关因素发生变动的情况下,企业必须相应地调整原有的销售百分比。

三、资金习性预测法

资金习性预测法是指根据资金习性预测未来资金需要量的一种方法。资金习性是指资金变动同产销量变动之间的依存关系。按照资金变动同产销量变动之间的依存关系,可以把资金区分为不变资金、变动资金和半变动资金。

不变资金是指在一定的产销量范围内,不受产销量变动的影响而保持固定不变的那部分资金。它包括为维持经营而占用的最低数额的现金,原材料的保险储备,必要的成品储备,厂房、机器设备等固定资产占用的资金。

变动资金是指随产销量的变动而同比例变动的那部分资金。它一般包括直接构成产品实体的原材料、外购件等占用的资金。另外,最低储备以外的现金、存货、应收账款等也具有变动资金的性质。

半变动资金是指虽然受产销量变动的影响,但不成同比例变动的资金,如一些辅助材料占用的资金。半变动资金可以采用一定方法分解为不变资金和变动资金两部分。

实务中可以根据历史上企业资金占用总额与产销量之间的关系,把资金分为不变和变动两部分,然后结合预计的销售量来预测资金需要量。

设产销量为自变量X,资金占用为因变量Y,它们之间的关系可用下式表示:

$$Y=a+bX$$

式中　a——不变资金;

b——单位产销量所需变动资金。

可见,只要求出a和b,并知道预测期的产销量,就可以用上述公式测算资金需求情况。a和b可用回归直线方程求出。

做中学 2-3

信达公司历年产销量和资金变化情况见表 2-3。

表 2-3　　　　　　　信达公司产销量和资金变化情况

年　度	产销量(X_i)(万件)	资金占用(Y_i)(万元)
2015 年	1 200	1 000
2016 年	1 100	950
2017 年	1 000	900
2018 年	1 200	1 000
2019 年	1 300	1 050
2020 年	1 400	1 100

假设信达公司预计 2021 年销售量为 1 500 万件。

要求：预测 2021 年度资金需要量。

解析：试根据表 2-3 编制表 2-4。

表 2-4　　　　　　　信达公司资金需要量(总额)预测表

年　度	产销量(X_i)(万件)	资金占用(Y_i)(万元)	X_iY_i	X_i^2
2015 年	1 200	1 000	1 200 000	1 440 000
2016 年	1 100	950	1 045 000	1 210 000
2017 年	1 000	900	900 000	1 000 000
2018 年	1 200	1 000	1 200 000	1 440 000
2019 年	1 300	1 050	1 365 000	1 690 000
2020 年	1 400	1 100	1 540 000	1 960 000
合计 $n=6$	$\sum X_i = 7\ 200$	$\sum Y_i = 6\ 000$	$\sum X_iY_i = 7\ 250\ 000$	$\sum X_i^2 = 8\ 740\ 000$

$$a = \frac{\sum X_i^2 \sum Y_i - \sum X_i \sum X_iY_i}{n\sum X_i^2 - (\sum X_i)^2} = \frac{8\ 740\ 000 \times 6\ 000 - 7\ 200 \times 7\ 250\ 000}{6 \times 8\ 740\ 000 - 7\ 200^2} = 400$$

$$b = \frac{n\sum X_iY_i - \sum X_i \sum Y_i}{n\sum X_i^2 - (\sum X_i)^2} = \frac{6 \times 7\ 250\ 000 - 7\ 200 \times 6\ 000}{6 \times 8\ 740\ 000 - 7\ 200^2} = 0.5$$

解得：$Y = 400 + 0.5X$

把 2021 年预计销售量 1 500 万件代入上式，得出 2021 年资金需要量为 $400 + 0.5 \times 1\ 500 = 1\ 150$(万元)

任务三　股权资金筹集分析

知识目标
1. 了解股权筹资的种类与特点。
2. 掌握各种股权筹资方式及其优缺点。

技能目标
1. 能够计算各种股权筹资方式的资本成本。
2. 能够进行股权筹资方式的分析决策。

股权筹资形成企业的权益资金，是企业最基本的筹资方式，包括吸收直接投资、发行普通股股票和留存收益筹资三种基本形式。

一、吸收直接投资

吸收直接投资是指企业按照"共同投资、共同经营、共担风险、共享收益"的原则，直接吸收国家、法人、个人、外商投入资金的一种筹资方式，是非股份制企业筹集权益资金的基本方式，其通常形成企业的实收资本和资本公积。

(一)吸收直接投资的种类

吸收直接投资包括吸收国家投资、吸收法人投资、吸收外商直接投资以及吸收社会公众投资等。其中，吸收国家投资即吸收有权代表国家投资的政府部门或机构所投入的国有资产，是国有企业特别是国有独资企业筹集自有资金的主要方式；吸收法人投资是指吸收其他法人单位投入的可依法自由支配的资产；吸收外商直接投资就是通过合资经营或合作经营的方式，吸收外国公司、企业和其他经济组织或个人的投资，共同创办中外合资经营企业或者中外合作经营企业；吸收社会公众投资是指吸收社会个人或本公司职工的个人合法财产投入。

(二)吸收直接投资的出资方式

1. 以货币资产出资

以货币资产出资是吸收直接投资中最重要的出资方式。

2. 以实物资产出资

以实物资产出资就是投资者以房屋、建筑物、设备等固定资产和材料、商品产品等流动资产所进行的投资。

3. 以工业产权出资

工业产权通常指专有技术、商标权、专利权等无形资产。

4.以土地使用权出资

企业吸收以土地使用权投资应适合企业生产、经营、研发等需要,地理、交通条件适宜,作价公平合理。

5.以特定债权出资

特定债权是指企业依法发行的可转换债券以及按照国家有关规定可以转作股权的债权。在某些情形下,特定债权可转为股权投资。

(三)吸收直接投资的资本成本计算

企业通过吸收直接投资方式筹集资本,需要支付给直接投资者一定的报酬,通常根据各出资者出资的数额和企业实现利润的比率来计算。吸收直接投资一般不考虑筹资费用,其资本成本计算如下:

$$吸收直接投资的资本成本 = \frac{每年向投资者支付的报酬}{筹资总额} \times 100\%$$

(四)吸收直接投资的优缺点

1.吸收直接投资的优点

(1)吸收直接投资所筹资本属于权益资本,能提高企业资信程度和举债能力,减少财务风险,增强企业信誉。

(2)有利于尽快形成生产能力。吸收直接投资的手续比较简便,可以使企业直接获得生产经营所需要的货币资金、先进设备和先进技术等,有利于尽快形成生产经营能力。

(3)容易进行信息沟通。吸收直接投资的投资者比较单一,股权没有社会化、分散化,公司与投资者易于沟通。

2.吸收直接投资的缺点

(1)资本成本较高。相对于发行股票筹资,虽然吸收直接投资的手续比较简便,筹资费用较低,但企业往往需要向投资者支付较高的报酬。当企业经营较好,盈利较多时,投资者往往要求将大部分盈利作为红利分配,因而企业需要负担较高的资本成本。

(2)控制权集中,不利于企业治理。采用吸收直接投资方式筹资,投资者一般都要求获得与投资数额相适应的经营管理权。如果某个投资者的投资额比例较大,那么该投资者对企业的经营管理就会有相当大的控制权,容易损害其他投资者的利益。

(3)不易进行产权交易。吸收直接投资由于没有证券作为媒介,所以不利于产权交易,难以进行产权转让。

二、发行普通股股票

股票是股份有限公司为筹措股权资本而发行的有价证券,是公司签发的证明股东持有公司股份的凭证,代表着股东对发行公司净资产的所有权。股票具有永久性、流通性、风险性、参与性的特点。股东依法享有公司管理权、收益分享权、股份转让权、优先认股权和剩余财产要求权等权利,并以其所持股份为限对公司承担责任。

（一）股票的种类

1.按股东权利和义务的不同,分为普通股股票和优先股股票

普通股股票简称普通股,是股份有限公司发行的最基本的股票,它的特点是股票持有者具有平等的权利与义务,股利不固定。股份有限公司通常情况只发行普通股。

优先股股票简称优先股,是股份有限公司发行的相对于普通股具有一定优先权的股票。其特点为持有优先股的股东在股利分配和剩余财产的分配方面享有优先权。

2.按票面有无记名,分为记名股票和无记名股票

记名股票是在股票票面上记载有股东姓名或将名称记入公司股东名册的股票,无记名股票不登记股东名称,公司只记载股票数量、编号及发行日期。

我国公司法规定,公司向发起人、国家授权投资机构、法人发行的股票,为记名股票;向社会公众发行的股票,可以为记名股票,也可以为无记名股票。

3.按发行对象和上市地点,分为 A 股、B 股、H 股、N 股和 S 股等

在我国境内发行并上市交易的股票有 A 股和 B 股,A 股是以人民币标明面值并以人民币认购和交易的股票,B 股是以人民币标明面值但以外币认购和交易的股票。在内地注册、在香港上市的股票称为 H 股,在纽约上市的股票称为 N 股,在新加坡上市的股票称为 S 股。

（二）股票的发行与上市

1.股票发行

我国股份公司发行股票必须符合《中华人民共和国证券法》和《上市公司证券发行管理办法》规定的发行条件。股票发行管理规定主要包括股票的发行方式和销售方式等。

（1）股票的发行方式

①公开间接发行:公开发行有两种市场,初级市场(一级市场、发行市场)和次级市场(二级市场、流通市场)。我国股份有限公司采用募集设立方式向社会公开发行新股时,必须由有资格的证券经营机构(如证券公司、信托投资公司等)承销,这属于股票的公开间接发行。

②不公开直接发行:指不公开对外发行股票,只向少数特定的对象直接发行,不需要中介机构承销。

（2）股票的销售方式

①自销方式:指发行公司自己直接将股票销售给认购者。这种方式可以节省发行费用,但往往筹资时间长,发行公司要承担全部发行风险,并需要发行公司有较高的知名度、信誉和实力。

②承销方式:指发行公司将股票销售委托给证券经营机构代理。这种销售方式是发行股票所普遍采用的。《中华人民共和国公司法》规定股份有限公司向社会公开发行股票,必须与依法设立的证券经营机构签订承销协议,由证券经营机构承销。股票承销又分为包销和代销两种具体方式。

2.股票上市

股票上市指股份有限公司公开发行的股票经批准在证券交易所挂牌交易。《中华人民共和国公司法》规定,股份有限公司申请股票上市,必须符合相关法律法规的条件。公

司股票上市后可以通过增发、配股等方式进行再融资,筹措新资金,这有利于股权流通和转让,便于确定公司价值。但股票上市成本较高,手续复杂严格;股票上市可能会分散公司控制权,造成管理上的困难;上市公司将负担较高的信息披露成本,信息的公开也容易泄露公司商业机密。

(三)普通股资本成本的计算

普通股资本成本的计算有多种方法,本任务介绍两种常用的方法:股利增长模型法和资本资产定价模型法。

1. 股利增长模型法

企业发行普通股筹资的成本包括两部分:发行筹资费用和向股东支付的各期股利。由于各期股利并不固定,其往往随企业各期收益波动,因此其资本成本只能按贴现模式计算,并假定各期股利的变化呈一定规律性。

假定公司采用固定股利增长率政策,本期支付的股利为 D_0,未来各期发放的股利以固定比率 g 递增。目前股票市场价格为 P_0,筹资费用率为 f,则普通股资本成本 K_s 可按下式计算:

$$K_s = \frac{D_0 \times (1+g)}{P_0 \times (1-f)} + g = \frac{D_1}{P_0 \times (1-f)} + g$$

如果公司采用零增长股利政策,即每年分派数额固定的现金股利 D,则上式变为

$$K_s = \frac{D}{P_0 \times (1-f)}$$

做中学 2-4

美达公司准备增发普通股,每股发行价格为 15 元,筹资费用率为 2%。公司本年度发放现金股利每股 0.5 元,预计股利年增长率为 10%。则该普通股资本成本计算如下:

$$K_s = \frac{0.5 \times (1+10\%)}{15 \times (1-2\%)} + 10\% \approx 13.74\%$$

2. 资本资产定价模型法

假定资本市场有效,股票市场价格与价值相等,则普通股的筹资成本就是投资者对该股票所要求的必要收益率(或内含报酬率)。用 R_f 表示无风险报酬率,R_m 表示市场平均报酬率,β 表示某股票的贝塔系数(衡量资产风险的系数),普通股资本成本为

$$K_s = R_f + \beta(R_m - R_f)$$

式中,$\beta(R_m - R_f)$ 为该股票的风险收益率。因此资本资产定价模型法可以简单地概括为"普通股资本成本等于无风险收益率加上风险收益率"。

做中学 2-5

中恒公司普通股的 β 系数为 1.5,当前一年期国债利率为 4%,市场平均报酬率为 10%。根据资本资产定价模型法,中恒公司普通股的资本成本计算如下:

$$K_s = 4\% + 1.5 \times (10\% - 4\%) = 13\%$$

(四)优先股资本成本的计算

优先股是股份有限公司发行的具有优先权利的股份种类。优先股筹资兼具债务筹资和股权筹资的特点,属于混合筹资方式。

优先股资本成本主要是向优先股股东支付的股利。优先股的股利收益通常是事先约定的,也是相对固定的。对于固定股息率优先股而言,如果各期股利 D 是相等的,优先股的资本成本 K_p 可以按下面的公式计算:

$$K_p = \frac{D}{P_0 \times (1-f)}$$

做中学 2-6

信达公司发行面值总额为 100 万元的优先股股票,发行总价为 125 万元,筹资费用率为发行价格的 3%,年股息率为 10%,则该优先股的资本成本计算如下:

$$K_p = \frac{100 \times 10\%}{125 \times (1-3\%)} \approx 8.25\%$$

(五)普通股筹资的优缺点

1. 普通股筹资的优点

(1)形成公司永久性的资本,是长期持续稳定经营的基础,有利于提高公司的信誉和举债能力。

(2)筹资风险较低。普通股筹资没有固定到期日,在正常经营期间无须偿还;公司可以根据其经营状况和业绩好坏,决定向投资者分派股利的多少。因此普通股筹资没有还本付息的财务压力,财务风险较小。

(3)有利于增强公司的社会声誉,促进股权流通和转让。普通股筹资使得股东大众化,由此给公司带来了广泛的社会影响。特别是上市公司,其股票的流通性强,有利于市场确认公司的价值,便于股权的流通和转让,吸收新的投资者。

2. 普通股筹资的缺点

(1)资本成本较高。普通股的筹资费用一般要高于债务筹资,另外向股东支付的股利不像债务资金的利息那样可以在税前扣除,因此普通股筹资的成本要大于债务资金的资本成本。但普通股的资本成本通常要低于吸收直接投资的资本成本。

(2)不利于尽快形成生产能力。相对于吸收直接投资来说,普通股筹资的手续比较烦琐,吸收的一般都是货币资金,还需要通过购置和建造才能形成生产经营能力。

(3)公司控制权分散。利用普通股筹资引进新股东,会导致公司控制权的分散。同时股票上市交易,也容易在资本市场上被恶意收购。

三、留存收益筹资

(一)留存收益的筹资途径

1. 盈余公积

盈余公积是从当期企业净利润中提取的积累资金,主要用于企业未来的经营发展,经投资者审议后也可以用于转增股本(实收资本)和弥补以前年度经营亏损,但不得用于以后年度的对外利润分配。

2. 未分配利润

未分配利润是指未限定用途的留存净利润,可以用于企业未来的经营发展、转增资本(实收资本)、弥补以前年度的经营亏损及以后年度的利润分配。

(二)留存收益资本成本的计算

留存收益是企业税后净利润形成的,其实质是所有者向企业的追加投资,属于权益资本。企业利用留存收益筹资无须发生筹资费用。留存收益的资本成本表现为股东追加投资要求的报酬率,其计算与普通股资本成本相同,不同点在于留存收益资本成本不考虑筹资费用。

假定公司采用固定股利增长率政策,则留存收益的资本成本 K_e 可按下式计算:

$$K_e = \frac{D_0 \times (1+g)}{P_0} + g = \frac{D_1}{P_0} + g$$

做中学 2-7

欣和公司采用固定股利增长率政策,股利增长率为 4%,2019 年年末留用利润 50 万元,目前股票市价为 10 元/股,预计 2020 年股利为 0.6 元/股。

要求:计算公司留存收益的资本成本。

解析:$K_e = \frac{0.6}{10} \times 100\% + 4\% = 10\%$

(三)留存收益筹资方式的优缺点

1. 留存收益筹资方式的优点

(1)不发生筹资费用和其他实际现金支出,但这种筹资方式存在机会成本。留存收益所筹资金来源于企业内部,不需要支付筹资费用,因此与普通股筹资相比资本成本较低。

(2)企业的控制权不受影响。利用留存收益筹资,不用对外发行新股或吸收新投资者,由此增加的权益资本不会改变公司的股权结构,不会稀释原有股东的控制权。

2. 留存收益筹资方式的缺点

(1)筹资数量和时间受限。企业必须经过一定时期的积累才可能拥有一定数量的留存收益,留存收益的数额会受到企业可供分配利润和股利分配政策的影响,因此筹资数额有限,难以使企业在短期内获得大量资金。

(2)资金使用受制约。如果留存收益过高,分配给股东的现金股利过少,可能影响企业形象,为今后进一步筹资增加了困难。

任务四　负债资金筹集分析

知识目标

1. 了解债务筹资的种类与特点。
2. 掌握各种债务筹资方式及其优缺点。

技能目标

1. 能够计算各种债务筹资方式的资本成本。
2. 能够进行债务筹资方式的分析决策。

债务筹资形成企业的负债资金,主要包括向银行借款、发行公司债券、融资租赁和商业信用等筹资方式。

一、银行借款

银行借款是指企业根据借款合同向银行或其他非银行金融机构借入的、需要还本付息的款项。

(一)银行借款的种类

1.按借款的期限,分为长期借款和短期借款

长期借款是指借款期限在 1 年以上(不含 1 年)的借款,短期借款是指借款期限在 1 年以内(含 1 年)的借款。

2.按提供贷款的机构,分为政策性银行贷款、商业银行贷款和其他金融机构贷款

政策性银行贷款是指执行国家政策性贷款业务的银行向企业发放的贷款,通常为长期贷款。如国家开发银行贷款,主要满足企业承建国家重点建设项目的资金需要;中国进出口银行贷款,主要为大型设备的进出口提供买方信贷或卖方信贷;中国农业发展银行贷款,主要用于确保国家对粮、棉、油等政策性收购资金的供应。

商业银行贷款是指由各商业银行向企业提供的贷款,包括长期贷款和短期贷款。

其他金融机构贷款,如从信托投资公司取得实物或货币形式的信托投资贷款,从财务公司取得的各种中长期贷款,从保险公司取得的贷款等。其他金融机构贷款的期限一般比商业银行贷款长,但利率较高,对贷款对象的信用要求和担保选择较严格。

3.按机构对贷款有无担保要求,分为信用贷款和担保贷款

信用贷款是指以借款人的信誉或保证人的信用为依据而获得的贷款。企业取得这种贷款,无须以财产作抵押。担保贷款是指由借款人或第三方依法提供担保而获得的贷款。担保包括保证责任、财务抵押、财产质押,因此,担保贷款包括保证贷款、抵押贷款和质押贷款。

4.按企业取得贷款的用途,分为基本建设贷款、专项贷款和流动资金贷款

基本建设贷款是指企业因从事新建、改建、扩建等基本建设项目需要资金而向银行申请借入的款项。专项贷款是指企业因专门用途而向银行申请借入的款项,如更新改造技改贷款、研发和新产品研制贷款、出口专项贷款等。流动资金贷款是指企业为满足流动资金的需求而向银行申请借入的款项,包括流动资金借款、生产周转借款、临时借款、结算借款和卖方信贷。

(二)银行借款的程序

1.企业提出申请

企业根据筹资需求向银行提出书面申请,填报借款申请书。

2.银行信用审查

银行对借款企业审查的主要内容包括:公司财务状况、信用情况、盈利稳定性、发展前景、借款投资项目的可行性、抵押品和担保情况,并据此核准企业申请的借款金额和用款计划。

3.签订借款合同

银行和企业签订正式借款合同,规定贷款的数额、利率、期限和一些约束性条款。

4.企业取得借款

借款合同签订后,企业根据用款计划和实际需要,一次或分次将贷款转入公司的存款结算户,以便使用。

(三)借款利率和利息支付方式

银行贷款一般采用固定利率,在确定贷款利率时又根据不同的企业分别采用优惠利率和非优惠利率。优惠利率是银行向财力雄厚、经营状况好的企业贷款时收取的名义利率;而非优惠利率一般是在优惠利率的基础上加上一定的百分比,所加百分比的高低由借款企业的信誉、与银行的往来关系等因素决定。

利息支付的方式有三种:

1.收款法

收款法又称利随本清法,这是借款企业在借款到期时一次性向银行支付利息的方法。银行向工商企业发放的贷款大都采用这种方法收息。

2.贴现法

贴现法是银行在向企业发放贷款时,先从本金中扣除利息部分,到期时企业仍要偿还贷款全部本金的付息方式。采用这种方法,企业可利用的贷款额只有本金减去利息部分后的差额,因此贷款的实际利率高于名义利率。

3.加息法

加息法是银行将根据名义利率计算的利息加到贷款本金上计算出贷款的本息和,并要求企业在贷款期内分期偿还本息之和的方法。贷款是分期均衡偿还的,借款企业实际上只使用了贷款本金的半数,却要支付全额利息。因此,企业所负担的实际利率约高于名义利率1倍。

(四)银行借款资本成本的计算

银行借款资本成本包括两部分:借款利息和借款手续费。债务筹资中发生的利息

费用在税前支付,可以起到抵减企业所得税的作用。银行借款资本成本可按一般模式计算如下:

$$银行借款资本成本\ K_l = \frac{年利率 \times (1-所得税税率)}{1-手续费率} \times 100\%$$

即

$$K_l = \frac{I(1-T)}{L(1-f)} = \frac{i(1-T)}{1-f}$$

对于长期借款,如果考虑货币时间价值,还可以用贴现模式计算资本成本。

做中学 2-8

中恒公司适用的企业所得税税率为 25%,拟通过银行借款取得 5 年期长期借款 200 万元,年利率为 8%,每年付息一次,到期一次还本,借款费用率为 0.2%。

要求:计算中恒公司取得长期借款的资本成本。

解析:长期借款资本成本 $= \frac{8\% \times (1-25\%)}{1-0.2\%} \times 100\% \approx 6.01\%$

如果考虑货币时间价值,则该项借款资本成本的计算如下:

$$L(1-f) = \sum_{t=1}^{n} \frac{I_t(1-T)}{(1+K_l)^t} + \frac{M}{(1+K_l)^n}$$

即 $200 \times (1-0.2\%) = 200 \times 8\% \times (1-25\%) \times (P/A, K_l, 5) + 200 \times (P/F, K_l, 5)$

按插值法计算得:$K_l \approx 6.05\%$

(五)银行借款筹资的优缺点

1.银行借款筹资的优点

(1)筹资速度快。与发行债券、融资租赁等方式相比,银行借款的程序相对简单,公司可以在较短时间内获得所需资金。

(2)筹资弹性较大。企业可以与银行等贷款机构直接商定贷款的时间、数量和条件,具有较大的灵活性。

(3)资本成本较低。由于银行借款产生的利息支出能够起到抵减所得税的作用,因而其实际的资本成本要低于借款的名义利率。

2.银行借款筹资的缺点

(1)限制条款多。银行借款合同对借款用途有明确规定,再加上借款的各种保护性条款,其限制条款要多于债券筹资。

(2)筹资数额有限。与发行债券、股票相比,银行借款的数额受多种因素的制约,无法一次筹集大量资金。

(3)筹资风险高。银行借款需定期支付利息并按期归还本金,因此企业承担的财务风险较大。

二、发行公司债券

公司债券是企业依照法定程序发行的、约定在一定期限内还本付息的有价证券。

（一）公司债券的种类

1.按是否记名，分为记名债券和无记名债券

记名债券是指在债券票面上注明债权人的姓名或名称，同时在发行公司的债权人名册上进行登记的债券。无记名债券是指债券票面上未注明债权人姓名或名称，也不用在债权人名册上登记的债券。

2.按是否能够转换成公司股权，分为可转换债券与不可转换债券

债券持有者可以在规定的时间内按规定的价格转换为发债公司股票的债券称为可转换债券，不能转换为发债公司股票的债券则为不可转换债券。

3.按有无特定财产担保，分为担保债券和信用债券

担保债券主要是指抵押债券，是指以抵押方式担保发行人按期还本付息的债券。抵押债券按其抵押品的不同，又分为不动产抵押债券、动产抵押债券和证券信托抵押债券。信用债券是无担保债券，是仅凭公司自身的信用发行的、没有抵押品作抵押担保的债券。

（二）发行债券的程序

发行债券的程序如下：

(1)董事会制订方案，股东大会做出决议。

(2)向国务院证券管理部门提出申请，包括提交公司登记证明、公司章程、公司债券募集办法、资产评估报告和验资报告等。

(3)向社会公告债券募集办法。

(4)委托证券经营机构发售。

(5)交付债券，收缴债券款，登记债券存根簿。

（三）公司债券的发行价格

公司债券可以按债券面值等价发行，也可以低于债券面值折价发行，或高于债券面值溢价发行。债券可能偏离面值，这是债券票面利率与市场利率水平不一致造成的：若债券票面利率大于市场利率，则债券溢价发行；若债券票面利率小于市场利率，则债券折价发行；若债券票面利率等于市场利率，则债券平价发行。但无论以哪种价格发行债券，投资者的收益都会保持在与市场利率相等的水平上。

确定债券的发行价格，不仅应考虑债券票面利率与市场利率之间的关系，还应考虑债券资金所包含的时间价值。债券的发行价格是将债券存续期间应支付的各期利息与债券到期支付的本金（面值），按照债券发行时的市场利率进行贴现计算的现值之和。

做中学 2-9

扬子公司发行 10 年期债券，面值为 1 000 元，票面利率为 10%，每年年末付息一次。

要求：若发行时市场利率为 5%、10% 和 15%，债券发行价格应该分别为多少？

解析：(1)当市场利率为 5% 时

债券发行价格 $P = 1\,000 \times 10\% \times (P/A, 5\%, 10) + 1\,000 \times (P/F, 5\%, 10)$

$\approx 1\,386.08 (元)$

(2)当市场利率为10%时

债券发行价格 $P = 1\,000 \times 10\% \times (P/A,10\%,10) + 1\,000 \times (P/F,10\%,10)$
$= 1\,000(元)$

(3)当市场利率为15%时

债券发行价格 $P = 1\,000 \times 10\% \times (P/A,15\%,10) + 1\,000 \times (P/F,15\%,10)$
$\approx 749.06(元)$

(四)公司债券资本成本的计算

公司债券可以按面值发行,也可以溢价或折价发行。其资本成本包括两部分:债券利息和债券发行费用。公司债券资本成本计算公式为

$$公司债券资本成本 = \frac{年利息 \times (1-所得税税率)}{债券发行价格 \times (1-发行费率)} \times 100\%$$

即

$$K_b = \frac{I(1-T)}{B_0(1-f)} = \frac{B \cdot i \cdot (1-T)}{B_0(1-f)}$$

做中学 2-10

中恒公司适用的企业所得税税率为25%,拟通过发行债券筹集资金1 000万元,债券面值为1 000元,票面利率为10%,发行价格为1 050元,期限为5年,每年付息一次,到期一次还本,发行费率为3%。

要求:计算中恒公司发行债券筹资的资本成本。

解析:

债券资本成本 $= \dfrac{1\,000 \times 10\% \times (1-25\%)}{1\,050 \times (1-3\%)} \times 100\% \approx 7.36\%$

如考虑货币时间价值,则该债券资本成本计算如下:

$1\,050 \times (1-3\%) = 1\,000 \times 10\% \times (1-25\%) \times (P/A,K_b,5) + 1\,000 \times (P/F,K_b,5)$

按插值法计算得: $K_b \approx 7.05\%$

(五)发行公司债券筹资的优缺点

1.发行公司债券筹资的优点

(1)提高公司的社会声誉。《中华人民共和国公司法》及《中华人民共和国证券法》对发行债券公司的资格有严格的限制,有实力的股份有限公司或有限责任公司通过发行公司债券,在筹集到大量所需资金的同时,还能扩大其在社会上的影响力。

(2)一次筹资数额大。发行公司债券筹资,能够一次筹集数额较大的资金,满足公司大规模筹资的需要。

(3)筹集资金的使用限制条件少。与银行借款相比,公司债券筹资筹集的资金在使用方面具有相对的灵活性和自主性。

(4)保证控制权。债券持有人不能干涉企业的内部管理事务,不会分散控制权。

(5)资本成本低。由于发行公司债券产生的利息支出能够起到抵减所得税的作用,因而其实际的资本成本要低于债券的票面利率,但相对于银行借款,发行公司债券的利息负担和筹资费用都比较高。

2.发行公司债券筹资的缺点

(1)发行资格要求高,手续复杂。为了保护投资者利益,国家对发行债券公司的资格有严格的限制,从申报、审批、承销到取得资金,手续繁杂,历时较长。

(2)筹资风险高。债券有固定的到期日,企业发行公司债券筹资需承担还本付息的义务,因而具有较高的筹资风险。

三、融资租赁

融资租赁是由租赁公司按承租单位要求出资购买设备,在较长的合同期内提供给承租单位使用的融资信用业务,它是以融通资金为主要目的的租赁。其主要特点包括:(1)出租的设备根据承租企业提出的要求购买,或者由承租企业直接从制造商或销售商那里选定;(2)租赁期较长,接近于资产的有效使用期,在租赁期间双方无权取消合同;(3)由承租企业负责设备的维修保养;(4)租赁期满按事先约定的方法处理设备,包括退还租赁公司,或继续租赁,或企业留购。企业留购方法常被采用,即承租企业以相当于设备残值的"名义价格"买下设备。

(一)融资租赁的形式

融资租赁包括售后回租、直接租赁和杠杆租赁三种形式。

1.售后回租

售后回租是指企业由于急需资金等各种原因,根据协议先将某资产出售给出租方,然后再将其租回使用的一种形式。

2.直接租赁

直接租赁是承租方直接向出租方租入所需使用的资产,并定期支付租金。

3.杠杆租赁

杠杆租赁是指涉及承租方、出租方和资金出借方三方的融资租赁业务。出租方只出购买资产所需的部分资金(通常为资产价值的20%~40%)作为自己的投资,然后以将该资产抵押担保的方式,向第三方(资金出借方)借入其余资金。三方关系中出租方既是债权人,也是债务人,既收取租金,又支付债务。

(二)融资租赁租金的计算

1.租金总额的构成

融资租赁的租金主要包括以下几部分:

(1)设备原价,包括设备买价、运输费、安装调试费、保险费等。

(2)预计净残值的现值。若租赁期满,设备退还租赁公司,则应在租金总额中扣除。

(3)利息,即出租人为承租人购置设备而融资应计的利息。

(4)租赁手续费,指租赁公司承办租赁设备所发生的业务费用和必要的利润。

2.租金的支付形式

融资租赁的租金通常采用分次支付的方式,具体包括:

(1)按支付间隔期的长短,可分为年付、半年付、季付和月付等方式。

(2)按支付时期的先后,可分为先付租金和后付租金两种。

(3)按每期支付的金额,可分为等额支付和不等额支付两种。

3.每期租金的计算

我国融资租赁实务中,租金的计算大多采用等额年金法。这种方法通常根据利率和租赁手续费率确定一个租费率,并将租费率作为计算每期租金的折现率。

(1)后付租金的计算。根据年资本回收额的计算公式,可得出每年年末支付的租金:

$$A=P/(P/A,i,n)$$

式中　P——设备购买价款减去租赁资产预计净残值的现值。

(2)先付租金的计算。根据预付年金的现值计算公式,可得出每年年初支付的租金:

$$A=P/[(P/A,i,n-1)+1]$$

做中学 2-11

信达公司于 2020 年 1 月 1 日从租赁公司租入一套设备,价值为 100 万元,租赁期为 10 年,租赁期满时预计净残值为 10 万元,双方约定租赁期满设备归租赁公司所有。年利率为 8%,租赁手续费率为每年 2%,租金每年年末支付一次。

要求:计算每年年末支付的租金。

解析:

租金总额 = 1 000 000 − 100 000 × (P/F, 10%, 10) = 961 450(元)

租费率 = 8% + 2% = 10%

每年年末支付的租金 = [1 000 000 − 100 000 × (P/F, 10%, 10)] / (P/A, 10%, 10)

　　　　　　　　　≈ 156 471(元)

(三)融资租赁筹资的优缺点

1.融资租赁筹资的优点

(1)筹资限制较少,可以迅速获得所需资产。企业通过银行借款或发行债券筹资,往往要受到相当多的资格条件限制,且一般历时较长,特别是中小企业由于缺乏信用和担保,很难从银行获得大额贷款;而融资租赁筹资的限制条件较少,中小企业通过融资租赁可以迅速获得所需资产。因此,融资租赁不但是中小企业的重要融资途径,更是创业企业抢占市场先机的最佳融资选择。

(2)财务风险小,具有明显的财务优势。融资租赁集融资与融物于一身,租金在未来分期支付,能够避免一次性支付的财务负担;可以通过项目本身未来产生的收益支付租金,是典型的"借鸡生蛋、卖蛋还鸡"的筹资方式。

(3)能够延长融资期限。融资租赁的融资期限可以接近设备的全部使用寿命期限,且融资金额随设备价款金额而定,没有融资额度的限制。

2.融资租赁筹资的缺点

(1)资本成本高。融资租赁需支付的租金总额通常要高于设备价值的30%,因而资本成本较高,其通常比银行借款或发行债券的资本成本高得多。

(2)租金支付构成一定的负担。尽管分期支付租金暂时缓解了企业的巨额资金压力,但较高的固定租金也对企业各期的经营构成了一定负担。

四、商业信用

商业信用是指企业在正常的经营活动和商品交易中由于延期付款或预收账款所形成的借贷关系,是企业之间的直接信用行为,也是企业短期资金的重要来源,属于"自动性筹资"。商业信用的形式包括应付账款、应付票据、预收账款、应付职工薪酬、应交税费及应付股利等应计未付款项。

(一)商业信用的筹资成本

赊购商品是一种最典型、最常见的商业信用形式。由于购买者往往在到货一段时间后才付款,商业信用就成为买方企业的一种短期资金来源。商业信用条件通常包括以下两种:

1.有信用期,但无现金折扣

如"N/30"表示30天内支付全部购货款。此时企业获得了30天免费的商业信用。

2.有信用期和现金折扣

如"2/10,N/30"表示10天内付款享受现金折扣2%;若买方放弃折扣,30天内必须付清款项。供应商在信用条件中规定有现金折扣,主要是为了加速资金的回收。对于购货企业而言,倘若在卖方规定的折扣期内付款,可以获得免费信用,企业没有因为取得延期付款信用而付出代价。若企业在折扣期之后付款,则其放弃现金折扣的成本是很高的,放弃现金折扣成本可以按照下面的公式计算:

$$放弃现金折扣成本 = \frac{折扣率}{1-折扣率} \times \frac{360}{付款期-折扣期}$$

上述公式表明,放弃现金折扣成本与折扣百分比、付款期和折扣期的长短有关。企业在放弃现金折扣的情况下,推迟付款的时间越长,信用成本会越小。但展期信用往往会导致企业信誉度的严重下降。

做中学 2-12

华兴公司于2020年1月15日从某公司购入总价为100万元的货物,供应商的付款条件为"2/10,N/30"。

要求:计算付款金额和放弃现金折扣成本。

解析:

(1)若华兴公司在10日内付款,其付款金额为100×(1-2%)=98(万元);

若华兴公司在10日后付款,则因为其超出折扣期而需全额付款,其付款金额为100万元。

(2)若华兴公司在信用期最后一天(第 30 日)付款,则放弃现金折扣成本的计算如下:

$$放弃现金折扣成本 = \frac{2\%}{1-2\%} \times \frac{360}{30-10} = 36.73\%$$

(二)商业信用筹资决策

企业的短期资金来源既可以通过商业信用也可以通过短期借款筹集。企业放弃应付账款的现金折扣,可能是因为其资金暂时缺乏,也可能是其将应付的款项用于临时性短期投资。

在企业资金暂时缺乏的情况下,如果放弃现金折扣成本高于短期借款利率,则企业应享受现金折扣,在折扣期内用短期借款筹集所需资金来偿还应付账款;反之,则应放弃现金折扣,尽可能在信用期的最后一天付款,以充分利用商业信用的短期资金来源。

在企业资金充足的情况下,如果将资金用于短期投资的投资收益率高于放弃现金折扣成本,则应当放弃现金折扣,以获得更高的投资收益;反之,则应将资金用于在折扣期内偿还款项,避免放弃现金折扣的高成本。

(三)商业信用筹资的优缺点

1.商业信用筹资的优点

(1)限制条件少,容易获得。商业信用对大多数企业而言,是经营活动中自然的、持续的信贷形式,一般不需要担保或抵押,也无须办理像银行借款那样复杂的手续便可取得。

(2)融资机动灵活。商业信用筹资在金额大小和期限长短方面可根据需要自主选择,若企业在期限内不能付款或交货,则可与客户协商,请求延长时限。

2.商业信用筹资的缺点

(1)商业信用筹资成本较高。尽管商业信用筹资成本属于一种机会成本,但企业放弃现金折扣成本通常要高于银行借款成本。

(2)融资期限较短,还款压力大,对企业现金流量管理的要求很高,利用不当容易恶化企业的信用水平。

任务五 杠杆效应计量分析

> **知识目标**
> 1.理解经营杠杆、财务杠杆和总杠杆的原理。
> 2.理解杠杆与风险的关系。

> **技能目标**
> 1.能够计算经营杠杆系数、财务杠杆系数和总杠杆系数。
> 2.能够分析经营杠杆、财务杠杆和总杠杆对企业财务的影响。

自然界中的杠杆效应是指人们通过利用杠杆，可以用较小的力量移动较重物体的现象。财务管理中也存在类似的杠杆效应，表现为由于特定固定费用支出的存在，当某一财务变量以较小幅度变动时，另一相关财务变量会以较大幅度变动。

财务管理中的杠杆效应包括经营杠杆、财务杠杆和总杠杆三种形式。合理运用杠杆原理，有助于企业合理规避风险，提高资金的营运效率。

一、经营杠杆

（一）经营杠杆的含义

经营杠杆是指由于固定性经营成本的存在，使得企业息税前利润变动率大于产销量变动率的现象。

息税前利润是企业全部资产的收益，可以按照下面的公式计算：

息税前利润（$EBIT$）＝销售收入－变动性经营成本－固定性经营成本
　　　　　　　　　＝（销售单价P－单位变动成本b）×产销量Q－固定性经营成本a
　　　　　　　　　＝边际贡献M－固定性经营成本a

从上式可以看出，当存在固定性经营成本时，若其他因素不变，则产销量的增加会降低单位产品分摊的固定成本，从而提高单位利润，使息税前利润的增长率大于产销量的增长率；同样，产销量的减少会提高单位固定成本，从而降低单位利润，使息税前利润下降率也大于产销量的下降率；如果不存在固定性经营成本，那么企业息税前利润的变动率就会同产销量变动率完全一致。

（二）经营杠杆的计量

对经营杠杆进行计量，衡量经营杠杆的作用程度，常用经营杠杆系数这一指标。经营杠杆系数（DOL）是息税前利润变动率与产销量变动率的比值。

1.定义公式

$$经营杠杆系数\ DOL = \frac{息税前利润变动率}{产销量变动率} = \frac{\Delta EBIT/EBIT}{\Delta Q/Q}$$

式中　$EBIT$——基期息税前利润；
　　　$\Delta EBIT$——息税前利润的变动额；
　　　Q——基期产销量；
　　　ΔQ——产销量的变动数。

做中学 2-13

星海公司生产电子产品,相关经营资料见表2-5。

表2-5　　　　　　　　星海公司经营资料　　　　　　　　单位:万元

项目	2019年	2020年	变动额	变动率
销售收入	500	600	100	20%
变动成本	300	360	60	20%
边际贡献	200	240	40	20%
固定成本	100	100	0	—
息税前利润	100	140	40	40%

要求:计算星海公司经营杠杆系数。

解析:根据经营杠杆系数的定义公式可知:

$$2020年经营杠杆系数 DOL = \frac{40/100}{100/500} = \frac{40\%}{20\%} = 2$$

上述计算结果表明,当该公司产销量变动时,息税前利润会以两倍的幅度变动。

2.简化公式

$$DOL = \frac{基期边际贡献}{基期息税前利润} = \frac{M}{EBIT} = \frac{M}{M-a}$$

做中学 2-14

根据表2-5星海公司的经营资料,用简化公式计算公司2020年经营杠杆系数,并预测2021年的经营杠杆系数:

$$2020年经营杠杆系数 DOL = \frac{200}{100} = 2$$

$$2021年经营杠杆系数 DOL = \frac{240}{140} \approx 1.71$$

(三)经营杠杆利益与经营风险

通过分析我们知道,只要企业存在固定经营成本,就存在经营杠杆效应。经营杠杆放大了市场和生产等因素变化对利润波动的影响。当企业产销量增加时,息税前利润将以 DOL 倍数的幅度增加,为企业带来经营杠杆的正效应,即经营杠杆利益;反之,当企业产销量减少时,息税前利润将以 DOL 倍数的幅度减少,给企业带来经营杠杆的负效应,增加了企业的经营风险。

影响经营杠杆系数的因素包括产品销售数量、产品销售价格、单位变动成本和固定成本总额等。固定性成本比重越高、总额越大,产品销售数量和销售价格越低,经营杠杆效应越大,利润变动越剧烈,经营风险也就越高。

二、财务杠杆

(一)财务杠杆的含义

财务杠杆是指由于固定资本成本的存在,使得企业普通股每股收益变动率大于息税前利润变动率的现象。

每股收益(EPS)反映普通股权益资本的收益,可以按照下面的公式计算:

每股收益=[(息税前利润-债务利息)×(1-所得税税率)-优先股股利]/普通股股数

即

$$EPS=[(EBIT-I)\times(1-T)-D]/N$$

从上式可以看出,当存在利息等固定资本成本时,如果其他因素不变,息税前利润的增加会降低每元息税前利润分摊的利息费用,从而提高普通股每股收益,使每股收益的增长率大于息税前利润的增长率。如果不存在固定资本成本,那么企业普通股每股收益的变动率就会同息税前利润变动率完全一致。

(二)财务杠杆的计量

对财务杠杆进行计量,衡量财务杠杆的作用程度,常用财务杠杆系数这一指标。财务杠杆系数(DFL)是普通股每股收益变动率与息税前利润变动率的比值。

1. 定义公式

$$财务杠杆系数\ DFL = \frac{普通股每股收益变动率}{息税前利润变动率} = \frac{\Delta EPS/EPS}{\Delta EBIT/EBIT}$$

式中 $EBIT$——基期息税前利润;

$\Delta EBIT$——息税前利润的变动额;

EPS——基期普通股每股收益;

ΔEPS——普通股每股收益变动额。

做中学 2-15

XYZ 公司 2018~2020 年每年的债务利息为 150 000 元,假定所得税税率为 30%,公司资本全部由普通股 100 000 股组成,每股面值 1 元。该公司连续三年的普通股每股收益测算见表 2-6。

表 2-6　　　　XYZ 公司 2018~2020 年普通股每股收益测算　　　　单位:元

项目	2018 年	2019 年	2020 年
息税前利润	200 000	320 000	280 000
(息税前利润增长率)	—	60%	-12.5%
债务利息	150 000	150 000	150 000
税前利润	50 000	170 000	130 000
所得税	15 000	51 000	39 000
税后利润	35 000	119 000	91 000
普通股每股收益	0.35	1.19	0.91
(普通股每股收益增长率)	—	240%	-23.53%

通过将XYZ公司各年数据进行比较,我们可以看出,当EBIT发生变动时,EPS产生了更大幅度的波动。产生这一现象的原因就在于XYZ公司负担了固定的债务利息,即存在财务杠杆的作用。

要求:分别计算2019年和2020年财务杠杆系数。

解析:

$$2019 年 DFL = \frac{(1.19-0.35)/0.35}{(320\ 000-200\ 000)/200\ 000} = \frac{240\%}{60\%} = 4$$

$$2020 年 DFL = \frac{(0.91-1.19)/1.19}{(280\ 000-320\ 000)/320\ 000} = \frac{-23.53\%}{-12.5\%} \approx 1.88$$

2.简化公式

$$DFL = \frac{基期息税前利润}{基期息税前利润-利息} = \frac{EBIT}{EBIT-I}$$

如果企业既存在固定利息的债务,又存在固定股利的优先股,则DFL的计算公式如下:

$$DFL = \frac{EBIT}{EBIT-I-\frac{D}{1-T}}$$

式中 D——优先股股利;

T——所得税税率。

做中学 2-16

根据表2-6的有关资料,用简化公式计算XYZ公司2020年财务杠杆系数,并预测2021年财务杠杆系数如下:

$$2020 年 DFL = \frac{320\ 000}{320\ 000-150\ 000} \approx 1.88$$

$$2021 年 DFL = \frac{280\ 000}{280\ 000-150\ 000} \approx 2.15$$

(三)财务杠杆利益和财务风险

通过分析我们知道,只要企业存在固定资本成本,就存在财务杠杆效应。财务杠杆放大了资产收益变化对普通股收益的影响。当企业息税前利润增加时,普通股每股收益将以DFL倍数的幅度增加,为企业带来财务杠杆的正效应,即财务杠杆利益;反之,当企业息税前利润减少时,普通股每股收益将以DFL倍数的幅度减少,从而增加了企业股权资本所有者的财务风险。

影响财务杠杆系数的因素包括息税前利润、资本结构中的债务比重、固定资本成本水平、所得税税率等。债务比重越高、固定资本成本总额越大、息税前利润越低,财务杠杆效应越大,财务风险也就越高。

三、总杠杆

(一)总杠杆的含义

总杠杆,又称复合杠杆,是指由于固定经营成本和固定资本成本的共同存在,使得普通股每股收益变动率大于产销量变动率的杠杆效应。总杠杆是经营杠杆和财务杠杆综合作用的结果。

(二)总杠杆的计量

总杠杆效应的程度通常用总杠杆系数(DTL)来表示。总杠杆系数是普通股每股收益变动率与产销量变动率的比值。

1. 定义公式

$$总杠杆系数\ DTL = 经营杠杆系数\ DOL \times 财务杠杆系数\ DFL$$

$$= \frac{普通股每股收益变动率}{产销量变动率} = \frac{\Delta EPS/EPS}{\Delta Q/Q}$$

2. 简化公式

在没有优先股的情况下,总杠杆系数可以按下面的简化公式计算:

$$DTL = \frac{边际贡献}{息税前利润-利息} = \frac{M}{EBIT-I}$$

> **做中学 2-17**
>
> 某公司经营杠杆系数为 2,财务杠杆系数为 1.5,则公司总杠杆系数为
> $$DTL = 2 \times 1.5 = 3$$

(三)总杠杆与公司风险

公司风险包括经营风险和财务风险,反映了企业的整体风险。只要企业同时存在固定经营成本和固定资本成本等支出,就会存在总杠杆的作用。总杠杆系数越大,企业整体风险越高;反之,则风险越低。

总杠杆系数也反映了经营杠杆与财务杠杆之间的关系,揭示了财务管理中的风险管理策略。企业要保持一定的风险水平,就需要维持一定的总杠杆系数,此时对经营杠杆和财务杠杆的运用可以有各种不同的组合。

经营杠杆与财务杠杆的组合见表 2-7。

表 2-7   经营杠杆与财务杠杆的组合

状态	分类	经营特点	筹资特点
企业类型	固定资产比重较大的资本密集型企业	经营杠杆系数高、经营风险大	权益资本比重较高,财务杠杆和财务风险较低
	变动成本比重较大的劳动密集型企业	经营杠杆系数低、经营风险小	债务资本比重较高,财务杠杆和财务风险较高

(续表)

状态	分类	经营特点	筹资特点
企业发展阶段	初创期	产品市场占有率低、产销量小且不稳定,经营杠杆系数大	权益资本比重较高,在较低程度上使用财务杠杆
	扩张成熟期	产品市场占有率高,产销量稳定增长,经营杠杆系数小	资本结构中可扩大债务资本,在较高程度上使用财务杠杆
	收缩期	产品市场占有率下降,经营风险增加	逐步降低债务资本比重,降低财务风险

任务六 资本结构优化决策

知识目标

1. 了解影响资本结构的因素。
2. 掌握最佳资本结构的条件。

技能目标

1. 能够运用比较资本成本法进行资本结构优化决策。
2. 能够运用每股收益分析法进行资本结构优化决策。

综合资金成本计算与应用

资本结构优化是企业筹资管理的基本目标,资本结构优化的目的是让企业以最小的代价、最低的风险获取最大的经济利益,因而运用适当的方法确定最佳资本结构对实现更高的企业价值具有重要意义。

一、资本结构概述

(一)资本结构的含义

资本结构是指企业资本总额中各种资本的构成及其比例关系,通常是指企业各种长期资本的构成和比例关系。短期资本由于在整个资本总额中所占的比重不稳定,所以一般将其作为营运资金来管理。企业的长期资本由股权资本和债务资本构成,因此,资本结构研究的问题就是债务资本与股权资本的比例关系,通常用债务资本在资本总额中所占的比重来表示。

(二)影响资本结构的因素

影响资本结构的因素如下:

1.企业经营状况的稳定性和成长率

企业的经营状况越稳定,未来产销量的增长率越高,承担财务风险的能力就越强,这种情况下企业一般尽可能地选择债务筹资,提高债务资本在资本总额中的比重,以实现更高的经济效益,增加股权资本的报酬。

2.企业的财务状况和信用等级

企业财务状况越好,信用等级越高,就越容易获得债务资本,从而提高债务资本的比重;反之,则会增加债务资本的成本,降低债务资本在资本总额中的比重。

3.企业资产结构

资产代表了资金的占用,资产结构就是企业对所筹集资金进行资源配置后的资金占用结构,包括长短期资产及其内部的构成和比例。拥有大量固定资产的企业主要通过长期负债和发行股票筹集资金,拥有较多流动资产的企业更多地依赖流动负债筹集资金,资产适用于抵押贷款的企业更倾向于负债较多,以技术研发为主的企业则负债较少。

4.企业生命周期

企业初创阶段,经营风险高,在资本结构安排上应控制负债比例;企业发展成熟阶段,产品产销量持续稳定增长,经营风险低,可适度增加债务资本比重,发挥财务杠杆效应;企业收缩阶段,产品市场占有率下降,经营风险逐步加大,应逐步降低债务资本比重,保证经营现金流量能够偿付到期债务,保持企业持续经营能力,减少破产风险。

5.税收政策和货币政策

企业利用债务筹资可以获得减税利益,所得税税率越高,债务筹资的好处越多,企业越倾向于利用债务筹资;货币政策会影响利率水平的变动,当国家执行紧缩的货币政策时,市场利率较高,企业债务资本成本增大,企业会相应减少债务资本的比重。

(三)最优资本结构

最优资本结构是指在一定条件下使企业平均资本成本最低、公司价值最大的资本结构。虽然对最优资本结构的标准仍然存在着争议,但是股权融资与债权融资应当形成相互制衡的关系,过分偏重任何一种融资都会影响公司经营的稳定和市场价值的提升。

二、资本结构优化决策

资本结构优化的目标是降低平均资本成本或提高普通股每股收益。确定最佳资本结构的方法主要有比较资本成本法和每股收益分析法。

(一)比较资本成本法

比较资本成本法是通过计算和比较各种可能的筹资组合方案的加权平均资本成本,并根据加权平均资本成本的高低来确定资本结构的方法。这种方法下,最佳资本结构为加权平均资本成本最低的资本结构。

加权平均资本成本,也称综合资本成本,是指企业全部长期资金的总成本。加权平均资本成本通常是以各种长期资金占企业全部资金的比重为权数,对个别资本成本进行加权平均计算得到的。其计算公式如下:

$$K_w = \sum_{j=1}^{n} K_j W_j$$

式中　K_w——平均资本成本；

　　　K_j——第 j 种个别资本成本；

　　　W_j——第 j 种个别资本在全部资本中的比重。

做中学 2-18

中恒公司需筹集 1 000 万元长期资本，可通过长期借款、发行债券、发行普通股三种方式筹集，现有甲、乙、丙三种筹资方案，有关各筹资方案的资本构成及个别资本成本数据见表 2-8。

表 2-8　　　　　　中恒公司资本构成及个别资本成本数据表　　　　　　单位：万元

筹资方式	个别资本成本	甲方案 筹资额	甲方案 筹资比重	乙方案 筹资额	乙方案 筹资比重	丙方案 筹资额	丙方案 筹资比重
长期借款	6%	400	40%	300	30%	200	20%
发行债券	8%	100	10%	150	15%	200	20%
发行普通股	10%	500	50%	550	55%	600	60%
合计	—	1 000	100%	1 000	100%	1 000	100%

要求：确定中恒公司最优资本结构筹资方案。

解析：

(1) 计算各筹资方案的加权平均资本成本。

甲方案的加权平均资本成本＝6%×40%＋8%×10%＋10%×50%＝8.2%

乙方案的加权平均资本成本＝6%×30%＋8%×15%＋10%×55%＝8.5%

丙方案的加权平均资本成本＝6%×20%＋8%×20%＋10%×60%＝8.8%

(2) 比较各筹资方案的加权平均资本成本，确定最优资本结构。

通过比较，可知甲方案的加权平均资本成本最低，因此，中恒公司的最优资本结构筹资方案为：长期借款 400 万元，发行债券 100 万元，发行普通股 500 万元。

(二) 每股收益分析法

每股收益分析法是通过分析每股收益的变化来确定最优资本结构的方法。一般来说，能够提高每股收益水平的资本结构就是合理的资本结构。债务资本具有财务杠杆效应，利用一定规模的债务筹资能够使股东财富增加，因此我们可以通过每股收益的变化来判断资本结构是否合理，进而优化企业的资本结构，实现企业价值最大化。

采用每股收益分析法进行资本结构决策的步骤如下：

(1) 计算每股收益无差别点。

每股收益无差别点是指不同筹资方式下每股收益都相等时的息税前利润或产销量水平。根据每股收益无差别点，可以分析判断在什么样的息税前利润或产销量水平下适合采用何种筹资组合方式和资本结构安排。

用 EPS 表示每股收益,$EBIT$ 表示息税前利润,I 表示年利息,D 表示优先股股利,N 表示普通股的股数,T 表示所得税税率,则普通股每股收益(EPS)的计算公式如下：

$$EPS = \frac{(EBIT - I) \times (1 - T) - D}{N}$$

企业采用股权或债务两种不同方式筹集资金,其每股收益和息税前利润的关系如图 2-3 所示：

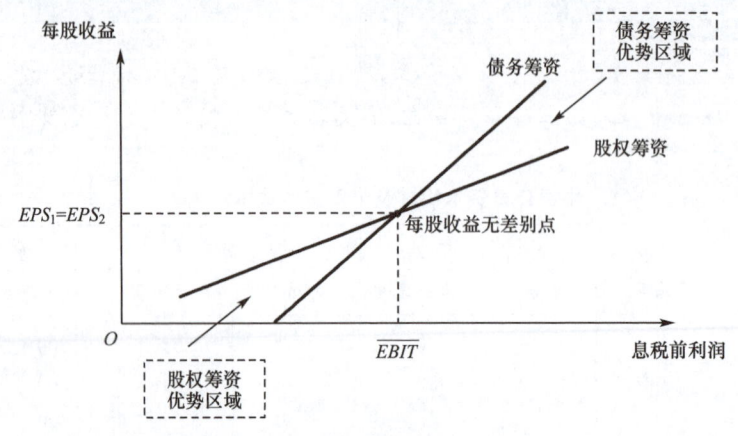

图 2-3 每股收益无差别点分析图

在每股收益无差别点上,无论采用债务筹资还是股权筹资方案,普通股每股收益都是相等的。假设用 EPS_1 表示债务筹资方案的每股收益,EPS_2 表示股权筹资方案的每股收益,则每股收益无差别点的息税前利润 $\overline{EBIT}$ 可以通过下面的等式计算：

$$\frac{(\overline{EBIT} - I_1) \times (1 - T) - D}{N_1} = \frac{(\overline{EBIT} - I_2) \times (1 - T) - D}{N_2}$$

（2）比较预计息税前利润与每股收益无差别点 $\overline{EBIT}$,做出资本结构优化决策。根据图 2-3 分析,可以得出以下结论：

①当预计息税前利润等于 $\overline{EBIT}$ 时,采用股权筹资或债务筹资方案所获得的每股收益相同,即这两种筹资方案无差别。

②当预计息税前利润大于 $\overline{EBIT}$ 时,采用债务筹资方案可以获得更高的每股收益,应选择债务筹资方案。

③当预计息税前利润小于 $\overline{EBIT}$ 时,采用股权筹资方案可以获得更高的每股收益,应选择股权筹资方案。

做中学 2-19

中恒公司目前的资本结构为：总资本 2 000 万元,其中债务资本 500 万元（年利息 30 万元）；普通股资本 1 500 万元（1 500 万股,每股面值 1 元,每股市价 5 元）。中恒公司由于扩大经营规模,需要追加筹资 800 万元,所得税税率为 25%,不考虑筹资费用因素。有两种筹资方案可供选择：

甲方案：增发普通股 200 万股,每股发行价为 3 元；同时向银行借款 200 万元,利率为 6%。

乙方案：不增发普通股，溢价发行600万元面值为500万元的公司债券，票面利率为10%；由于受债券发行数额的限制，需要补充向银行借款200万元，利率为6%。

要求：当预计息税前利润为500万元时，确定中恒公司最优资本结构下的筹资方案。

解析：根据$EPS_甲=EPS_乙$，计算每股收益无差别点。

$$\frac{(\overline{EBIT}-30-12)\times(1-25\%)}{1\,500+200}=\frac{(\overline{EBIT}-30-50-12)\times(1-25\%)}{1\,500}$$

计算得：$\overline{EBIT}=467$（万元）

此时，每股收益$EPS_甲=EPS_乙=0.187\,5$（元/股）。

公司预计息税前利润为500万元，大于每股收益无差别点467万元，此时债务筹资方案能够带来更高的每股收益。因此应采用乙方案筹资。

【拓展阅读】 衍生工具融资与融资实务创新

一、衍生工具融资

衍生工具融资，包括兼具股权和债务性质的混合融资和其他衍生工具融资。我国上市公司目前较为常见的衍生工具融资有可转换债券融资、认股权证融资和优先股融资。

1.可转换债券融资

可转换债券是一种混合型证券，是公司普通债券与证券期权的组合体。可转换债券的持有人在一定期限内，可以按照事先规定的价格或者转换比例，自由地选择是否将其转换为公司普通股。可转换债券具有证券期权性、资本转换性和赎回与回售等基本性质。

可转换债券融资将传统的债务筹资功能和股权筹资功能结合起来，在融资性质和时间上具有灵活性；因其利率低于同等条件下的普通债券，且在转换为普通股时无须另外支付融资费用，因此降低了公司的资本成本。但若持有者到期不转换或集中将债券回售，则会加大公司的财务压力。

2.认股权证融资

认股权证是一种由上市公司发行的证明文件，持有人有权在一定时间内以约定价格认购该公司发行的一定数量的股票。权证按买或卖的不同权利，可分为认购权证和认沽权证，又称为看涨权证和看跌权证。

认股权证本质上是一种股票期权，属于衍生金融工具，具有实现融资和股票期权激励的双重功能。投资者可以通过购买认股权证获得市场价与认购价之间的股票差价收益，因此它是一种具有内在价值的投资工具。认股权证也是一种融资促进工具，它通过以约定价格认购公司股票的契约方式，能保证发行标的股票的上市公司在规定的期限内完成股票发行计划，顺利实现融资。同时认股权证能够约束上市公司的败德行为，有助于上市公司改善治理结构，有利于推进股权激励机制。

3.优先股融资

优先股是指股份有限公司发行的具有优先权利、相对优先于一般普通种类股份的股份种类。优先股在年度利润分配和剩余财产清偿分配方面，具有比普通股股东优先的权利。公司将可分配利润先分给优先股股东,剩余部分再分给普通股股东,且优先股的股利收益通常是事先约定的,也是相对固定的;在剩余财产清偿顺序方面,优先股股东先于普通股股东而次于债权人。但在参与公司决策管理等方面,优先股股东的权利受到限制,优先股股东一般没有选举权和被选举权,对股份公司的重大经营事项无表决权。

优先股融资兼具债务筹资和股权筹资的特点,属于混合融资方式。发行优先股有利于为投资者提供多元化投资渠道,增加固定收益型产品,丰富资本市场的投资结构。同时,发行优先股有利于保障普通股的收益和控制权,降低公司财务风险,是股份公司股权资本结构调整的重要方式。但优先股资本成本通常高于债务资本成本,且股利支付相对于普通股具有固定性,可能成为企业的财务负担。

二、融资实务创新

随着经济的发展和金融政策的完善,我国企业融资方式和融资渠道呈现多元化趋势,形成了诸多新型融资模式、平台和工具。

1.商业票据融资

商业票据融资是指通过商业票据进行融通资金。商业票据是一种商业信用工具,是由债务人向债权人开出的、承诺在一定时期内支付一定款项的支付保证书,即由无担保、可转让的短期期票组成。商业票据融资具有融资成本低、灵活方便等特点。

2.中期票据融资

中期票据是指具有法人资格的非金融类企业在银行间债券市场按计划分期发行的、约定在一定期限还本付息的债务融资工具。发行中期票据一般要求具有稳定的偿债资金来源;拥有连续三年的经审计的会计报表,最近一个会计年度盈利;主体信用评级达到AAA级;待偿还债券余额不超过企业净资产的40%;融通资金应用于企业生产经营活动等。

中期票据具有发行机制灵活、用款方式灵活、融资额度大、使用期限长、资本成本较低、无须担保和抵押等特点。中期票据融资在企业实务中,尤其是近些年来在我国上市公司中得到了广泛的应用。

3.股权众筹融资

股权众筹融资主要是指通过互联网形式进行公开小额股权融资的活动。股权众筹融资必须通过股权众筹融资中介机构平台(互联网网站或其他类似的电子媒介)进行。股权众筹融资方应为小微企业,应通过股权众筹融资中介机构向投资人如实披露企业的商业模式、经营管理、财务、资金使用等关键信息,不得误导或欺诈投资者。股权众筹融资业务由证监会负责监管。

4.企业应收账款证券化

企业应收账款资产支持证券,是指证券公司、基金管理公司子公司作为管理人,通过设立资产支持专项计划开展资产证券化业务,以企业应收账款债权为基础资产或基础资产现金流来源所发行的资产支持证券。企业应收账款证券化是企业拓宽融资渠道、降低融资成本、盘活存量资产、提高资产使用效率的重要途径。

5.融资租赁债权资产证券化

融资租赁债权资产支持证券是指证券公司、基金管理公司子公司作为管理人,通过设立资产支持专项计划开展资产证券化业务,以融资租赁债权为基础资产或基础资产现金流来源所发行的资产支持证券。融资租赁债权是指融资租赁公司依据融资租赁合同对债务人(承租人)享有的租金债权、附属担保权益及其他权利。

6.商圈融资

商圈融资模式包括商圈担保融资、供应链融资、商铺经营权、租赁权质押、仓单质押、存货质押、动产质押、企业集合债券等。发展商圈融资是缓解中小商贸企业融资困难的重大举措。改革开放以来,我国以商品交易市场、商业街区、物流园区、电子商务平台等为主要形式的商圈发展迅速,但是由于商圈内多数商贸经营主体属中小企业,抵押物少、信用记录不健全,"融资难"问题较为突出。发展商圈融资有助于增强中小商贸经营主体的融资能力,促进中小商贸企业健康发展;有助于促进商圈发展,推进商贸服务业结构调整和升级,从而带动税收、就业增长和区域经济发展;有助于银行业金融机构和融资性担保机构等培养长期稳定的优质客户群体,扩大授信规模,降低融资风险。

7.供应链融资

供应链融资,是将供应链核心企业及其上、下游配套企业作为一个整体,根据供应链中相关企业的交易关系和行业特点制定基于货权和现金流控制的"一揽子"金融解决方案的一种融资模式。供应链融资解决了上、下游企业融资难、担保难的问题,而且通过打通上、下游融资瓶颈,还可以降低供应链条融资成本,提高核心企业及配套企业的竞争力。

8.绿色信贷

绿色信贷,也称可持续融资或环境融资。它是指银行业金融机构为支持环保产业、倡导绿色文明、发展绿色经济而提供的信贷融资。绿色信贷重点支持节能环保、清洁生产、清洁能源、生态环境、基础设施绿色升级和绿色服务六大类产业。

9.能效信贷

能效信贷,是指银行业金融机构为支持用能单位提高能源利用效率,降低能源消耗而提供的信贷融资。能效信贷包括用能单位能效项目信贷和节能服务公司合同能源管理信贷两种方式。能效信贷业务的重点服务领域包括工业节能、建筑节能、交通运输节能等相关行业,以及与节能项目、服务、技术和设备有关的其他重要领域。

职业能力训练

一、名词解释

1.资本成本　　2.个别资本成本　　3.加权平均资本成本　　4.经营杠杆

5.财务杠杆　　6.总杠杆　　7.资本结构　　8.最优资本结构

二、单项选择题

1.某企业上年度资金平均占用额为6 000万元,经分析,其中不合理部分800万元,预计本年度销售增长8%,资金周转加速3%。预测年度资金需要量为(　　)万元。

　　A.5 784.48　　B.7 123.68　　C.5 447.52　　D.7 564.32

2.相对于发行股票而言,发行公司债券筹资的优点是(　　)。

　　A.筹资风险小　　B.限制条款少　　C.筹资额度大　　D.资本成本低

3.下列各项中,企业筹资限制条件最少的是( )。
   A.股票筹资　　　B.债券筹资　　　C.商业信用　　　D.长期借款
4.不存在筹资费用的筹资方式是( )。
   A.银行借款　　　B.融资租赁　　　C.发行债券　　　D.利用留存收益
5.某公司平价发行普通股股票500万元,筹资费用率为6%,上年按面值确定的股利率为12%,预计股利每年增长5%,所得税税率为25%,该公司年末留存50万元未分配利润用于公司发展,则该笔留存收益的资本成本为( )。
   A.14.74%　　　B.17.6%　　　C.19%　　　D.20.47%
6.下列各项中,属于商业信用筹资方式的是( )。
   A.发行债券　　　B.应付账款筹资　　　C.短期借款　　　D.融资租赁
7.某公司按照(2/20,N/60)的条件从另一公司购入价值1 000万元的货物,由于资金的限制,该公司放弃了获取2%现金折扣的机会,公司为此承担的信用成本率是( )。
   A.2.00%　　　B.12.00%　　　C.12.24%　　　D.18.37%
8.下列各项中,与放弃现金折扣的机会成本呈反向变化的是( )。
   A.现金折扣率　　　B.折扣期　　　C.信用标准　　　D.信用期
9.银行在对企业贷款时采用贴现法收取利息,对借款企业的影响是( )。
   A.增加了所需支付的借款利息额　　　B.增加了实际可用借款额
   C.提高了实际借款利率　　　D.降低了实际借款利率
10.甲企业发行债券,面值为2 000元,期限为5年,票面利率为10%,每年付息一次,发行费5%,所得税税率为25%,则该债券资本成本为( )。
    A.7.9%　　　B.10%　　　C.6.7%　　　D.7.05%
11.某企业发行优先股1 000万元,筹资费用率为3%,年股息率为12%,所得税税率为25%,则优先股的资本成本为( )。
    A.13.2%　　　B.8.9%　　　C.12.37%　　　D.11.2%
12.某公司取得5年长期借款300万元,年利率为10%,每年付息一次,到期一次还本,筹资费用率为0.5%,企业所得税为25%,则该项长期借款的资本成本为( )。
    A.10%　　　B.7.5%　　　C.10.05%　　　D.7.04%
13.某企业的长期资本总额为1 000万元,借入资金占总资本的40%,借入资金的利率为10%。当企业销售额为800万元,息税前利润为200万元时,财务杠杆系数为( )。
    A.1.2　　　B.1.26　　　C.1.25　　　D.3.2
14.下列筹资方式按一般情况而言,企业所承担的财务风险由大到小排列为( )。
    A.融资租赁、发行股票、发行债券　　　B.融资租赁、发行债券、发行股票
    C.发行债券、融资租赁、发行股票　　　D.发行债券、发行股票、融资租赁
15.下列各项中,不属于影响企业综合资本成本的因素是( )。
    A.资本结构　　　B.权益资本成本
    C.负债资本成本　　　D.筹资期限的长短

16.（　　）是指息税前利润变动率,相当于产销量变动率的倍数。
A.经营杠杆系数　　　　　　　　B.财务杠杆系数
C.复合杠杆系数　　　　　　　　D.总杠杆系数

17.下列关于资本结构描述不正确的是(　　)。
A.资本结构是指企业资本总额中各种资本的构成及其比例关系
B.资本结构通常是指企业各种短期资金的构成和比例关系
C.资本结构研究的问题就是债务资本与股权资本的比例关系
D.资本结构通常用债务资本在资本总额中所占的比重来表示

18.资本结构优化的目标是(　　)。
A.降低个别资本成本率　　　　　B.提高综合资本成本率
C.降低普通股每股收益　　　　　D.降低综合资本成本率或提高普通股每股收益

19.比较资本成本法是确定最优资本结构的一种方法,这里所比较的成本是(　　)。
A.资本成本　　　　　　　　　　B.固定成本
C.变动成本　　　　　　　　　　D.综合资本成本

20.每股收益无差别点是指在两种筹资方案下,普通股每股利润相等时的(　　)。
A.成本总额　　B.资金总额　　C.资本结构　　D.息税前利润

三、多项选择题
1.下列各项中,属于直接筹资主要方式的有(　　)。
A.发行债券　　B.吸收直接投资　　C.融资租赁　　D.发行股票

2.吸收直接投资中的出资方式包括(　　)。
A.以货币出资　　　　　　　　　B.以实物资产出资
C.以土地使用权出资　　　　　　D.以工业产权出资

3.下列各项中,属于股权筹资方式优点的有(　　)。
A.筹资数额比较大　　　　　　　B.筹资风险小
C.资本成本低　　　　　　　　　D.筹资弹性大

4.下列各项中,属于债务筹资方式优点的有(　　)。
A.筹资速度较快、筹资弹性大　　B.资本成本负担较轻
C.能够稳定公司的控制权　　　　D.承担到期还本付息的财务风险较小

5.下列各项中,属于吸收直接投资优点的有(　　)。
A.有利于尽快形成生产能力　　　B.有利于树立企业的信誉
C.有利于降低财务风险　　　　　D.资本成本较低

6.下列各项中,属于普通股筹资优点的有(　　)。
A.没有固定的股息负担　　　　　B.筹资风险较低
C.有利于增强公司的社会声誉　　D.公司控制权集中

7.下列各项中,属于银行借款筹资优点的有(　　)。
A.筹资速度快　　B.资本成本较低　　C.限制条款少　　D.筹资风险低

8.商业信用筹资的优点主要表现在(　　)。
A.筹资风险小　　B.筹资成本低　　C.限制条件少　　D.筹资便利

9.影响债券发行价格的因素包括（　　）。
　A.债券面额　　　　B.票面利率　　　C.市场利率　　　D.债券期限
10.在确定因放弃现金折扣而发生的信用成本时,需要考虑（　　）。
　A.商业折扣百分比　　　　　　　B.现金折扣百分比
　C.折扣期　　　　　　　　　　　D.信用期
11.影响资本成本高低的因素有（　　）。
　A.总体经济环境　　　　　　　　B.证券市场条件
　C.企业内部的经营和融资状况　　D.融资规模
12.下列各种筹资活动中,（　　）会加大财务杠杆作用。
　A.增加银行借款　B.增发公司债券　C.增发优先股　D.增发普通股
13.资本结构是由企业同时采用股权筹资和债务筹资引起的,其影响因素包括（　　）。
　A.企业经营状况的稳定性和成长率　B.企业的财务状况和信用等级
　C.企业资产结构　　　　　　　　　D.税收政策和货币政策
14.在采用每股收益无差别点确定筹资方式时,下列说法正确的有（　　）。
　A.当企业的盈利能力大于无差别点的息税前利润时,应采用债务筹资方式
　B.当企业的盈利能力小于无差别点的息税前利润时,应采用债务筹资方式
　C.当企业的盈利能力大于无差别点的息税前利润时,应采用发行股票的筹资方式
　D.当企业的盈利能力小于无差别点的息税前利润时,应采用发行股票的筹资方式
15.负债资金在资本结构中产生的影响有（　　）。
　A.降低企业资本成本　　　　　　B.加大企业财务风险
　C.具有财务杠杆作用　　　　　　D.分散股东控制权

四、判断题
1.企业按照销售百分比法预测出来的资金需要量,是企业在未来一定时期资金需要量的增量。（　　）
2.在其他因素不变的情况下,企业财务风险大,投资者要求的预期报酬率就高,企业筹资的资本成本相应就大。（　　）
3.资本成本包括筹资费用和用资费用,其中筹资费用是资本成本的主要内容。（　　）
4.融资租赁虽然比借款购置更迅速、灵活,但融资成本比借款利息高很多。（　　）
5.留存收益是企业税后净利形成的,其实质是所有者向企业的追加投资,属于权益资本。利用留存收益属于企业的内部筹资方式,所以没有资本成本。（　　）
6.若没有现金折扣,或不放弃现金折扣,则企业利用商业信用筹资就没有实际成本。（　　）
7.资本成本是投资人对投入资金所要求的最低收益率,可作为评价投资项目是否可行的主要标准。（　　）
8.在其他因素一定的情况下,固定成本越高,经营杠杆系数越大,财务风险就越大。（　　）
9.企业负债比例越高,财务风险就越大,因此,负债对企业总是不利的。（　　）
10.在个别资本成本一定的情况下,企业综合资本成本的高低取决于资金总额。（　　）

五、业务题

1.恒利公司 2020 年 12 月 31 日的资产负债表见表 2-9。

表 2-9 资产负债表

2020 年 12 月 31 日 单位:万元

资产	金额	负债及所有者权益	金额
现金	1 000	应付费用	2 500
应收账款	14 000	应付账款	6 500
存货	15 000	短期借款	6 000
固定资产	20 000	公司债券	10 000
		实收资本	20 000
		留存收益	5 000
合　　计	50 000	合　　计	50 000

该公司 2020 年的销售收入为 50 000 万元,销售净利率为 15%,公司目前还有剩余生产能力,增加收入不需增加固定资产投资。公司计划 2021 年销售收入增加到 60 000 万元,假定销售净利率保持不变,股利支付率为 60%。则公司 2021 年需要从外部筹集多少资金?

2.东方公司发行 3 年期债券,面值为 1 000 万元,每年年末付息一次,到期还本。票面利率为 8%。

要求:

(1)当市场利率为 8%时,计算其发行价格。

(2)当市场利率为 7%时,计算其发行价格。

(3)当市场利率为 9%时,计算其发行价格。

3.企业采用融资租赁方式于 2020 年年初租入设备一台,价格为 400 000 元,租期为 5 年,租期内年利率为 10%(残值归承租人所有)。

要求:

(1)计算每年年末支付租金方式的应付租金。

(2)计算每年年初支付租金方式的应付租金。

(3)说明二者的关系。

4.某企业适用的所得税税率为 25%,共有资金总额 2 000 万元,资金来源如下:

(1)银行借款 100 万元,年利率为 8%。

(2)长期债券 500 万元,票面利率为 10%,期限为 5 年,筹资费用率为 2%。

(3)普通股 1 000 万元,每股发行价格为 10 元,筹资费用率为 5%,预计第一年股利为 1 元/股,年股利增长率为 4%。

(4)留存收益 400 万元。

要求:

(1)分别计算该企业个别资本成本。

(2)计算该企业的综合资本成本。

5.某公司年销售净额为 280 万元,息税前利润为 80 万元,固定成本为 32 万元,变动成本率为 60%,资金总额为 200 万元,债务比率为 40%,债务利率为 12.5%。

要求:

(1)计算公司的经营杠杆系数,说明该指标的经济意义。

(2)计算公司的财务杠杆系数,说明该指标的经济意义。

(3)计算公司的总杠杆系数,说明该指标的经济意义。

6.甲公司目前的资本结构为:总资本 6 000 万元,其中长期债券 1 000 万元(年利率 8%);普通股资本 4 500 万元(4 500 万股,面值 1 元),留存收益 500 万元。公司因生产发展需要,准备增加资金 1 000 万元,现有两个筹资方案可供选择:

A 方案:按面值发行每年年末付息、票面利率为 10%的公司债券 1 000 万元。

B 方案:增发 500 万股普通股,预计每股发行价为 2 元。

假定股票与债券的发行费用忽略不计,甲公司适用的企业所得税税率为 25%。

要求:

(1)当预计息税前利润为 1 000 万元时,确定公司最优资本结构下的筹资方案。

(2)当预计息税前利润为 1 200 万元时,确定公司最优资本结构下的筹资方案。

项目三 项目投资管理

知识导图

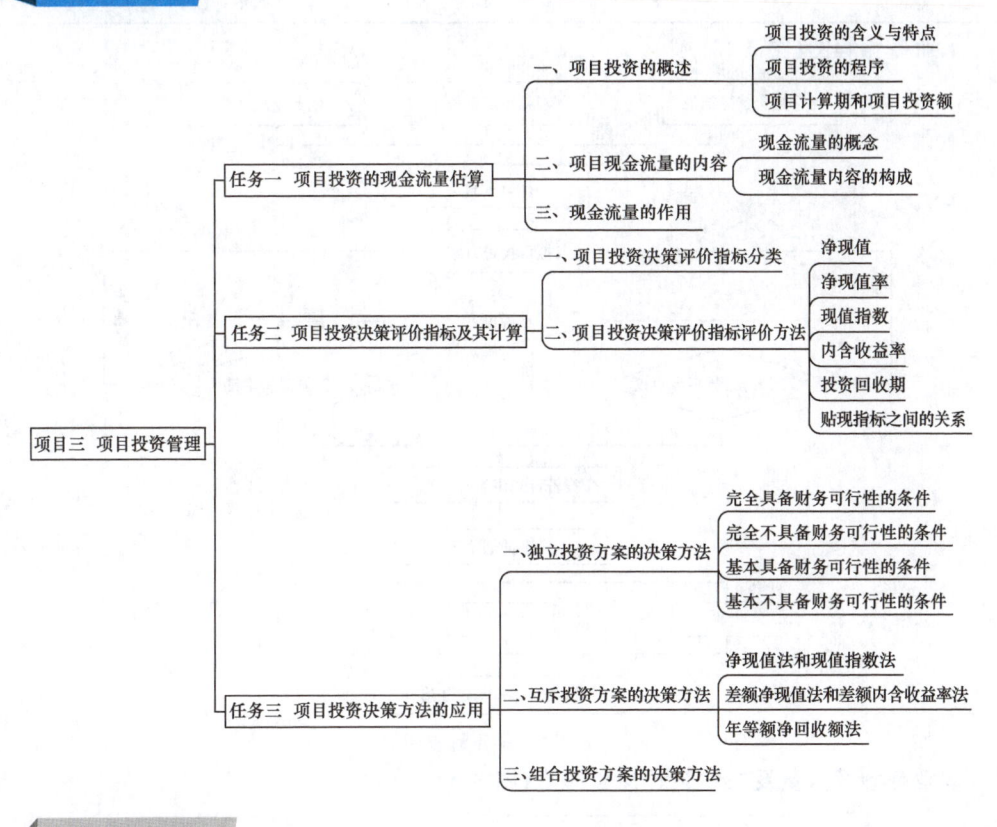

项目三 项目投资管理
- 任务一 项目投资的现金流量估算
  - 一、项目投资的概述
    - 项目投资的含义与特点
    - 项目投资的程序
    - 项目计算期和项目投资额
  - 二、项目现金流量的内容
    - 现金流量的概念
    - 现金流量内容的构成
  - 三、现金流量的作用
- 任务二 项目投资决策评价指标及其计算
  - 一、项目投资决策评价指标分类
  - 二、项目投资决策评价指标评价方法
    - 净现值
    - 净现值率
    - 现值指数
    - 内含收益率
    - 投资回收期
    - 贴现指标之间的关系
- 任务三 项目投资决策方法的应用
  - 一、独立投资方案的决策方法
    - 完全具备财务可行性的条件
    - 完全不具备财务可行性的条件
    - 基本具备财务可行性的条件
    - 基本不具备财务可行性的条件
  - 二、互斥投资方案的决策方法
    - 净现值法和现值指数法
    - 差额净现值法和差额内含收益率法
    - 年等额净回收额法
  - 三、组合投资方案的决策方法

思政目标

1.结合项目投资决策分析,导入创业思维,培养创新创业的双创精神。
2.结合案例教学实践育人,培养分析探索与力学笃行的知行合一。
3.会计职业道德养成之参与管理。

导学案例

信和机械制造股份有限公司是一个经济实力较强的、以生产加工机械配件为主的大

企业财务管理

型工业企业,产品适销对路,并占据了主要销售市场,经济效益连年上涨。为了进一步提升企业竞争力,企业准备开始投入研发工业机器人,其核心零部件要引进一条具有国际先进水平的生产线来制造。企业研发部门会同生产部和财务部共同进行市场调研,经多方调研、汇总、筛选,提供出了两条生产线数据资料见表3-1。如果你是企业的财务经理,该如何进行分析决策呢?

表3-1　　　　　　　　　两条生产线数据资料

项目内容	备选方案(万元) 从美国引进	备选方案(万元) 从德国引进	注释
生产线投资额	5 000	4 000	生产线使用年限为10年, 直线法提取折旧, 净残值率为5％, 公司资本成本为10％
营运资金垫支	8 00	6 00	
年度净利润	1 400	1 200	

1.业务流程图(图3-1)

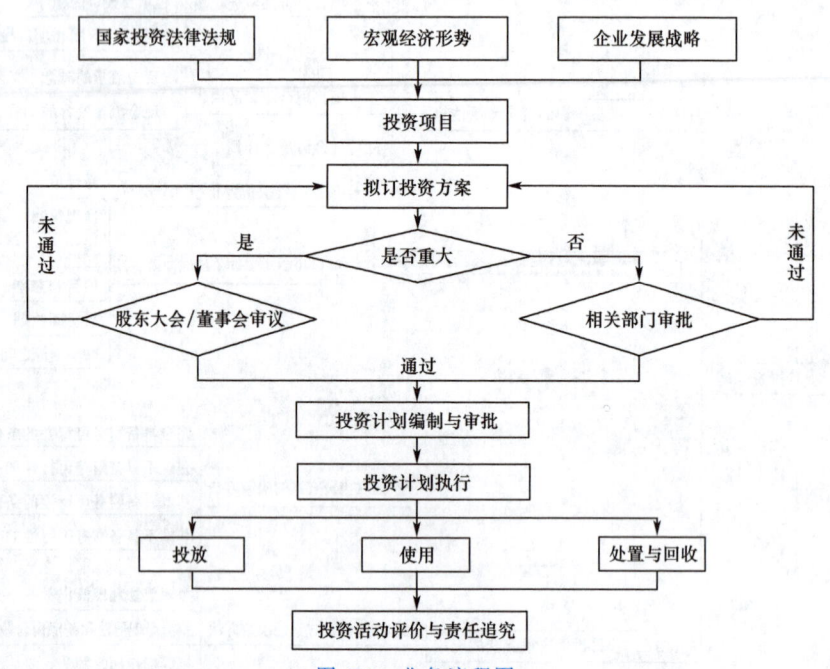

图 3-1　业务流程图

2.业务涉及人员及主要会计岗位职责(图3-2)

职责内容:
1. 组织做好行业研究及投资市场调研等前期工作,收集有关投资市场信息资料。
2. 负责对调研资料进行汇总、分析,编制投资市场调查报告,提出投资方向建议。
3. 进行投资可行性研究,编制投资可行性报告,为管理层的投资决策提供依据。
4. 根据财务分析及领导指示,制订投资工作计划和工作方案,经领导审批后执行。
5. 根据投资工作计划及方案,寻找、设计投资项目,组织做好对投资项目的调查和可行性分析研究等前期准备工作。
6. 负责投资项目效果评估,拟订项目效果评估报告,提交企业决策层参考,建立投资项目档案管理系统,保管好与投资有关的各种资料。
7. 按时完成领导交办的其他相关工作。

图 3-2　业务涉及人员及主要会计岗位职责

任务一　项目投资的现金流量估算

知识目标

1. 了解项目投资的含义、特点及程序。
2. 理解项目投资计算期和投资额的含义。
3. 掌握项目投资不同阶段的现金流量的内容。

技能目标

1. 能够区分项目投资与一般投资。
2. 能够正确计算项目投资的计算期和投资额。
2. 能够正确估算项目投资不同阶段的现金净流量。

一、项目投资的概述

(一)项目投资的含义与特点

项目投资是指将资金直接投放于生产经营实体性资产,以形成生产能力,如购置设备、建造工厂、修建设施等。项目投资是企业对内的生产性投资,通常可分为以新增生产能力为目的的新建项目投资和以恢复或改善原有生产能力为目的的更新改造项目投资两大类。与一般投资相比,项目投资具有以下特点:

1.投资影响时间长

项目投资针对具体项目,需要至少一年或一个营业周期以上的时间,对企业未来生产经营活动和长期经济效益都会产生重要影响。

2.投资数额巨大

项目投资的资金投放次数少,但投放量却较多,其形成的资产在企业总资产中占有比例较大,对企业未来的财务状况有较大影响。

3.投资变现能力差

项目投资所形成的资产是为了生产经营而不是对外销售,所创造的价值体现在所生产的产品上,因此,企业一般不会考虑在短期内将其变现,而是采取逐渐变现的方式。

4.投资风险大

因为项目投资的投资回收期长,投资数额大,所以,在长期使用过程中,企业要承受着有形和无形的损耗,预期收益具有不确定性,承担的风险较大。

(二)项目投资的程序

项目投资的特点决定了投资的重要性,企业在决策前要充分地进行调查研究,必须按照特定的程序、运用科学的方法进行可行性分析,保证决策的正确有效。

项目投资的决策程序一般包括以下四个步骤：

1.提出项目备选方案

管理层通过市场调研并综合专家建议提出方案。一般而言,企业高层领导(董事长、总经理)提出战略性指导方案,中层或基层领导(部门经理、车间主任)提出战术性执行方案。

2.初步评价备选方案

专家组、管理层及企业员工对备选方案进行定量分析,预测投资项目的现金流量,运用投资评价指标进行可行性排序,从技术适当、财务预算、经济合理方面进行方案的可行性分析。

3.决策最优项目投资方案

管理层通过初选,结合非量化因素的影响,如政治经济形势的变动、人们心理、风俗习惯的改变等,进行定性分析,权衡利害得失,考虑风险,选出最优方案。

4.评估决策执行情况,及时反馈信息

在项目投资执行过程中,企业要进行工程进度、质量和成本等控制,随时根据变化做出信息反馈,调整投资实施过程,使投资按照预期效果执行,保质保量完成。

(三)项目计算期和项目投资额

1.项目计算期

项目计算期是指从投资建设开始到最终清理结束整个过程的时间。一个完整的项目计算期,由建设期(记作 s,$s \geq 0$)和生产经营期(记作 p)两部分构成。其中,建设期是指从正式投入开始到项目建成投产为止所需要的时间。建设期的第一年年初(记作第 0 年)称为建设起点,建设期的最后一年年末(记作第 s 年)称为投产日;生产经营期(也称项目寿命)是指从投产日开始到项目清理结束的时间。生产经营期开始于建设期的最后一年年末,即投产日,结束于项目最终清理的最后一年年末(记作第 n 年),称为终结点。项目计算期、建设期和生产经营期之间存在以下关系:$n = s + p$。项目计算期会对评价结果产生重大影响,因此必须准确。项目计算期的构成如图 3-3 所示。

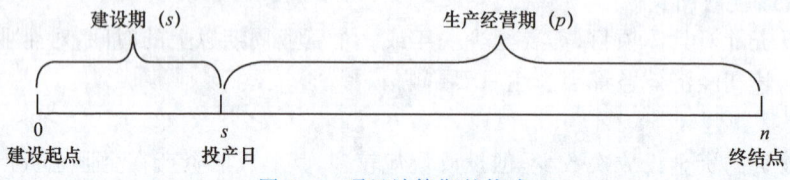

图 3-3 项目计算期的构成

> **做中学 3-1**
>
> 某企业拟建设一条生产线,建设期为 1 年,生产线预计使用寿命为 10 年。建设起点一次性投入固定资产 500 万元、无形资产 300 万元、其他资产 100 万元,建设期末资本化利息为 20 万元,投产日又垫支营运资金 100 万元。
>
> 要求:分析项目计算期。
>
> 解析:
>
> 建设期＝1(年)
>
> 生产经营期＝使用寿命＝10(年)
>
> 项目计算期＝建设期＋生产经营期＝10＋1＝11(年)

2.项目投资额

原始投资是企业为使项目达到设计的生产能力、开展正常经营而投入的全部资金,包括长期资产投资和垫支营运资金。其中,长期资产投资是指在建设期内根据项目投资内容进行的投资,也称建设投资,包括固定资产投资(不包括建设期资本化借款利息)、无形资产投资、其他资产投资。注意固定资产原值包括固定资产投资和建设期资本化利息。垫支营运资金是指项目投产前后分次或一次投放于流动资产项目的投资增加额,又称垫支流动资金。

项目总投资是反映项目投资总体规模的价值指标,由原始投资与建设期资本化利息共同构成。建设期资本化利息是指在建设期应计入投资项目总价值的有关利息。项目总投资的构成如图3-4所示。

$$\text{项目总投资} \begin{cases} \text{原始投资} \begin{cases} \text{长期资产投资(固定资产投资、无形资产投资、其他资产投资)} \\ \text{垫支营运资金} \end{cases} \\ \text{建设期资本化利息} \end{cases}$$

图3-4 项目总投资的构成

做中学 3-2

根据【做中学 3-1】的资料分析。

要求:计算项目的固定资产原值、建设投资、原始投资和项目总投资的金额。

解析:固定资产原值=500+20=520(万元)

建设投资=500+300+100=900(万元)

原始投资=900+100=1 000(万元)

项目总投资=1 000+20=1 020(万元)

二、项目现金流量的内容

现金流量是评估项目投资可行性的基础标准,也是计算项目投资决策评价指标的重要依据。对于项目投资的财务可行性来说,现金流量状况比会计期间盈亏状况更重要。一个项目投资能否顺利进行,不一定取决于会计利润,而在于其能否带来正的现金流量,即现金回收是否大于项目的投资。

(一)现金流量的概念

由一个项目投资方案引起的在未来一定期间所发生的现金收支叫作项目的现金流量(Cash Flow)。其中,现金收入称为现金流入量,现金支出称为现金流出量,现金流入量与现金流出量的差额称为现金净流量(Net Cash Flow,简写为 NCF)。

现金净流量(NCF)=现金流入量-现金流出量

这里说的"现金"是广义现金概念,既包括库存现金、银行存款等货币性资产,还包括投入的非货币资源的变现价值。

为了便于估算项目的现金流量,实务中需要设定假设条件:

1.全投资假设

在确定项目现金流量时只考虑全部投资的运行情况,不再区分自有资金和借入资金,即

企业财务管理

借入资本被视作自有资本,不再将其看作现金流入,所以支付的利息不再作为现金流出。

2.建设期投入全部投资假设

假设原始投资都在建设期内投入,无论是一次投入还是分次投入。

3.经营期与折旧年限一致假设

假设项目的经营期与固定资产的折旧年限一致。

4.时点假设

为了便于应用货币时间价值评价投资项目,假设项目现金流量均发生在年初或年末。假设建设投资发生在建设期的年初或年末;垫支营运资金发生在建设期的期末;经营期各年的收入、成本发生在该年的年末;固定资产残值的回收和垫支营运资金的回收发生在终结点。

5.确定性假设

假设与项目投资现金流量有关的价格、成本、销量、所得税税率等相关因素均为已知常数。

(二)现金流量内容的构成

投资项目从整个经济寿命周期来看,大致可以分为三个阶段:建设期、营业期、终结期。现金流量的各个项目也可归属于各个阶段。

1.建设期现金流量

建设期现金流量主要是现金流出量,包括长期资产投资和营运资金垫支。

(1)长期资产投资是指用于固定资产、无形资产和递延资产等长期资产的购入、建造、运输、安装、试运行等方面所需的现金支出。比如:固定资产的购入和建造成本、运输成本和安装成本等;购买专有技术、专利权等的投入。

(2)营运资金垫支是指用于购买流动资产的追加投资。比如企业扩大生产能力需要追加的原材料、在产品、产成品等流动资产方面的投资。

建设期现金流量一般均为现金流出量,现金净流量为负。

$$建设期现金净流量 = -(长期资产投资 + 营运资金垫支) = -原始投资额$$

2.营业期现金流量

营业期现金流量是项目投产后进行生产经营而产生的现金流入和流出的数量,是项目投资的主要阶段。营业期最主要的现金流入量是各年的营业收入,现金流出量是各年付现的营运成本,现金净流量一般大于零。若不考虑所得税,则

$$营业期现金净流量 = 营业收入 - 付现成本$$

其中

$$付现成本 = 总成本 - 非付现成本$$

所以

$$营业期现金净流量 = 营业收入 - (总成本 - 非付现成本)$$
$$= 营业利润 + 非付现成本$$

非付现成本包括固定资产的年折旧额、长期资产的摊销费用,在全投资假设下,还包括利息。

所得税税额也是营业期里重要的现金流出量,若考虑所得税,则

$$营业期现金净流量 = 营业收入 - 付现成本 - 所得税$$
$$= 税后利润 + 非付现成本$$

3.终结期现金流量

终结期现金流量即投资项目最末一年发生的现金流量。除了最末一年正常发生的现金流量,还有固定资产变价净收入和垫支营运资金的回收。终结期现金流量主要是现金流入量。

(1)固定资产变价净收入

固定资产变价净收入是指固定资产出售、报废时的出售价格或残值收入扣除清理费用后的净额。

(2)垫支营运资金的回收

随着投资项目的结束,固定资产出售或报废,存货出售、应收账款收回、应付账款偿付,企业的营运资金恢复到原有水平,项目开始垫支的营运资金投资在项目结束时得到回收。则

终结期现金净流量＝最末一年现金净流量＋固定资产变价净收入＋垫支营运资金的回收

实务中,企业通常通过编制"项目投资现金流量表"对不同时点现金流量数额进行测算,以便进行项目投资的可行性分析。一般而言,用"0"表示第1年年初,"1"表示第1年年末,"2"表示第2年年末,以此类推。

做中学 3-3

恒信企业打算投资一条生产线用以扩大生产能力,需要投资600万元购置设备,垫支营运资金80万元,项目无建期,设备使用年限为10年,期满后有残值50万元,用直线法计提折旧,投资后预期每年可获得税后净利100万元,垫支营运资金在期末收回。

要求:估算项目投资每年的现金净流量。

解析:

项目计算期＝10(年)

固定资产年折旧额＝(600－50)÷10＝55(万元)

根据以上资料,编制项目投资现金流量表,测算各年现金净流量,见表3-2。

表3-2　　　　　　　　　　项目投资现金流量表　　　　　　　　　　单位:万元

年份	0	1	2	3	4	5	6	7	8	9	10
固定资产价值	－600										
营运资金垫支	－80										
固定资产折旧		55	55	55	55	55	55	55	55	55	55
税后营业利润		100	100	100	100	100	100	100	100	100	100
残值净收入											50
营运资金收回											80
现金净流量NCF	－680	155	155	155	155	155	155	155	155	155	285

解析:建设期现金净流量:$NCF_0＝－600－80＝－680(万元)$

经营期现金净流量:$NCF_{1-9}＝100＋55＝155(万元)$

终结期现金净流量:$NCF_{10}＝100＋55＋50＋80＝285(万元)$

做中学 3-4

东升股份集团计划投资开发一款新产品,需要1 100万元原始投资额,其中,固定资产投资为800万元,垫支营运资金为300万元。固定资产投资来源于银行贷款,利率为8%,利息每年年末支付,单利计算。项目建设期为2年,经营期为8年,期满有残值48万元。预计投产后每年获得的利润分别为50万元、68万元、100万元、120万元、110万元、135万元、140万元和125万元,假设不考虑所得税。

要求:试估算投资项目每年的现金净流量。

解析:项目计算期=2+8=10(年)

贷款年利息=800×8%=64(万元)

建设期资本化利息=64×2=128(万元)

固定资产原值=800+128=928(万元)

固定资产年折旧额=(928−48)÷8=110(万元)

项目投资现金流量表见表3-3。

表3-3　　　　　　　　　项目投资现金流量表　　　　　　　　　单位:万元

年份	0	1	2	3	4	5	6	7	8	9	10
固定资产投资	−800										
营运资金垫支			−300								
固定资产折旧				110	110	110	110	110	110	110	110
利息				64	64	64	64	64	64	64	64
营业利润				50	68	100	120	110	135	140	125
残值净收入											48
营运资金回收											300
现金净流量NCF	−800	0	−300	224	242	274	294	284	309	314	647

建设期现金净流量:$NCF_0 = -800$(万元)

$NCF_1 = 0$(万元)

$NCF_2 = -300$(万元)

经营期现金净流量:$NCF_3 = 110+64+50 = 224$(万元)

$NCF_4 = 110+64+68 = 242$(万元)

$NCF_5 = 110+64+100 = 274$(万元)

$NCF_6 = 110+64+120 = 294$(万元)

$NCF_7 = 110+64+110 = 284$(万元)

$NCF_8 = 110+64+135 = 309$(万元)

$NCF_9 = 110+64+140 = 314$(万元)

终结期现金净流量:$NCF_{10} = 110+64+125+48+300 = 647$(万元)

做中学 3-5

华利公司有一个投资项目需要投资 6 000 万元,第一年年初投资 5 400 万元购买设备,建设期为 1 年,垫支营运资金为 600 万元,该项目折旧年限为 3 年,预期投资后每年收入分别为 3 000 万元、4 500 万元和 6 000 万元,每年追加的付现成本分别为 1 000 万元、1 500 万元和 1 200 万元,设备无残值,采用直线法计提折旧,企业所得税税率为 25%。

要求:计算每年现金净流量。

解析:

项目计算期 = 1+3 = 4(年)

固定资产年折旧额 = 5 400÷3 = 1 800(万元)

营业期第 1 年税后利润 = (3 000-1 000-1 800)×(1-25%) = 150(万元)

营业期第 2 年税后利润 = (4 500-1 500-1 800)×(1-25%) = 900(万元)

营业期第 3 年税后利润 = (6 000-1 200-1 800)×(1-25%) = 2 250(万元)

项目投资现金流量表见表 3-4。

表 3-4　　　　　　　　　项目投资现金流量表　　　　　　　　　单位:万元

年份	0	1	2	3	4
固定资产价值	-5 400				
营运资金垫支		-600			
固定资产折旧			1 800	1 800	1 800
税后营业利润			150	900	2 250
营运资金回收					600
现金净流量 NCF	-5 400	-600	1 950	2 700	4 650

建设期现金净流量: $NCF_0 = -5\,400$(万元)

$NCF_1 = -600$(万元)

经营期现金净流量: $NCF_2 = 1\,800 + 150 = 1\,950$(万元)

$NCF_3 = 1\,800 + 900 = 2\,700$(万元)

终结期现金净流量: $NCF_4 = 1\,800 + 2\,250 + 600 = 4\,650$(万元)

三、现金流量的作用

评价项目投资方案的可行性时,必须以现金流量作为价值指标,而不采用利润指标的主要依据如下:

(1)现金流量指标可以揭示真实现金收支状况,序时动态地反映项目投资的流出与回收之间的投入与产出的关系,能更加完整、准确、全面地评价投资项目的经济效益。

(2)现金流量指标能够更加科学、客观地反映项目效益。利润指标建立在权责发生制原则基础上,不同的折旧、摊销方法会导致利润的不同。现金流量指标采用收付实现制,排除了人为因素的影响,其相关性、可比性更高。

(3)现金流量指标能够简化投资评价过程,更加准确地计算项目投资效益。利润指标中的非付现成本容易造成现金收支的重复计算,而现金流量可以排除非现金收付内部周转的资本运动形式。

(4)现金流量信息与项目计算期的各个时点能够对应,有助于在计算投资决策评价指标时应用货币时间价值的形式进行动态投资效果的综合评价。

任务二 项目投资决策评价指标及其计算

知识目标
1.掌握项目投资决策静态和动态评价指标及其计算。
2.熟悉项目投资决策评价指标的特点和评价标准。

技能目标
1.学会计算项目投资的静态和动态评价指标。
2.学会运用项目投资决策指标评价项目的可行性。

一、项目投资决策评价指标分类

在项目投资的决策中,分析和评价投资方案优劣的指标有很多,一般按照是否考虑货币时间价值,分为静态评价指标和动态评价指标。

静态评价指标没有考虑货币时间价值,也称非贴现的现金流量指标,包括静态投资回收期和投资收益率。使用这类指标进行评价,没有考虑货币时间价值。

动态评价指标考虑了货币时间价值,也称贴现的现金流量指标,包括净现值、净现值率、现值指数和内含收益率。该类指标结合了货币时间价值,把不同时点发生的现金流量折算到同一时点上,然后再比较分析。

二、项目投资决策评价指标评价方法

(一)净现值

净现值(Net Present Value,简写为 NPV)是项目投资未来现金净流量现值与原始投资额现值之间的差额。计算公式如下:

$$NPV = 未来现金净流量现值 - 原始投资额现值$$

$$NPV = \sum_{t=0}^{n} \frac{NCF_t}{(1+i)^t} \quad (i \text{ 为贴现率})$$

净现值为正时,表明方案实际收益高于预期收益,则方案可行;净现值为负时,表明方案实际收益低于预期收益,则方案不可行;净现值为零时,表明方案实际收益正好等于预期收益,则方案也是可行的。采用净现值指标的决策标准是:净现值≥0 为可行方案;净现值<0 为不可行方案。当多个方案的净现值都为正时,净现值越大,经济效益越好。

净现值的计算步骤如下:

第一步:计算项目投资各年的现金净流量(NCF)。

第二步:设定项目投资的贴现率。贴现率即投资者所期望的最低投资收益率。

第三步:按照贴现率将各年的现金净流量进行折现。

第四步:将项目投资未来现金流量现值抵减原始投资额现值后计算出净现值。

做中学 3-6

中石化投资新建一个加油站,包括 1 个油罐和 8 台加油机,共投资 240 万元,采用直线法计提折旧,无建设期,使用寿命为 6 年,期满无残值。预计投产后每年可获得税后利润 50 万元,假定资本成本为 12%。

要求:计算项目投资的净现值。

解析:

项目计算期=6(年)

年折旧额=240÷6=40(万元)

$NCF_0 = -240$(万元)

$NCF_{1\sim 6} = 50+40 = 90$(万元)

各年现金净流量相等,可以用年金系数进行折现。

净现值(NPV)=90×(P/A,12%,6)-240

=90×4.111 4-240=130.03(万元)

净现值大于零,说明投资项目的收益率大于预期资本成本,项目是可行的。

做中学 3-7

假定华邦公司计划一个投资项目,有 A、B 两个方案可供选择,资本成本为 14%。两个方案投资额均为 100 万元,寿命周期均为 5 年,期满无残值,各年现金净流量的总计都是 150 万元,但现金流量的分布不同,见表 3-5。

表 3-5　　　　　　　华邦公司投资方案现金流量分布表　　　　　　　单位:万元

年份	0	1	2	3	4	5
A 方案	-100	40	35	30	25	20
B 方案	-100	20	25	30	35	40

要求:采用净现值法评价 A、B 两个方案。

解析:各年的现金净流量不同,需用复利现值系数进行折现。见表 3-6、表 3-7。

企业财务管理

表 3-6　　A 方案净现值计算表　　　　　　　单位：元

年份	各年现金净流量（NCF）	复利现值系数（$P/F,14\%,n$）	现值
1	400 000	0.877 2	350 880
2	350 000	0.769 5	269 325
3	300 000	0.675 0	202 500
4	250 000	0.592 1	148 025
5	200 000	0.519 4	103 880
未来报酬的总现值			1 074 610
原始投资额现值			1 000 000
净现值（NPV）			74 610

表 3-7　　B 方案净现值计算表　　　　　　　单位：元

年份	各年现金净流量（NCF）	复利现值系数（$P/F,14\%,n$）	现值
1	200 000	0.877 2	175 440
2	250 000	0.769 5	192 375
3	300 000	0.675 0	202 500
4	350 000	0.592 1	207 235
5	400 000	0.519 4	207 760
未来报酬的总现值			985 310
原始投资额现值			1 000 000
净现值（NPV）			−14 690

通过计算，A 方案净现值大于零，B 方案净现值小于零，所以最终选择 A 方案。

应当指出的是，在项目投资评价中，正确地选择贴现率至关重要，它直接影响项目评价的结论。若选择的贴现率过低，则会导致一些经济效益较差的项目得以通过，从而浪费了有限的社会投资；若选择的贴现率过高，则会导致一些效益较好的项目不能通过，从而使有限的社会投资不能充分发挥作用。

在实务中，一般采用以下几种方法来选定项目的贴现率：

（1）以市场利率为标准。资本市场的市场利率是整个社会投资收益率的最低水平，可以将其视为一般最低收益率的要求。

（2）以投资者希望获得的预期最低投资收益率为标准，这考虑了投资的风险补偿因素和通货膨胀因素。

（3）以企业平均资本成本为标准。企业投资所需要的资金，都或多或少地具有资本成本，企业筹资承担的资本成本水平，给投资项目提出了最低收益率要求。

净现值评价指标具有广泛的应用性，既考虑了货币时间价值，又考虑了项目的风险，并且综合考虑了项目建设期的全部现金净流量，体现了流动性与收益性的统一。但其也存在一定的局限性，比如贴现率不易确定，无法动态地反映投资项目的实际收益率水平。

另外，净现值不适用于投资方案初始投资额现值不相等的决策评价，也不能直接用于寿命期不同的投资方案间的决策评价。

（二）净现值率

净现值率（Net Present Value Rate，简写为 $NPVR$）是项目投资净现值占原始投资额现值的比率，表示单位原始投资额的现值所创造的净现值。净现值率≥0 时，方案可行；净现值率＜0 时，方案不可行。

$$净现值率(NPVR) = \frac{净现值}{原始投资额现值}$$

> **做中学 3-8**
>
> 根据【做中学 3-7】资料，计算 A、B 方案的净现值率。
>
> $$NPVR_A = \frac{74\ 610}{1\ 000\ 000} = 0.074\ 61$$
>
> $$NPVR_B = \frac{-14\ 690}{1\ 000\ 000} = -0.014\ 69$$
>
> A 方案净现值率大于零，B 方案净现值率小于零，所以选择 A 方案。

净现值率指标可以从动态角度反映项目投入与产出的关系，计算简单，但是同净现值指标一样无法直接反映投资项目的实际收益率。

（三）现值指数

现值指数（Profitability Index，简写为 PI）又称盈利指数，是投资项目未来现金净流量现值与原始投资额现值的比值。现值指数≥1 时，项目具备可行性；现值指数＜1 时，项目不可行。

$$PI = \frac{未来现金净流量现值}{原始投资额现值}$$

> **做中学 3-9**
>
> 根据【做中学 3-7】资料，计算 A、B 方案的现值指数。
>
> $$PI_A = \frac{1\ 074\ 610}{1\ 000\ 000} = 1.074\ 61 \qquad PI_B = \frac{985\ 310}{1\ 000\ 000} = 0.985\ 31$$
>
> 通过现值指数和净现值率公式可知两者间的联系：
>
> $$现值指数 = 1 + 净现值率$$
>
> 所以：$PI_A = 1 + 0.074\ 61 = 1.074\ 61 \qquad PI_B = 1 - 0.014\ 69 = 0.985\ 31$
>
> A 方案现值指数大于 1，B 方案现值指数小于 1，所以选择 A 方案。

现值指数是一个相对数指标，反映投资的效率。现值指数可以从动态角度反映项目投入与产出的关系，弥补了净现值指标不便于对原始投资额现值不同的方案评价的缺点，但是现值指数也无法直接反映项目的实际收益率。

动态指标 PI 的计算分析

（四）内含收益率

内含收益率（Internal Rate of Return，简写为 IRR）是指对投资方案未来的每年现金净流量进行贴现，使所得的现值恰好等于原始投资额的现值，从而使净现值等于零时的贴现率。内含收益率是一个项目的实际报酬率。一般而言，内含收益率应该大于或等于当期资本成本或者基准报酬率(i)，方案才具备可行性。

1.营业期各年现金净流量相等

当营业期年现金净流量相等时，可以用年金现值系数折现计算内含收益率。

未来各年现金净流量×年金现值系数－原始投资额现值＝0

$$(P/A, IRR, n) = \frac{原始投资额现值}{年现金净流量}$$

通过查阅年金现值系数表确定内含收益率或查找内含收益率的范围并用插值法求出具体的内含收益率数值。

做中学 3-10

聚源股份公司计划投资购建一项固定资产，需要投资 1 500 万元，设备可使用 10 年，采用直线法计提折旧，预计投产后每年可获得现金净流量 300 万元，假设资本成本为 10%。

要求：计算项目的内含收益率。

解析：

年金现值系数 $(P/A, IRR, 10) = \dfrac{原始投资额现值}{各年现金净流量} = \dfrac{1\ 500}{300} = 5$

查年金现值系数表可知：$(P/A, 15\%, 10) = 5.018\ 8$

$(P/A, 16\%, 10) = 4.833$

运用插值法：$IRR = 15\% + \dfrac{5.0 - 5.018\ 8}{4.833 - 5.018\ 8} \times (16\% - 15\%)$

所以，内含收益率 $IRR = 15.10\%$

$15.10\% > 10\%$，项目是可行的。

2.营业期各年现金净流量不相等

在各年现金净流量不相等的情况下，采用逐次测试的方法计算能使净现值等于零的贴现率，即内含收益率。计算步骤如下：

（1）预估一个贴现率，按此贴现率计算净现值。若净现值为正数，说明方案的实际内含收益率大于估计的贴现率，则应提高贴现率再进一步测试；若净现值为负数，说明方案实际的内含收益率小于估计的贴现率，则应降低贴现率再进行测算。

（2）根据上述计算，直至找到相邻的正、负两个贴现率，用插值法求出当贴现率为零时的收益率，即为该方案的内含收益率。

注意，一般要求在插值前找到的由正到负并且比较接近于零的两个贴现率的差不能大于 5%，否则会影响结果的准确性。

做中学 3-11

请根据【做中学 3-7】资料分析。
要求:计算 A 方案的内含收益率并评价可行性。
解析:
(1)针对 A 方案先预估 16% 作为贴现率进行测试(因为净现值中是根据资本成本 14% 折现,其净现值大于零,所以应稍稍提高其贴现率)。
(2)按 16% 估计的贴现率进行测试得到净现值大于 0,所以把贴现率提高到 18% 进行测试,净现值小于 0,推断项目的内含收益率为 16%~18%。
(3)运用插值法求解。
A 方案逐次测试计算表见表 3-8。

表 3-8 　　　　　　　　A 方案逐次测试计算表　　　　　　　　单位:元

年份	各年 NCF	贴现率=16% 复利现值系数 $(P/F,16\%,n)$	现值	贴现率=18% 复利现值系数 $(P/F,18\%,n)$	现值
1	400 000	0.862 1	344 840	0.847 5	339 000
2	350 000	0.743 2	260 120	0.718 2	251 370
3	300 000	0.640 7	192 210	0.608 6	182 580
4	250 000	0.552 3	138 075	0.515 8	128 950
5	200 000	0.476 2	95 240	0.437 1	87 420
	未来报酬的总现值		1 030 485		989 320
	原始投资额		1 000 000		1 000 000
	净现值(NPV)		30 485		−10 680

用插值法计算: $IRR = \dfrac{30\ 485 \times 2\%}{30\ 485 + 10\ 680} + 16\% = 17.48\%$

A 方案的 IRR=17.48%,大于资本成本 14%,所以方案是可行的。
这个结论与净现值给出的结论相一致。

内含收益率法考虑了货币时间价值,能弥补绝对数指标的不足,反映了投资项目的真实报酬率,其适用于原始投资额现值不同的投资方案间的评价。但是这种方法计算复杂,不易直接考虑投资风险大小。

(五)投资回收期

投资回收期(Pay-back Period,简写为 PP),是指投资项目未来现金净流量与原始投资额相等时所经历的时间,即原始投资额通过未来现金流量回收所需要的时间,通常以年为单位。

投资回收期的长短是评价投资方案的重要标准。回收期越短,项目效益越好;回收期越长,项目效益越差。所以投资回收期是反指标,越短越好。

1.静态投资回收期

静态投资回收期不考虑货币时间价值，直接用未来现金净流量累计等于原始投资额时所经历的时间作为静态回收期。

（1）未来各年现金净流量相等

$$静态投资回收期(PP)=\frac{原始投资额}{年现金净流量}$$

做中学 3-12

迪士尼乐园向来是全球建造成本最高的主题乐园之一，据悉，上海迪士尼乐园的投建花费 245 亿元，周边配套设施花费 45 亿元，若每年预计现金净流量为 60 亿元，那么静态投资回收期需要多久？

$$静态投资回收期=\frac{245+45}{60}\approx 4.83(年)$$

（2）未来各年现金净流量不等

当各年现金净流量不等时，可以列表计算"累计现金净流量"，项目的回收期就是累计现金净流量正好为零的年限。

做中学 3-13

李强大学毕业后和同学合伙创业，计划在学校周边开办一家小型超市，打算投入 30 万元，预计每年的现金净流量见表 3-9。

要求：试问超市多久能回收投资成本？

表 3-9　　　　　　　　年现金净流量表　　　　　　　　单位：万元

年份	0	1	2	3	4	5
现金净流量	−30	5	11	19	25	30

解析：首先计算累计现金净流量见表 3-10。

表 3-10　　　　　　　　累计现金净流量表　　　　　　　　单位：万元

年份	0	1	2	3	4	5
现金净流量	−30	−25	−14	5	30	60

从累计现金净流量表 3-10 看出，回收 30 万元的投资在第 2 年和第 3 年之间，具体回收期可以通过插值法计算。

$$投资回收期=\frac{14}{5+14}+2=2.74(年)$$

一般而言，若投资回收期短于预期投资回收期，则方案具备可行性。

如上题，若李强打算 3 年内回收成本，则这个项目就是可行的。

2.动态投资回收期

动态投资回收期需要考虑货币时间价值，将投资引起的未来现金净流量进行贴现，以未来现金净流量的现值等于原始投资额现值时所经历的时间为动态回收期。

（1）未来各年现金净流量相等

在年金形式下，假定动态回收期为 n 年，则有：

$$\frac{原始投资额}{年现金净流量}=(P/A,i\%,n)$$

首先计算年金现值系数，然后通过查年金现值系数表，再运用插值法可计算出动态回收期 n 的值。

做中学 3-14

根据【做中学 3-12】资料，假定资本成本为 7%，求动态投资回收期。

$$\frac{245+45}{60}=(P/A,7\%,n)\approx 4.833\ 3$$

查阅年金现值系数表 $i=7\%$ 时，可知第 6 年的年金现值系数为 4.766 5，第 7 年的年金现值系数为 5.389 3。运用插值法可得当年金现值系数为 4.833 3 时：

$$动态投资回收期\ n=6+\frac{4.833\ 3-4.766\ 5}{5.389\ 3-4.766\ 5}=6.11（年）$$

（2）未来各年现金净流量不等

当各年现金净流量不等时，可用复利现值系数将各年现金净流量逐一贴现并加总，根据累计现金流量表确定动态投资回收期，利用插值法计算求解。

做中学 3-15

根据【做中学 3-13】资料，假定项目的资本成本为 10%，求项目的动态投资回收期。

根据资本成本贴现计算累计现金净流量表（见表 3-11）。

表 3-11　　　　　　累计现金净流量表　　　　　　单位：万元

年份	现金净流量	复利现值系数	贴现现金流量	累计现金净流量
1	5	0.909 1	4.55	4.55
2	11	0.826 4	9.09	13.64
3	19	0.751 3	14.27	27.91
4	25	0.683 0	17.08	44.99
5	30	0.620 9	18.63	63.62

从表 3-11 中可知，30 万元的投资可在第 3 年和第 4 年之间回收，运用插值法可得

$$动态投资回收期\ n=3+\frac{30-27.91}{44.99-27.91}=3.12（年）$$

要注意的是，项目如果存在建设期，无论静态投资回收期还是动态投资回收期，都要包括建设期在内。

投资回收期法可以直观地反映原始投资的返本期限，计算简单、易于理解，静态投资回收期的不足在于没有考虑货币时间价值。静态投资回收期和动态投资回收期共同的局限是都没有考虑投资回收期以后现金流量对投资的影响，这会导致投资者急功近利的行为，不利于长期战略决策。

（六）贴现指标之间的关系

动态指标考虑了货币时间价值，相比静态指标更为科学、客观，特别是净现值和内含收益率在实务中应用广泛。动态指标之间存在下列数量关系：

(1) 当净现值 $NPV>0$ 时，净现值率 $NPVR>0$，现值指数 $PI>1$，内含收益率 $IRR>$ 资本成本 i。

(2) 当净现值 $NPV=0$ 时，净现值率 $NPVR=0$，现值指数 $PI=1$，内含收益率 $IRR=$ 资本成本 i。

(3) 当净现值 $NPV<0$ 时，净现值率 $NPVR<0$，现值指数 $PI<1$，内含收益率 $IRR<$ 资本成本 i。

任务三　项目投资决策方法的应用

知识目标

1. 掌握独立投资方案的决策方法。
2. 掌握互斥投资方案的决策方法。
3. 理解组合投资方案的决策方法。

技能目标

1. 学会使用独立投资方案和互斥投资方案决策的常用指标。
2. 学会综合运用投资指标解决实务问题。

一、独立投资方案的决策方法

独立投资方案是指两个或两个以上项目相互分离但互不排斥，方案之间存在着相互依赖的关系，但不能相互取代。在独立方案的评价中，方案的决策也是独立的，只需评价其经济上是否可行。

只有完全具备或基本具备财务可行性的独立方案，才可以接受；完全不具备或基本不具备财务可行性的方案，只能选择放弃。

（一）完全具备财务可行性的条件

方案完全具备可行性是指所有评价指标均在可行性区间，需要同时满足以下条件：

(1) 净现值 $NPV \geqslant 0$。
(2) 净现值率 $NPVR \geqslant 0$。
(3) 现值指数 $PI \geqslant 1$。

(4)内含收益率 $IRR \geqslant i$(行业基准贴现率或企业最低收益率)。
(5)静态投资回收期 $PP \leqslant n/2$(经营期的一半)。

(二)完全不具备财务可行性的条件

投资方案完全不具备财务可行性即所有评价指标均在不可行性区间,需要同时满足以下条件:
(1)净现值 $NPV<0$。
(2)净现值率 $NPVR<0$。
(3)现值指数 $PI<1$。
(4)内含收益率 $IRR<i$(行业基准贴现率或企业最低收益率)。
(5)静态投资回收期 $PP>n/2$(经营期的一半)。

(三)基本具备财务可行性的条件

投资方案的主要指标处于可行性区间:净现值 $NPV \geqslant 0$,净现值率 $NPVR \geqslant 0$,现值指数 $PI \geqslant 1$,内含收益率 $IRR \geqslant i$;但是辅助指标处于不可行性区间:静态投资回收期 $PP>n/2$(经营期的一半)。满足以上条件,就可以判定方案基本上具备财务可行性。

(四)基本不具备财务可行性的条件

投资方案的主要指标处于不可行性区间:净现值 $NPV<0$,净现值率 $NPVR<0$,现值指数 $PI<1$,内含收益率 $IRR<i$,但是辅助指标处于可行性区间:静态投资回收期 $PP \leqslant n/2$(经营期的一半),满足以上条件,就可以判定方案基本上不具备财务可行性。

在对独立方案进行财务可行性评价过程中,要明确主要评价指标的主导作用,并且在利用动态指标对同一个投资项目进行评价和决策时,会得出完全相同的结论。

做中学 3-16

丰华股份有限公司购入生产用机器一台用以提高产品质量,机器价值 50 000 元,预计可使用 5 年,期满无残值。每年计划可生产销售产品 6 500 件,产品售价 7 元/件,单位变动成本 4 元/件,固定成本 4 500 元(不含折旧)。假定贴现率为 12%,投资收益率为 50%,不考虑企业所得税。

要求:试计算项目的净现值、净现值率、现值指数、内含收益率以及投资回收期和投资收益率指标并做出决策评价。

解析:
(1)现金净流量 $NCF_0 = -50\ 000$(元)
$$NCF_{1\sim5} = (7-4) \times 6\ 500 - 4\ 500 = 15\ 000\text{(元)}$$
净现值 $NPV = 15\ 000 \times (P/A, 12\%, 5) - 50\ 000$
$= 15\ 000 \times 3.604\ 8 - 50\ 000 = 4\ 072$(元)

(2)净现值率 $NPVR = \dfrac{4\ 072}{50\ 000} = 0.081\ 44$

(3)现值指数 $PVI = \dfrac{50\ 000 + 4\ 072}{50\ 000} = 1.081\ 44$

(4) 年金现值系数 $(P/A, IRR, 5) = \dfrac{50\ 000}{15\ 000} = 3.333\ 3$

查年金现值系数表可知：$(P/A, 15\%, 5) = 3.352\ 2$

$(P/A, 16\%, 5) = 3.274\ 3$

插值法计算得到：内含收益率 $IRR = 15.24\%$

(5) 静态投资回收期 $= \dfrac{50\ 000}{15\ 000} = 3.33$（年）

(6) 投资收益率 $= \dfrac{15\ 000}{50\ 000} \times 100\% = 30\%$

项目方案的净现值 $NPV = 4\ 072 > 0$，净现值率 $NPVR = 0.081\ 44 > 0$，现值指数 $PI = 1.081\ 44 > 1$，内含收益率 $IRR = 15.24\% > 12\%$，静态投资回收期 $PP = 3.33$ 年 > 2.5 年，投资收益率 $ROI = 30\% < 50\%$，方案的主要指标均处于可行区间，辅助指标在不可行区间，因此判定项目基本具备财务可行性。

二、互斥投资方案的决策方法

互斥投资方案是指多个相互关联、相互排斥而不能同时实施的投资方案。互斥投资方案的投资决策是在经济效益最大化的前提下，利用评价指标选出最优方案的过程。

互斥投资方案的投资决策常用方法包括净现值法、净现值率法、现值指数法、差额内含收益率法、年等额净回收额法等。

一般而言，对于项目的投资额相同且使用期相等的互斥方案，可选净现值法或内含收益率大的方案作为最优方案；对于项目的投资额不等而使用期相等的互斥方案，可选净现值法、现值指数法、差额净现值法以及差额内含收益率法来评价；对于项目的投资额与使用期都不相同的互斥方案，可采用年等额净回收额法。

（一）净现值法和现值指数法

通过比较净现值、现值指数的大小来决策的方案，当净现值≥0、现值指数≥1，方案具备财务可行性，而且指标越大越好。

该方法通常适用于项目的投资额相同且使用期也相等的互斥方案的决策。

做中学 3-17

荣华企业现有资金50万元可用于固定资产项目投资，目前有 A、B、C 三个互斥方案可供选择，三个方案投资额均为 50 万元，使用期为 6 年，假设贴现率为 10%。

要求：请做出投资决策。

解析：根据资料，计算净现值和现值指数，见表 3-12。

表 3-12　　　　　　　　投资决策指标计算表

决策指标	A	B	C
净现值 NPV	6.13 万元	10.25 万元	8.36 万元
现值指数 PI	1.8	2.3	2

A、B、C 三个备选方案的净现值均大于零，现值指数均大于 1，三个方案均具备财务可行性。

同时：$NPV_B > NPV_C > NPV_A$；$PI_B > PI_C > PI_A$

所以 B 方案为最优，C 方案为其次，A 方案为最次。

该项目的净现值和现值指数指标的结论一致。

（二）差额净现值法和差额内含收益率法

在互斥投资方案的决策中，当年限相同但投资额不同时，也可以采用差额净现值法和差额内含收益率法来进行决策。

在差额净现值法下，当差额净现值＞0 时，选择决策位于被减数位置的前者方案，否则选择后者，能给企业带来最大效益。在差额内部收益率法下，当差额内部收益率≥基准收益率或设定折现率时，选择决策原始投资额大的方案较优；反之，选择投资额小的方案。

做中学 3-18

茂新企业有甲、乙两个投资方案可供选择，甲方案的投资额为 100 000 元，每年现金净流量均为 30 000 元，使用期为 5 年；乙方案的投资额为 70 000 元，每年现金净流量分别为 10 000 元、15 000 元、20 000 元、25 000 元、30 000 元，使用期也为 5 年。贴现率为 10%。

要求：采用差额净现值法对甲、乙方案做出选择。

解析：采用差额净现值法可用甲方案项目减去乙方案对应项目。

原始投资额之差：

$\Delta NCF_0 = -100\,000 - (-70\,000) = -30\,000$（元）

各年现金净流量之差：$\Delta NCF_1 = 30\,000 - 10\,000 = 20\,000$（元）

$\Delta NCF_2 = 30\,000 - 15\,000 = 15\,000$（元）

$\Delta NCF_3 = 30\,000 - 20\,000 = 10\,000$（元）

$\Delta NCF_4 = 30\,000 - 25\,000 = 5\,000$（元）

$\Delta NCF_5 = 30\,000 - 30\,000 = 0$（元）

差额净现值为：

$$\Delta NPV(甲-乙) = 20\,000 \times (P/F, 10\%, 1) + 15\,000 \times (P/F, 10\%, 2) + 10\,000 \times (P/F, 10\%, 3) + 5\,000 \times (P/F, 10\%, 4) - 30\,000$$
$$= 20\,000 \times 0.909\,1 + 15\,000 \times 0.826\,4 + 10\,000 \times 0.751\,3 + 5\,000 \times 0.683\,0 - 30\,000 = 11\,506（元）$$

差额净现值＞0，所以应选择甲方案。

差额内含收益率法的计算过程同内含收益率的计算过程一样，只是所依据的是差量净现金流量，当差额内含收益率≥基准收益率或设定折现率时，选择决策原始投资额大的方案，反之选择投资少的方案。该方法还经常被用于更新改造项目的投资决策中。

做中学 3-19

假设有 A、B 两个项目,寿命期均为 10 年,A 项目原始投资额为 150 万元,年现金净流量均为 29.29 万元;B 项目的原始投资额为 100 万元,年现金净流量均为 20.18 万元。假设折现率为 10%。

要求:试用差额内含收益率法决策最优方案。

解析:差量净现金流量:$\Delta NCF_0 = -150 - (-100) = -50$(万元)

$$\Delta NPV_{1\sim 10} = 29.29 - 20.18 = 9.11(万元)$$

差额内含收益率:$(PA/A, \Delta IRR, 10) = \dfrac{50}{9.11} = 5.4885$

查年金现值系数表可知:
$(P/A, 12\%, 10) = 5.6502$
$(P/A, 14\%, 10) = 5.2161$
插值法计算得:$\Delta IRR = 12.74\%$

因为 $\Delta IRR > 10\%$,所以应当选择原始投资额大的 A 项目,这样能给企业带来更大效益。

做中学 3-20

东方公司打算变卖一套尚可使用 5 年的旧设备,另行购置一套新设备来替换它。取得新设备的投资额为 72 万元,旧设备的变价净收入为 32 万元(与固定资产净值相等),到第 5 年年末,新设备与继续使用旧设备预计净残值相等。使用新设备可使企业在 5 年内每年增加营业收入 28 万元,并增加付现成本 10 万元。采用直线法计提折旧。更新设备的建设期为零。假定企业所得税税率为 30%,东方公司所在行业的基准贴现率为 20%。

要求:就以上情况做出是否更新改造的决策。

解析:
首先,根据上述资料计算差量净现金流量:
更新设备比继续使用旧设备增加的投资额 $= 72 - 32 = 40$(万元)
经营期每年增加非付现成本折旧 $= 40 \div 5 = 8$(万元)
经营期每年总成本的增加额 $= 10 + 8 = 18$(万元)
经营期每年营业利润的变动额 $28 - 18 = 10$(万元)
经营期每年所得税的增加额 $= 10 \times 30\% = 3$(万元)
经营期每年净利润的变动额 $= 10 - 3 = 7$(万元)
更新改造项目的差量净现金流量:
$\triangle NCF_0 = -40$(万元)
$\triangle NCF_{1\sim 5} = 7 + 8 = 15$(万元)

然后，计算差额内含收益率：

$(P/A, \triangle IRR, 5) = 40 \div 15 \approx 2.6667$

最后，用插值法可得：

$\triangle IRR = 24\% + \dfrac{2.667 - 2.7454}{2.5320 - 2.7454} \times (28\% - 24\%) = 25.47\%$

因为差额内含收益率 $\triangle IRR$ 大于行业的基准贴现率 20%，所以应当更新设备。

(三) 年等额净回收额法

年等额净回收额法是指通过比较投资方案的年等额净回收额的大小来选择最优方案的方法。该方法适用于原始投资额不同，尤其是项目计算期也不同的多方案决策。在该方法下，年等额净回收额最大的方案为优。

$$年等额净回收额 = \dfrac{净现值}{年金现值系数}$$

做中学 3-21

明辉企业有两项投资方案，甲方案使用年限为 2 年，投资 20 万元，年现金净流量分别为 12 万元和 13.2 万元；乙方案使用年限为 3 年，投资 12 万元，各年现金净流量均为 5.6 万元。假设项目最低报酬率为 12%。

要求：请做出投资决策。

解析：$NPV_甲 = 120\,000 \times (P/F, 12\%, 1) + 132\,000 \times (P/F, 12\%, 2) - 200\,000$
$= 120\,000 \times 0.8929 + 132\,000 \times 0.7972 - 200\,000 = 12\,378.4(元)$

$NPV_乙 = 56\,000 \times (P/A, 12\%, 3) - 120\,000$
$= 56\,000 \times 2.4018 - 120\,000 = 14\,500.8(元)$

甲方案的年回收额 $= \dfrac{12\,378.4}{(P/A, 12\%, 2)} = \dfrac{12\,378.4}{1.6901} = 7\,324.06(元)$

乙方案的年回收额 $= \dfrac{14\,500.8}{(P/A, 12\%, 3)} = \dfrac{14\,500.8}{2.4018} = 6\,037.47(元)$

结论：甲方案的年回收额高于乙方案，选择甲方案最优。

三、组合投资方案的决策方法

如果一组方案既不相互独立，又不相互排斥，而是可以任意组合，则这些方案被称作组合方案。在组合方案的决策中需要反复衡量和比较不同组合条件下的有关评价指标的大小，做出最终决策。这类决策通常分为两种情况：

一是在资金总量不受限制的情况下，可以按照每一个项目的净现值的大小进行排序，确定优先考虑的项目顺序。

二是在资金总量受到限制的情况下，则需按照净现值率或现值指数的大小，结合净现值进行各种组合排序，从中选出能使净现值之和为最大的最优组合。

总之,在主要考虑投资效益的条件下,多方案组合排队决策的主要依据就是能否保证在充分利用资金的前提下,获得尽可能多的净现值总量。

做中学 3-22

A、B、C、D、E五个投资项目为非互斥方案,有关原始投资额、净现值、净现值率和内含收益率数据见表3-13。

表3-13　　　　　　　　　投资项目资料　　　　　　　　　单位:万元

项目	原始投资	净现值	净现值率	内含收益率
A	300	120	0.4	18%
B	200	40	0.2	21%
C	200	100	0.5	40%
D	100	22	0.22	19%
E	100	30	0.3	35%

要求:分别就以下不相关情况做出多方案的组合决策。

1.投资总额不受限制时。

2.投资总额受到限制时,分别为200万元、300万元、400万元、450万元、500万元、600万元、700万元、800万元和900万元。

解析:按照各方案的净现值率的大小排序,并计算累计原始投资和累计净现值数据,见表3-14。

表3-14　　　　　　　　　各方案净现值排序表　　　　　　　　　单位:万元

顺序	项目	原始投资	累计原始投资	净现值	累计净现值
1	C	200	200	100	100
2	A	300	500	120	220
3	E	100	600	30	250
4	D	100	700	22	272
5	B	200	900	40	312

根据上表结论,结合累计净现值最大为最优组合的策略做出如下决策:

(1)当投资总额不受限制或限额大于或等于900万元时,最优投资组合方案为A+C+B+E+D。

(2)当限定总额为200万元时,选择C项目,可获100万元净现值,比组合E+D的合计净现值52万元多。

(3)当限定总额为300万元时,最优投资组合方案为C+E。

(4)当限定总额为400万元时,最优投资组合方案为C+E+D。

(5)当限定总额为500万元、600万元和700万元时,最优投资组合方案分别为C+A、C+A+E、C+A+E+D。

(6)当限定总额为800万元时,最优投资组合方案为C+A+E+B。

(7)当限定总额为450万元时,最优投资组合方案仍为C+E+D。

【拓展阅读】 72 法则

72 法则是将投资翻倍所需的时间,在计算时,用 72 除以预计投资贴现率即可。假设最初投资金额为 100 万元,贴现率为 9％,利用"72 法则",将 72 除以 9,需约 8 年时间,投资金额可增长至 200 万元。

这个公式好用的地方在于它能以一推十。例如,利用 5％年报酬率的投资工具,经过 14.4(72÷5)年,本金就增长一倍;利用 12％年报酬率的投资工具,则要 6(72÷12)年左右才能让一块钱变成两块钱。因此,今天如果你手中有 100 万元,使用了年报酬率为 15％的投资工具,约经过 4.8 年,你的 100 万元就会变成 200 万元。再如,某企业平均年收益增长率为 20％,那么需要多少年企业才会实现年收益翻一倍的目标?答案是 3.6(72÷20)年;企业在 9 年中平均年收益翻了三番,那么 9 年内的年平均收益增长率为多少? 9 年财务收益翻了三番,说明企业平均 3 年翻一番,那么年平均收益增长率为 24％(72÷3＝24)。

虽然利用 72 法则不像查表计算那么精确,但也已经十分接近了。72 法则同样还可以用来计算贬值速度,例如通货膨胀率是 3％,那么 72÷3＝24,24 年后你现在的一元钱就只能买五角钱的东西了。

【案例分析】

导学案例中信和机械制造股份有限公司两条生产线的决策过程如下(见表 3-15):

表 3-15　　　　　　　　决策过程表

项目	从美国引进	从德国引进
固定资产残值	5 000×5％＝250(万元)	4 000×5％＝200(万元)
固定资产年折旧	$\frac{5\ 000-250}{10}=475(万元)$	$\frac{4\ 000-200}{10}=380(万元)$
建设期 NCF_0	－(5 000＋800)＝－5 800(万元)	－(4 000＋600)＝－4 600(万元)
经营期 $NCF_{1\sim 9}$	1 400＋475＝1 875(万元)	1 200＋380＝1 580(万元)
终结期 NCF_{10}	1 875＋250＝2 125(万元)	1 580＋200＝1 780(万元)

美国引进生产线:

$NPV＝1\ 875×(P/A,10％,10)＋250×(P/F,10％,10)－5\ 800$
$＝1\ 875×6.144\ 6＋250×0.385\ 5－5\ 800＝5\ 817.5(万元)$

德国引进生产线:

$NPV＝1\ 580×(P/A,10％,10)＋200×(P/F,10％,10)－4\ 600$
$＝1\ 580×6.144\ 6＋200×0.385\ 5－4\ 600＝5\ 185.568(万元)$

结论:两个方案的净现值均大于 0,净现值指标越大越好,所以选择美国引进的生产线能够获得更大经济效益。

职业能力训练

一、名词解释
1. 现金净流量　　　2. 投资回收期　　　3. 净现值　　　4. 现值指数
5. 内含收益率　　　6. 年等额净回收额

二、单项选择题
1. 某项目投资需要的固定资产投资额为 100 万元,无形资产投资 10 万元,垫支营运资金 5 万元,建设期资本化利息 2 万元,则该项目的原始总投资为(　　)万元。
　　A.117　　　　B.115　　　　C.110　　　　D.100

2. 在长期投资决策中,属于经营期现金流出项目的是(　　)。
　　A.固定资产投资　B.开办费　　C.经营成本　　D.无形资产投资

3. 某股份公司的一项投资项目投入 100 万元,使用寿命为 10 年,已知第 10 年的经营净现金流量为 25 万元,期满残值收入及流动资金垫支回收共 8 万元,则该投资项目第 10 年的现金净流量为(　　)万元。
　　A.8　　　　B.25　　　　C.33　　　　D.43

4. 下列不属于净现值缺点的是(　　)。
　　A.不能直接反映投资项目的实际收益率
　　B.当项目投资额不等时,仅用净现值不能确定独立方案的优劣
　　C.所采用的折现率不确定
　　D.没有考虑投资的风险性

5. 某投资项目的原始投资额的现值为 100 万元,净现值为 25 万元,则该项目的现值指数为(　　)。
　　A.0.25　　　B.0.75　　　C.1.05　　　D.1.25

6. 下列指标的计算中,没有直接利用净现金流量的是(　　)。
　　A.内含收益率　　　　　　B.投资回收期
　　C.净现值率　　　　　　　D.现值指数

7. 某投资项目贴现率为 10％时,净现值为 200 万元,贴现率为 12％时,净现值为 －320 万元,则该项目的内含收益率是(　　)。
　　A.10.38％　　B.12.52％　　C.10.77％　　D.12.26％

8. 在用动态指标对投资项目进行评价时,如果其他因素不变,只有贴现率提高,则下列指标计算结果不会改变的是(　　)。
　　A 净现值　　　　　　　　B.净现值率
　　C.内含收益率　　　　　　D.现值指数

9. 假定某项目预计的净现值率为 15％,则该项目的现值指数是(　　)。
　　A.6.67　　　B.1.15　　　C.1.5　　　D.1.125

10. 在长期投资决策中,不宜作为折现率进行投资项目评价的是(　　)。
　　A.活期存款利率　　　　　B.投资项目的资本成本
　　C.投资的机会成本　　　　D.行业平均资金收益率

11.内含收益率是一种能使投资方案的净现值(　　)的贴现率。
　　A.大于零　　　　　　　　　　B.等于零
　　C.小于零　　　　　　　　　　D.大于等于零
12.已知某投资项目按14％的折现率计算的净现值大于零,按16％的折现率计算的净现值小于零,则该项目的内含收益率肯定(　　)。
　　A.大于14％,小于16％　　　　B.小于14％
　　C.等于15％　　　　　　　　　D.大于16％
13.原始投资额不同,特别是项目计算期不同的多方案决策,最适合采用的评价方法是(　　)。
　　A.净现值指数法　　　　　　　B.内含收益率法
　　C.差额净现值法　　　　　　　D.年等额净回收额法
14.在单一方案决策过程中,与净现值评价结论可能不一致的评价指标是(　　)。
　　A.净现值率　　　　　　　　　B.现值指数
　　C.内含收益率　　　　　　　　D.回收期
15.对投资规模不同的两个独立投资项目进行评价,应优先选择(　　)。
　　A.净现值大的方案　　　　　　B.项目周期短的方案
　　C.内含收益率大的方案　　　　D.投资额小的方案

三、多项选择题

1.现金流出是指由投资项目所引起的企业现金支出的增加额,包括(　　)。
　　A.建设投资　　　　　　　　　B.付现成本
　　C.年折旧额　　　　　　　　　D.所得税
2.下列关于利润与现金流量说法正确的有(　　)。
　　A.在项目投资分析中,利润比现金流量更重要
　　B.在项目投资分析中,现金流量比利润更重要
　　C.利润的计算受人为因素影响较大
　　D.在投资有效期内,现金净流量总额与利润总额相等
3.建设投资主要包括(　　)。
　　A.固定资产投资　　　　　　　B.流动资产投资
　　C.无形资产投资　　　　　　　D.其他投资
4.项目投资决策分析使用的动态指标主要包括(　　)。
　　A.现值指数　　　　　　　　　B.投资回收期
　　C.净现值　　　　　　　　　　D.内含收益率
5.下列因素中影响内含收益率的有(　　)。
　　A.现金净流量　　　　　　　　B.贴现率
　　C.项目投资使用年限　　　　　D.投资总额
6.在考虑了所得税因素之后,经营期的现金净流量可按下列(　　)公式计算。
　　A.营业现金净流量＝营业收入－付现成本－所得税
　　B.营业现金净流量＝税后利润＋非付现成本

C.营业现金净流量＝税后收入－税后付现成本＋非付现成本×所得税税率

D.营业现金净流量＝营业收入－营业成本－所得税

7.当各项目的投资额不相同时,进行项目分析评价宜采用的方法有(　　)。

A.净现值法　　　　　　　　　B.年等额净回收额法

C.差额内含收益率法　　　　　D.现值指数法

8.下列表述中正确的说法有(　　)。

A.当净现值等于零时,项目的贴现率等于内含收益率

B.当净现值大于零时,现值指数大于1

C.当净现值大于零时,说明投资方案可行

D.当净现值大于零时,项目贴现率大于投资项目本身的收益率

9.当内含收益率大于企业的资本成本时,下列关系式中正确的有(　　)。

A.现值指数大于1　　　　　　B.现值指数小于1

C.净现值大于0　　　　　　　D.净现值率大于0

10.在评价单一方案的财务可行性时,如果不同评价指标之间的评价结论发生了矛盾,就应当以主要评价指标的结论为准,如下列项目中的(　　)。

A.净现值　　　　　　　　　　B.静态投资回收期

C.内含收益率　　　　　　　　D.现值指数

四、判断题

1.投资项目决策中,只要投资方案的投资净利润大于零,则该方案就是可行方案。
(　　)

2.一般情况下,使投资方案的净现值小于零的折现率,一定小于该投资方案的内含收益率。(　　)

3.项目投资决策的贴现率可以采用资本成本或最低投资报酬率。(　　)

4.在运用差额投资内含收益率法对固定资产更新改造投资项目进行决策时,如果差额投资内含收益率大于或等于基准折现率或设定的折现率,应当进行更新改造;反之,不应当进行更新改造。(　　)

5.对于独立方案,只有完全具备财务可行性的方案才可以接受。(　　)

6.营业期的年现金净流量就是年净利润。(　　)

7.投资回收期指标虽然没有考虑货币时间价值,但考虑了回收期满后的现金流量状况。(　　)

8.净现值法适合于原始投资额相等或不等的方案决策。(　　)

9.若一个风险投资项目的内含收益率大于风险收益率,则该方案可行。(　　)

10.投资项目评价所运用的内含收益率指标的计算结果与项目预定的贴现率高低有直接关系。(　　)

五、实务训练题

1.某工业项目需要原始投资130万元,其中固定资产投资100万元(全部为贷款,年利率为10%,贷款期限为6年),开办费投资10万元,垫支营运资金20万元。建设期为2年,建设期资本化利息为20万元。固定资产投资和开办费投资在建设期内均匀投入,

流动资金于第 2 年年末投入。该项目寿命期为 10 年,固定资产按直线法计提折旧,期满有 10 万元净残值;开办费自投产年份起分 5 年摊销完毕。预计投产后第一年获 10 万元利润,以后每年递增 5 万元;流动资金于终结点一次收回。

要求:
(1)计算项目的投资总额。
(2)计算项目计算期各年的净现金流量。
(3)计算项目的包括建设期的静态投资回收期。

2.某集团公司计划引进一条生产流水线提高产品质量,投资 100 万元,使用期限为 5 年,期满残值为 5 万元,每年可使企业增加营业收入 80 万元,同时也增加付现成本 35 万元,采用直线法计提折旧,企业要求最低报酬率为 10%,所得税税率为 25%。

要求:计算该项投资的净现值、净现值率和现值指数,并判断项目的可行性。

3.某上市公司计划投资建设一个项目,现有 A、B 两方案可供选择,相关资料见表 3-16。

表 3-16　　　　　　　　A、B 两方案相关资料

项目	A 方案	B 方案
固定资产投资(万元)	85	50
营运资金垫支(万元)	15	10
年产销量(件)	100	90
单价(万元/件)	1	1
付现成本(万元/件)	0.7	0.7

另外,两方案的经营期均为 5 年,无建设期,所得税税率为 25%,净残值率均为 15%,资本成本为 10%(注:除折旧外,其余均为付现成本;按直线法计提折旧;投资均在年初一次性投入,配套流动资金在终结期一次性等额收回)。

要求:
(1)计算 A、B 方案各年的现金净流量。
(2)计算 A、B 方案的净现值指标并评价方案的优劣。
(3)如果 B 方案的营业期缩短为 4 年,试评价 A、B 方案的优劣。

4.某集团计划购入一台新型设备,购价为 150 万元,使用年限为 5 年,无残值。预计该设备投产后每年的营业收入为 90 万元,年总成本为 60 万元。按直线法计提折旧,全部流动资金于终结点一次回收,所得税税率 25%,该企业要求的最低投资报酬率为 20%。

要求:计算投资方案的内含收益率并进行决策择优。

5.有一个机械加工投资项目,期初一次性投入全部的投资额,当年完工并投产,投产后每年的利润相等,按直线法计提折旧,无残值,项目期限为 8 年,已知投资回收期为 3.5 年。

要求:计算该项目的内含收益率。

项目四 证券投资管理

知识导图

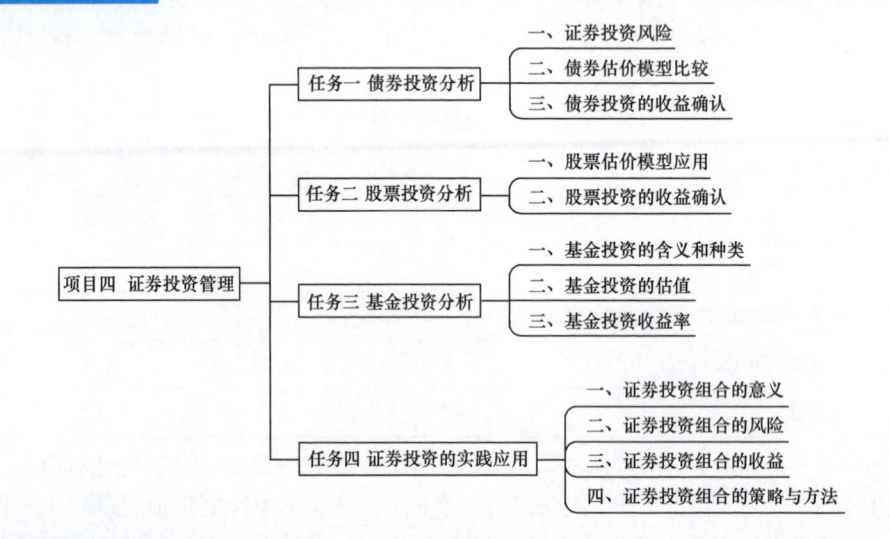

项目四 证券投资管理
- 任务一 债券投资分析
  - 一、证券投资风险
  - 二、债券估价模型比较
  - 三、债券投资的收益确认
- 任务二 股票投资分析
  - 一、股票估价模型应用
  - 二、股票投资的收益确认
- 任务三 基金投资分析
  - 一、基金投资的含义和种类
  - 二、基金投资的估值
  - 三、基金投资收益率
- 任务四 证券投资的实践应用
  - 一、证券投资组合的意义
  - 二、证券投资组合的风险
  - 三、证券投资组合的收益
  - 四、证券投资组合的策略与方法

思政目标

1. 客观认识投资风险，树立证券投资风险与收益对等原则。
2. 遵守国家法律法规，辨析非法集资和非法融资。
3. 会计职业道德养成之廉洁自律。

导学案例

罗牛山股份有限公司证券投资公告

一、证券投资情况概述

1. 投资目的：进一步提高公司及控股子公司自有资金使用效率，合理利用闲置资金。

2. 投资额度：公司董事会同意授权董事长和经营班子继续使用不超过人民币 15 000 万元（含本数，占公司 2012 年度经审计净资产的 8.88%）自有资金进行证券投资，投资取得的收益可进行再投资，再投资的金额不包含在本次授权投资额度 15 000 万元以内。在本额度范围内，用于证券投资的资本金可循环使用。

3.投资方式、种类：新股配售、申购、证券回购、股票、其他衍生品投资、可转换公司债券投资、委托理财进行证券投资以及深圳证券交易所认定的其他投资行为。

4.投资期限：自董事会审议通过之日起至本届董事会任期届满之日止。

二、证券投资的资金来源

本次证券投资事项使用的资金仅限于公司及控股子公司自有资金，不影响公司及控股子公司正常运营。

三、需履行审批程序的说明

本次证券投资经公司第七届董事会第七次临时会议审议通过，并授权公司董事长和经营班子执行证券投资事务。

四、证券投资对公司的影响

公司及控股子公司运用自有资金继续进行证券投资，有助于合理利用闲置资金，提高自有资金使用效率，且不影响公司主营业务发展。

五、投资风险及风险控制措施

公司已制定《证券投资内控制度》，对证券投资的原则、范围、权限、账户管理、资金管理、资金使用情况的监督、责任人等方面均做了详细规定，能有效防范风险。证券投资存在一定的市场风险和投资风险，公司将加强市场分析和调研，根据市场环境的变化，及时调整投资策略及规模，严控风险。

1.业务流程图(图 4-1)

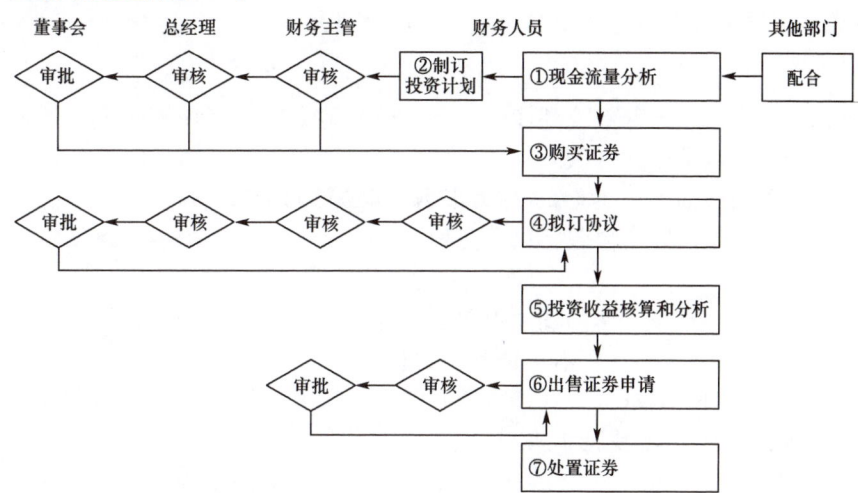

图 4-1　业务流程图

2.主要岗位职责(图 4-2)

职责内容	1.分析证券市场动态，对证券市场的走势提出前瞻性判断，编写证券市场研究报告。 2.提出并及时调整证券投资策略和组合方案。 3.在权限内或根据总经理指令，进行证券投资及处置的具体操作。 4.负责审核对外编报的交易报表和其他资料。 5.起草证券投资季度、年度经营分析报告。

图 4-2　主要岗位职责

任务一 债券投资分析

知识目标

1. 了解债券投资的风险种类。
2. 掌握债券投资的估价方法。

技能目标

1. 学会计算债券价值,并据以做出正确的投资决策。
2. 学会债券收益率的计算方法,并据以做出正确的投资决策。

一、证券投资风险

证券资产的市场波动比较频繁,证券投资的风险比较大。获取投资收益是证券投资的主要目的,证券投资风险是指投资者无法获得预期投资收益的可能性。按风险性质划分,证券投资的风险分为系统性风险和非系统性风险两大类。

(一)系统性风险

系统性风险是指由于外部经济环境因素变化引起整个资本市场不确定性加强,从而对所有证券都产生影响的共同性风险。系统性风险会影响资本市场上的所有证券,无法通过投资多元化的组合而加以避免,也称为市场风险或不可分散风险。

证券投资的系统性风险主要包括以下几种:

1. 价格风险

价格风险是指由于市场利率的变动引起证券资产价值变化的可能性。系统性风险波及所有证券资产,最终会反映在资本市场利率的提高上。证券的价格随市场利率的变动而变动,两者呈反向变化:当证券资产持有期间的市场利率上升,证券资产价格就会下跌,证券资产期限越长,投资者遭受的损失越大。

2. 再投资风险

再投资风险是指由于市场利率下降而造成的无法通过再投资而实现预期收益的可能性。根据流动性偏好理论,长期证券资产的报酬率应当高于短期证券资产。为了避免市场利率变动的利率风险,投资者可能会投资于短期证券,但短期证券又会面临着市场利率下降的再投资风险,即无法按预定收益率进行再投资而实现所要求的预期收益。

3. 购买力风险

购买力风险是指由于通货膨胀而使货币购买力下降的可能性。在通货膨胀时期,购买力风险对投资者有重要影响。一般而言,随着通货膨胀的发生,变动收益的证券比固定收益的证券更好。因此,普通股股票比公司债券和其他固定收益的证券能更好地避免购买力风险。

（二）非系统性风险

非系统性风险是指由于特定经营环境或特定事件变化引起的不确定性，对个别证券产生影响的特有性风险。非系统性风险源于每个企业自身特有的经营活动和财务活动，与某个具体的证券资产相关联，同整个证券资产市场无关。这种风险可以通过证券投资的多元化来抵消，也称为公司特有风险或可分散风险。非系统性风险主要包括以下几种：

1.违约风险

违约风险是指证券发行人无法按期兑付证券资产利息或偿还本金的可能性。有价证券资产本身就是一种契约性权利资产，经济合同的任何一方违约都会给另一方造成损失。这种风险是投资于收益固定型有价证券的投资者经常面临的，多发生于债券投资中。一般而言，政府发行的证券违约风险小，金融机构发行的证券次之，企业发行的证券风险较大。企业产品经销不善、现金周转不灵等原因都可能导致违约风险。

2.变现风险

变现风险是指在证券持有者无法在市场上以正常的价格平仓出货的可能性。如果一种资产能在较短期内按市价大量出售，则说明其变现能力较强，投资于这种证券所承担的变现风险较小。反之，则说明其变现能力较差，投资者可能因此而遭受损失。交易越频繁的证券资产变现能力越强。一般来说，政府债券和一些知名大公司发行的证券，其变现风险比较低。

3.破产风险

破产风险是在证券资产发行者破产清算时，投资者无法收回应得权益的风险的可能性。当证券发行者由于经营管理不善而持续亏损、现金周转不畅而无力清偿债务或其他原因导致难以持续经营时，可能会申请破产保护。破产保护会导致债务清偿的豁免，使得投资者无法取得应得的投资收益，甚至无法收回投资的本金。

二、债券估价模型比较

债券价值是指进行债券投资时投资者预期可获得的现金流入的现值，即可得到债券的内在价值。债券给投资者带来的现金流入主要包括债券利息收入和到期收回的本金（或出售时取得的现金）两部分。

债券价值是进行债券投资分析时使用的主要指标之一。一般来讲，只有当购买价格低于债券价值时，才值得投资。

（一）债券估价基本模型

债券估价基本模型是指有固定票面利率、每期支付利息、到期归还本金的模型。债券估价基本模型如下：

$$V = \sum_{t=1}^{n} \frac{I}{(1+R)^t} + \frac{M}{(1+R)^n}$$
$$= M \cdot i \cdot (P/A, R, n) + M \cdot (P/F, R, n)$$

式中　　V——债券价值；

i——票面利率；

I——债券每期利息；

M—— 债券面值；

R—— 贴现率（市场利率或投资者要求的最低投资报酬率）；

n—— 付息期数。

从债券估价基本模型可以看出，债券面值、债券期限、票面利率和市场利率是影响债券价值的基本因素。

> **做中学 4-1**
>
> 某债券面值为 1 000 元，每年年末付息一次，票面利率为 6%，期限为 20 年，到期偿还全部本金。已知当前市场利率为 8%。
>
> 要求：计算分析该债券价格为多少时才能进行投资。
>
> 解析：该债券价值 $V = 1\,000 \times 6\% \times (P/A, 8\%, 20) + 1\,000 \times (P/F, 8\%, 20)$
> $= 60 \times 2.577\,1 + 1\,000 \times 0.793\,8 = 948.43$（元）
>
> 所以，当债券的价格不超过 948.43 元时，才值得投资。

（二）一次还本付息单利债券估价模型

我国很多债券属于到期一次还本付息、单利计息的债券。其估价公式如下：

$$V = \frac{M + M \times i \times n}{(1+R)^n} = (M + M \cdot i \cdot n) \cdot (P/F, R, n)$$

> **做中学 4-2**
>
> 某公司拟购买另一家的企业债券，该债券面值为 1 000 元，期限为 3 年，票面利率为 5%，单利计息。当前市场利率为 6%。
>
> 要求：计算分析该债券发行价格为多少时才能购买。
>
> 解析：该债券价值 $V = (1\,000 + 1\,000 \times 5\% \times 3) \times (P/F, 6\%, 3)$
> $= 1\,150 \times 0.839\,6 = 965.54$（元）
>
> 所以，当该债券的价格不超过 965.54 元时，才值得购买。

（三）零息债券估价模型

零息债券估价模型是指到期按面值偿还、期内不计息债券的估价模型。该种债券价值的计算公式如下：

$$V = \frac{M}{(1+R)^n} = M \cdot (P/F, R, n)$$

> **做中学 4-3**
>
> 某企业债券面值为 1 000 元，期限为 3 年，以贴现方式发行，到期按面值偿还。当前市场利率为 6%。
>
> 要求：计算分析该债券发行价格为多少时才值得购买。
>
> 解析：该债券价值 $V = 1\,000 \times (P/F, 6\%, 3)$
> $= 1\,000 \times 0.839\,6 = 839.6$（元）
>
> 所以，该债券发行价格只有在不超过 839.6 元时，才值得进行投资。

三、债券投资的收益确认

债券投资的收益水平通常用内含收益率来衡量。债券的内含收益率是指按照当前市场价格购买债券并持有至到期日或转让日所产生的预期报酬率。它是考虑货币时间价值、按复利计算的投资收益率,是使债券投资未来现金流入的现值等于债券买入价格时的折现率。

市场利率反映了社会平均报酬率,投资者对证券资产投资收益率的预期总是在市场利率基础上进行的。只有当债券内含收益率大于等于市场利率或投资者要求的最低收益率时,该项投资在财务上才是可行的。

债券投资收益率的基本计算公式如下:

$$V=\frac{I_1}{(1+R)^1}+\frac{I_2}{(1+R)^2}+\cdots\cdots+\frac{I_n}{(1+R)^n}+\frac{M}{(1+R)^n}$$

将上式中折现率 R 求解出来,即为债券投资收益率。

做中学 4-4

某公司以 1 100 元的价格购入一张面值为 1 000 元的债券,债券期限为 5 年,票面利率为 8%,每年年末付息一次,到期还本。

要求:计算该债券的投资收益率。

解析:根据上述资料无法直接计算投资收益率,必须采用逐步测试法及内插法来进行计算。

先用逐步测试法进行测算:

假设 $R=6\%$,则债券的现值为

$$V=1\,000\times 8\%\times(P/A,6\%,5)+1\,000\times(P/F,6\%,5)$$
$$=80\times 4.212\,4+1\,000\times 0.747\,3$$
$$=1\,084.29(元)$$

假设 $R=5\%$,则债券的现值为

$$V=1\,000\times 8\%\times(P/A,5\%,5)+1\,000\times(P/F,5\%,5)$$
$$=80\times 4.329\,5+1\,000\times 0.783\,5$$
$$=1\,129.86(元)$$

上述计算表明,该债券的投资收益率介于 5% 和 6% 之间,此时利用内插法可以求得:

$$\frac{R-5\%}{6\%-5\%}=\frac{1\,100-1\,129.86}{1\,084.29-1\,129.86}$$

即 $R=5\%+\dfrac{1\,100-1\,129.86}{1\,084.29-1\,129.86}\times(6\%-5\%)$

$\approx 5.66\%$

由此可知,该债券的投资收益率约为 5.66%。

上述计算比较烦琐,通常也可以通过简便算法对债券投资收益率进行估算。其计算公式如下:

$$R=\frac{I+(M-P)/N}{(M+P)/2}$$

式中　P——债券市场价格;
　　　I——每期利息;
　　　M——债券面值;
　　　N——债券期限。

分母是平均资金占用额,分子是平均收益额。

将【做中学 4-4】按照简便公式测算债券投资收益率如下:

$$R=\frac{1\,000\times8\%+(1\,000-1\,100)/5}{(1\,000+1\,100)/2}\approx5.71\%$$

任务二　股票投资分析

知识目标

1. 理解各种股票估价模型。
2. 掌握股票估价模型的收益确认方法。

技能目标

1. 学会计算股票价值,并据以做出正确的投资决策。
2. 学会计算股票的收益率,并据以做出正确的投资决策。

一、股票估价模型应用

股票价值是指投资者预期能获得的未来现金流量的现值。投资者进行股票投资,支付的购买价格就是投资现金流出;投资持有期间每期的股利和出售时得到的价格收入构成了投资现金流入。股份公司的净利润是决定股票价值的基础。股票给持有者带来未来的收益一般是以股利形式出现的,因此可以通过股利计算确定股票价值。

(一)股票估价基本模型

从理论上说,如果股东中途不转让股票、股票投资没有到期日,那么投资于股票所得到的未来现金流量是各期的股利。股票估价基本模型如下:

$$V=\sum_{t=1}^{n}\frac{D_t}{(1+R_S)^t}+\frac{V_n}{(1+R_S)^n}$$

式中　D_t——第 t 期预期股利；

　　　n——预计持有股票的期数；

　　　V_n——预计未来出售时的股票价格。

做中学 4-5

公司准备购入 A 股票进行投资，预计投资后每年可以获得股利收入 100 元，3 年后出售可得到 2 000 元。经分析，公司认为只有获得 10% 的报酬率，才能够进行投资。

要求：计算 A 股票价值。

解析：A 股票价值 $V = 100 \times (P/A, 10\%, 3) + \dfrac{2\,000}{(1+10\%)^3} = 1\,751.29$（元）

优先股是特殊的股票，优先股股东每期在固定的时点上收到相等的股利，优先股没有到期日，未来的现金流量是一种永续年金，其价值计算公式如下：

$$V = \dfrac{D}{R_s}$$

式中　V——股票价值；

　　　D——每年的固定股利；

　　　R_s——贴现率（市场利率或投资者要求的最低投资报酬率）。

（二）股利固定增长模型

股利固定增长模型假设投资者长期持有股票，股利的支付是永久性的，且假设股利每年以固定的增长率逐年增长。则股票估价模型如下：

$$V = \dfrac{D_1}{R_s - g} = \dfrac{D_0 \times (1+g)}{R_s - g}$$

式中　D_0——本期股利；

　　　D_1——第 1 年预期股利；

　　　g——每年固定增长率。

做中学 4-6

某投资者拟投资购买 A 公司的股票，该股票今年每股发放股利 2 元，预计股利年增长率为 2%。投资者要求获得 7% 的投资报酬率。

要求：计算分析当该股票的价格为多少时，投资者才能购买。

解析：股票的价值 $V = \dfrac{2 \times (1+2\%)}{7\% - 2\%} = 40.80$（元）

由此可知，只有当 A 公司股票价格低于 40.80 元时，才值得投资。

（三）股利零增长模型

股利零增长模型假设投资者长期持有股票，股利的支付是永久性的，且预计未来每年股利稳定不变。在这种情况下，投资者未来所获得的现金流入是一个永续年金，则股票估价模型如下：

$$V=\frac{D}{R_S}$$

式中　V——股票价值；
　　　D——每年的固定股利；
　　　R_S——贴现率(市场利率或投资者要求的最低投资报酬率)。

> **做中学 4-7**
>
> A公司拟投资于某企业发行的优先股，并准备长期持有。该优先股各年每股股利为2元，A公司要求的最低投资报酬率为10%。
>
> 要求：计算该股票的价值。
>
> 解析：股票价值 $V=\dfrac{2}{10\%}=20(元)$

二、股票投资的收益确认

股票投资收益由股利收益、股利再投资收益、转让价差收益三部分构成，股票投资收益主要取决于股票发行公司的经营业绩、股票市场的价格变化以及公司的股利分配政策。

我们通常用股票的内含收益率来反映股票投资的收益水平，它是指使股票未来现金流量贴现值等于目前购买价格时的贴现率。只有当股票的内含收益率高于投资者所要求的最低投资报酬率时，投资者才愿意购买该股票。

> **做中学 4-8**
>
> A公司于2017年6月1日投资600万元，购买某种股票100万股。A公司在2018年、2019年和2020年的5月31日分别获得每股现金股利0.6元、0.8元和0.9元，并于2020年6月1日以每股8元的价格将股票全部出售。
>
> 要求：计算该股票投资的收益率。
>
> 解析：先用逐步测试法进行测算：
>
> 假设收益率为20%，则股票的现值为
>
> $$V=\frac{0.6\times100}{(1+20\%)}+\frac{0.8\times100}{(1+20\%)^2}+\frac{0.9\times100}{(1+20\%)^3}+\frac{8\times100}{(1+20\%)^3}=620.59(万元)$$
>
> 假设收益率为24%，则股票的现值为
>
> $$V=\frac{0.6\times100}{(1+24\%)}+\frac{0.8\times100}{(1+24\%)^2}+\frac{0.9\times100}{(1+24\%)^3}+\frac{8\times100}{(1+24\%)^3}=567.23(万元)$$
>
> 计算表明，该股票的投资收益率介于20%至24%之间，此时利用内插法可以求得
>
> $$K=20\%+\frac{620.59-600}{620.59-567.23}\times(24\%-20\%)\approx21.54\%$$
>
> 所以，该股票的投资收益率约为21.54%。

项目四　证券投资管理

任务三　基金投资分析

知识目标
1. 了解基金投资的含义和种类。
2. 理解基金投资的财务评价方法。

技能目标
1. 能够计算基金投资的单位净值。
2. 能够计算基金投资的收益率。

一、基金投资的含义和种类

(一)基金投资的含义

证券投资基金是指一种利益共享、风险共担的集合投资方式,即通过发行基金单位,集中投资者的资金,由基金托管人托管,由基金管理人管理和运用资金来从事股票、债券等金融工具的投资。

(二)基金投资的种类

证券投资基金的种类繁多,可按不同的方式进行分类。

1. 根据组织形态的不同,可分为契约型基金和公司型基金

契约型基金(单位信托基金)是指把受益人(投资者)、管理人、托管人三者作为基金的当事人,由管理人与托管人通过签订信托契约的形式发行受益凭证而设立的一种基金。

公司型基金是按照《中华人民共和国公司法》以公司形态组成的一种基金。它以发行股份的方式募集资金,一般投资者购买公司的股份即为认购基金,投资者成为该公司的股东,凭其持有的基金份额以股息或红利形式取得投资收益。

2. 根据变现方式的不同,可分为封闭式基金和开放式基金

封闭式基金是指基金的发起人在设立基金时,限定了基金单位的发行总额,筹集到这个总额后,基金即宣告成立并进行封闭,在一定时期不再接受新的投资。基金单位的流通采取在交易所上市的办法,通过二级市场进行竞价交易。

开放式基金是指基金发起人在设立基金时,基金单位的总数是不固定的,可视经营策略和发展需要追加发行。投资者也可根据市场状况和各自的投资决策,或者要求发行机构按现期净资产值扣除手续费后赎回股份或受益凭证,或者再买入股份或受益凭证,增加基金单位份额的持有比例。

3.根据投资目标不同,可分为成长型基金、收入型基金和平衡型基金

成长型基金追求的是基金资产的长期增值。为达到这一目标,基金管理人通常将基金资产投资于信誉度较高、有长期成长前景的公司股票。

收入型基金主要投资于可带来现金收入的有价证券,以获取当期最大收入为目的。一般可分为固定收入型基金和权益收入型基金。

平衡型基金的投资目标是既要获得当期收入,又要追求长期增值,通常把资金分散投资于股票和债券,以保证资金的安全性和收益性。

4.根据投资标的不同,可分为股票基金、债券基金、货币基金、期货基金、期权基金、认股权证基金、专门基金

二、基金投资的估值

基金投资的估价涉及基金的价值、基金单位净值和基金的报价。

(一)基金的价值

基金的价值取决于基金净资产的现在价值。由于投资基金不断变换投资组合,未来收益较难预测,所以基金的价值主要由基金资产的现有市场价值决定。

(二)基金单位净值

基金单位净值也称为单位净资产值或单位资产净值,是在某一时点每一基金单位(或基金股份)所具有的市场价值,是评价基金价值的最直观指标。其计算公式如下:

$$基金单位净值 = \frac{基金净资产价值总额}{基金单位总份额}$$

基金净资产价值总额＝基金资产市场价值总值－基金负债总额

(三)基金的报价

基金的报价理论上是由基金的价值决定的。基金单位净值高,基金的交易价格也高。具体而言,封闭式基金在二级市场上竞价交易,其交易价格由供求关系和基金业绩决定,围绕基金单位净值上下波动;开放式基金的柜台交易价格则完全以基金单位净值为基础,通常采用两种报价形式:认购价(卖出价)和赎回价(买入价)。

基金认购价＝基金单位净值＋首次认购费

基金赎回价＝基金单位净值－基金赎回费

> **做中学 4-9**
>
> 某基金公司目前基金资产账面价值为 30 000 万元,负债账面价值为 5 000 万元,基金资产目前的市场价值为 35 000 万元,基金单位数为 10 000 万股,假如公司收取首次认购费,认购费率为基金资产净值的 5%,不再收取赎回费。
>
> 要求:计算该基金公司下列指标:(1)基金净资产价值总额;(2)基金单位净值;(3)基金认购价;(4)基金赎回价。

解析：
(1)基金净资产价值总额＝基金资产市场价值总值－基金负债总额
　　　　　　　　　＝35 000－5 000＝30 000(万元)
(2)基金单位净值＝30 000/10 000＝3(元)
(3)基金认购价＝基金单位净值＋首次认购费＝3＋3×5％＝3.15(元)
(4)基金赎回价＝基金单位净值－基金赎回费＝3(元)

三、基金投资收益率

基金投资收益率用以反映基金增值的情况，它通过基金净资产的价值变化来衡量。其计算公式如下：

$$基金投资收益率＝\frac{基金单位净值年末数×年末持有份数－基金单位净值年初数×年初持有份数}{基金单位净值年初数×年初持有份数}$$

在上式中，持有份数是指持有基金单位的份数，年初的基金单位净值相当于购买基金的投资本金。因此，上式计算的就是一种简便的基金投资收益率。

做中学 4-10

2020年1月3日，某投资者购买天元基金2万单位，基金单位净值为1.85元。到2020年12月31日，该基金投资者持有份数不变，此时基金单位净值为3.05元。

要求：计算该投资者的基金投资收益率。

解析：基金投资收益率＝(20 000×3.05－20 000×1.85)/(20 000×1.85)＝64.86％

任务四　证券投资的实践应用

知识目标

1.理解证券投资组合的意义。
2.掌握证券投资组合的风险。

技能目标

1.学会证券投资组合风险计量的方法。
2.能计算证券投资组合的风险收益率和必要收益率。

一、证券投资组合的意义

证券投资组合又叫证券组合,是指在进行证券投资时,不是将所有资金投向单一的某种证券,而是按照一定原则适当选择、搭配,同时投资于多种证券的投资策略。

证券投资的盈利性吸引了众多投资者,但证券投资的风险性又使许多投资者望而却步。如何才能有效地解决这一难题呢?科学地进行证券投资组合就是一个比较好的方法。由于证券投资存在较高的风险,而各种证券的风险大小并不相同,因此企业在进行证券投资时应同时投资于多种证券,形成多角化投资组合,分散和降低投资风险,以实现在保证预定收益的前提下使投资风险最小,或在控制风险前提下使投资收益最大化的目标。

二、证券投资组合的风险

证券投资的风险按性质分为系统性风险和非系统性风险两大类。在进行证券投资组合时同样面临上述两种风险。

(一)系统性风险

系统性是由那些影响整个市场的风险因素所引起的、影响所有证券的风险,不能通过证券投资组合分散或消除,因此又称为不可分散风险。

系统性风险的程度通常用 β 系数来计量。作为整体的证券市场的 β 系数为 1。如果某种股票的风险情况与整个证券市场的风险情况一致,则这种股票的 β 系数等于 1;如果某种股票的 β 系数大于 1,说明其风险大于整个市场的风险;如果某种股票的 β 系数小于 1,说明其风险小于整个市场的风险。

单个证券的 β 系数可以由有关的投资服务机构提供。证券投资组合的 β 系数是单个证券 β 系数的加权平均数,权数为各种证券在投资组合中所占的比重。其计算公式如下:

$$\beta_P = \sum_{i=1}^{n} W_i \beta_i$$

式中 β_P ——证券投资组合的 β 系数;

W_i ——证券投资组合中第 i 种股票所占的比重;

β_i ——第 i 种股票的 β 系数;

n ——证券组合中股票的数量。

> **做中学 4-11**
>
> 公司投资于 A、B、C 三种股票构成的证券组合,三种股票的 β 系数分别为 0.5,1.0 和 2.0,它们在证券组合中所占的比重分别为 20%、30% 和 50%。
>
> 要求:计算该证券投资组合的 β 系数。
>
> 解析:该证券投资组合的 β 系数为
> $$\beta_P = 0.5 \times 20\% + 1.0 \times 30\% + 2 \times 50\% = 1.4$$

(二)非系统性风险

非系统性风险源于每个企业自身特有的经营活动和财务活动,因此可以通过证券投资的多样化，即证券投资组合来抵消。证券投资组合的非系统性风险能被分散掉的程度，取决于投资组合中不同资产预期报酬之间的相关程度，可以用相关系数 r 来计量。当两个股票收益的相关系数 $r=+1$ 时，表明它们之间完全正相关，两者收益的变动趋势完全一致；当两个股票收益的相关系数 $r=-1$ 时，表明它们之间完全负相关，两者收益的变动趋势正好相反。

大部分股票相关系数 r 在 $+0.5\sim+0.7$ 之间，即部分正相关。在这种情况下，把两种股票组合成证券组合能够减少证券投资的风险，但不能全部消除风险。不过，当股票种类足够多时，几乎能把所有的非系统性风险分散掉。

做中学 4-12

假设 A 股票和 B 股票构成一个证券组合，每种股票在证券组合中各占 50%，它们的收益率和风险情况见表 4-1：

表 4-1　　　　完全负相关的两种股票构成的证券组合的收益情况

时间 t	A 股票收益率 $K_A(\%)$	B 股票收益率 $K_B(\%)$	A 和 B 组合的收益率 $K_p(\%)$
2016 年	40	−10	15
2017 年	−10	40	15
2018 年	35	−5	15
2019 年	−5	35	15
2020 年	15	15	15
平均收益率	15	15	15
标准离差 δ	22.6	22.6	0

根据表 4-1 的资料，如果投资者单独持有 A 股票或 B 股票，风险都很高；但由于 A 股票与 B 股票完全负相关，如果同时投资于两个股票，形成证券投资组合，其风险就被完全抵消了。

三、证券投资组合的收益

（一）证券投资组合的风险收益（率）

证券投资组合的风险收益是投资者因承担不可分散风险而要求的，超过货币时间价值的那部分的额外收益。可用下列公式计算：

$$R_P=\beta_P\times(K_m-R_F)$$

式中　R_P——证券投资组合的风险收益率；
　　　β_P——证券投资组合的 β 系数；
　　　K_m——所有证券的平均收益率，即市场收益率；
　　　R_F——无风险收益率。

做中学 4-13

在【做中学 4-11】中,假设股票市场平均收益率为 15％,无风险收益率为 10％,公司拟投资 100 万元。

要求:确定该证券投资组合的风险收益率。

解析:根据【做中学 4-11】的计算结果,该证券投资组合的 β 系数为 1.4,则风险收益率为

$$R_P = 1.4 \times (15\% - 10\%) = 7\%$$

在其他因素不变的情况下,风险收益(率)的大小主要取决于证券投资组合的 β 系数,β 系数越大,则风险越大,要求获得的风险收益(率)就越高,反之亦然。另外,调整各种证券在证券组合中的比重,可改变证券组合的风险程度和风险收益(率)。

(二)证券组合的必要收益(率)

投资者在进行证券投资决策时,必须全面考虑风险与收益的关系。西方理论界有许多模型论述风险和收益的关系,资本资产定价模型(Capital Asset Pricing Model,简写为 CAPM)是其中最为重要的一个模型。

对于每项资产,投资者都会因承担风险而要求额外的补偿,其要求的最低投资收益率应该包括无风险收益率和风险收益率两部分,即

$$必要收益率 = 无风险收益率 + 风险收益率$$

资本资产定价模型用下面这个简易的表达式,来反映风险与收益之间的关系:

$$K_i = R_F + \beta_i \times (K_m - R_F)$$

式中 K_i——第 i 种证券或证券投资组合的必要收益率;
  R_F——无风险收益率;
  β_i——第 i 种证券或证券投资组合的 β 系数;
  K_m——所有证券的平均收益率。

做中学 4-14

A 公司股票的 β 系数为 2.0,无风险收益率为 10％,市场资产组合的平均收益率为 14％。

要求:根据资本资产定价模型计算该股票的必要收益率。

解析:该股票的必要收益率 $K_i = 10\% + 2.0 \times (14\% - 10\%) = 18\%$

因此,只有当该股票的收益率达到或超过 18％时,投资者才愿意进行投资;否则,投资者将不会购买该公司股票。

同理,可以计算出【做中学 4-13】中证券投资组合的必要收益率应为

$$K_i = 10\% + 1.4 \times (15\% - 10\%) = 17\%$$

四、证券投资组合的策略与方法

(一)证券投资组合的策略

证券投资组合的策略与投资者对风险的态度有关。我们把投资者分为三类:风险厌

恶型、风险中立型和风险爱好型。风险厌恶型投资者厌恶风险,不愿意冒风险,即使风险投资的期望收益率高于无风险的投资收益率,他也宁愿投资无风险项目。风险中立型投资者对风险的态度中庸,只要风险投资的期望收益率大于或等于无风险的投资收益率,他将愿意进行风险投资。风险爱好者愿意承担风险,即使风险投资的期望收益率低于无风险的投资收益率,他也会投资于风险项目以获取可能的高收益。大多数的投资者为风险厌恶型。不同类型的投资者往往采取不同的组合策略。

1. 保守型策略

保守型策略认为,最佳证券投资组合要尽量模拟市场现状,将尽可能多的证券包括进来,这样就可以分散掉所有的非系统性风险,获得相当于市场平均水平的收益率。这种策略常常为风险厌恶型的投资者所采用。这种组合操作简单,不需要专业的证券投资知识,但这种组合获得的收益不会高于证券市场的平均收益。因此,这种策略属于收益不高、风险不大的策略。

2. 冒险型策略

采取冒险型策略的投资者往往会选择高风险、高收益的成长型证券进行组合,且组合的随意性较强,变动频繁,更注重眼前的收益,一般不愿意做长期的投资。这种策略为风险爱好型的投资者所采用。

3. 适中型策略

适中型策略认为,证券的价格,特别是股票的价格,主要是由企业的经营业绩来决定的,证券价格的变动,虽然短期内可能暂时背离其内在价值,但从长期看,证券价格终究会体现其内在价值的。适中型策略常为风险中立型投资者所采用,他们一般善于对证券进行分析,如行业分析、企业业绩分析、财务分析等,善于寻找被市场低估的证券,将其进行投资组合。若这种策略运用恰当,则既可以获得较好的投资收益,又不会冒太大的风险,所以这是一种常见的投资组合策略,常为金融机构、投资基金和企事业单位所采用。

(二)证券投资组合的方法

进行证券投资组合的方法有很多,但常见的方法通常有以下几种:

1. 选择足够数量的证券进行组合

这是一种最简单的证券投资组合方法。在采用这种方法时,不是进行有目的的组合,而是随机选择证券,随着证券数量的增加,风险会逐步减小,当数量足够多时,大部分风险就有可能被分散掉。

2. 证券投资的"三分法"(把风险大、风险中等、风险小的证券放在一起进行组合投资)

这种组合方法是指把全部资金的 1/3 投资于风险大的证券,1/3 投资于风险中等的证券,1/3 投资于风险小的证券。一般而言,风险大的证券对经济形势的变化比较敏感,当经济处于繁荣时期,风险大的证券获得高额收益,但当经济衰退时,风险大的证券就会遭受巨额损失;相反,风险小的证券对经济形势的变化则不十分敏感,一般都能获得稳定收益,而不致遭受损失。因此,"三分法"是一种进可攻、退可守的组合法,虽不会获得太高的收益,但也不会承担巨大损失,是一种常见的组合方法。

3. 不同时间、不同地点、不同企业的分散投资组合法

这种组合包括:①企业种类分散,以预防行业性不景气;②企业单位分散,不把全部资

金集中购买某一个企业的证券;③投资时间分散,间隔时间穿插选择投资;④投资区域分散。

4.长线、中线、短线投资的比例组合法

长线投资是指选择目前财务状况良好又有发展前景的公司股票买进,并持有较长一段时间以享受优厚的股本权益。中线投资是指把几个月内暂时不用的资金用来买进估计几个月内可能获得良好收益的股票。短线投资是指选择股价波动较大、几天内就可以有大涨大落的股票进行投资。一个投资者可把自己的资金分成较长期内不用、几个月内不用和随时可能动用三个部分,以分别用于长线、中线和短线投资。

【拓展阅读】 **衍生金融资产**

衍生金融资产也叫金融衍生工具(Financial Derivative),又称"金融衍生产品",是与基础金融产品相对应的一个概念,指建立在基础产品或基础变量之上,其价格随基础金融产品的价格(或数值)变动的派生金融产品。这里所说的基础金融产品是一个相对的概念,不仅包括现货金融产品(如债券、股票、银行定期存款单等),也包括金融衍生工具。金融衍生工具基础的变量包括利率、汇率、各类价格指数、通货膨胀率、天气(温度)指数等。

金融衍生工具(Derivative Security)是在货币、债券、股票等传统金融工具的基础上衍化和派生的、以杠杆和信用交易为特征的金融工具。常见的工具有期货合约、期权合约、远期合同和互换合同。

(1)期货合约。期货合约是指由期货交易所统一制定的、规定在将来某一特定时间和地点交割一定数量和质量实物商品或金融商品的标准化合约。

(2)期权合约。期权合约是指合同的买方支付一定金额的款项后即可获得的一种选择权合同。证券市场上推出的认股权证,属于看涨期权,认沽权证则属于看跌期权。

(3)远期合同。远期合同是指合同双方约定在未来某一日期以约定价值,由买方向卖方购买某一数量的标的项目的合同。

(4)互换合同。互换合同是指合同双方在未来某一期间内交换一系列现金流量的合同。按合同标的项目不同,互换可以分为利率互换、货币互换、商品互换、权益互换等。其中,利率互换和货币互换比较常见。

金融衍生工具根据基础工具的种类、风险—收益特性以及自身交易方法的不同而有不同的分类。

(1)根据产品形态分类,金融衍生工具可分为独立衍生工具和嵌入式衍生工具。

(2)按照交易场所分类,金融衍生工具可分为交易所交易的衍生工具和OTC交易的衍生工具。

(3)按照基础工具种类分类,金融衍生工具可分为股权类产品的衍生工具、货币衍生工具、利率衍生工具、信用衍生工具以及其他衍生工具。

(4)按照金融衍生工具自身交易的方法及特点分类可分为金融远期合约、金融期货、金融期权、金融互换和结构化金融衍生工具。

在现实中通常使用两种方法对金融衍生工具进行分类。

(1)按照产品类型,可以将金融衍生工具分为远期、期货、期权和掉期四大类型。

(2)按照金融衍生工具的原生资产性质,可以将金融衍生工具分为股票类、利率类、汇率类和商品类四大类型。

职业能力训练

一、名词解释

1.价格风险　　2.再投资风险　　3.购买力风险　　4.违约风险
5.变现风险　　6.破产风险　　　7.系统性风险　　8.非系统性风险

二、单项选择题

1.某股票为固定成长股,其增长率为3%,预计第一年后每股股利为4元。假设投资者要求的必要收益率为19%,那么该股票的价值为(　　)元。

A.25
B.23
C.20
D.5

2.如果溢价购买债券,则债券的票面收益率与市场利率之间的关系为(　　)。

A.票面利率高于市场利率
B.票面利率低于市场利率
C.票面利率等于市场利率
D.票面利率可能高于市场利率,也可能低于市场利率

3.下面哪些因素不会影响债券的内在价值(　　)。

A.票面价值与票面利率
B.市场利率
C.到期日与付息方式
D.购买价格

4.如果证券投资组合包括全部股票,则投资者(　　)。

A.不承担任何风险
B.只承担市场风险
C.只承担公司特有风险
D.既承担市场风险,又承担公司特有风险

5.下列因素引起的风险中,投资者可以通过证券投资组合予以分散的是(　　)。

A.国家货币政策变化
B.发生经济危机
C.通货膨胀
D.企业经营管理不善

6.尽量模拟市场状况,将尽可能多的证券包括进来,以便分散掉全部可分散风险。这种投资策略称为(　　)。

A.冒险型策略
B.适中型策略
C.保守型策略
D."三分法"

7.下列关于 β 系数,说法不正确的是(　　)。

A.β 系数可用来衡量可分散风险的大小
B.某种股票的 β 系数越大,风险收益率越高,预期报酬率也越大
C.β 系数反映个别股票的市场风险,β 系数为0,说明该股票的市场风险为零
D.某种股票 β 系数为1,说明该股票的风险与整个市场风险一致

8.某公司股票的β系数为1.5,无风险利率为4%,市场上所有股票的平均收益率为8%,则该公司股票的收益率为（　　）。

A.4%　　　　　　B.12%　　　　　　C.8%　　　　　　D.10%

三、多项选择题

1.按证券的发行主体分类,证券可分为（　　）。

A.政府证券　　　　　　　　　B.金融证券

C.公司证券　　　　　　　　　D.债权证券

2.股票投资具有以下特点（　　）。

A.拥有经营控制权　　　　　　B.投资收益高

C.购买力风险低　　　　　　　D.求偿权居后

3.债券投资的优点有（　　）。

A.市场流动性好　　　　　　　B.收入稳定性强

C.本金安全性高　　　　　　　D.购买力风险低

4.证券投资的收益包括（　　）。

A.资本利得　　　　　　　　　B.股利

C.出售售价　　　　　　　　　D.债券利息

5.影响证券投资收益率的因素有（　　）。

A.风险收益率　　　　　　　　B.无风险收益率

C.平均收益率　　　　　　　　D.组合结构

四、判断题

1.由于优先股的股利通常高于债券利息,所以优先股的信用等级一般高于同一企业债券的信用等级。　　　　　　　　　　　　　　　　　　　　　　　　　　（　　）

2.任何投资都要求对承担的风险进行补偿,证券投资组合要求补偿的风险包括不可分散风险和可分散风险。　　　　　　　　　　　　　　　　　　　　　　（　　）

3.在通货膨胀不断加剧的情况下,变动收益证券比固定收益证券能更好地避免购买力风险。　　　　　　　　　　　　　　　　　　　　　　　　　　　　　（　　）

4.某项投资,其到期日越长,投资者受不确定性因素的影响就越大,其承担的流动性风险就越大。　　　　　　　　　　　　　　　　　　　　　　　　　　　（　　）

5.行业竞争程度的大小对该行业证券风险的影响是很大的。一个行业的竞争程度越大,则企业的产品价格和利润受供求关系的影响越大,企业破产倒闭的可能性越大,投资该行业的证券风险就越大。　　　　　　　　　　　　　　　　　　　　　（　　）

五、实务训练题

1.某公司在2021年1月1日以950元价格购买一张面值为1000元的新发行债券,其票面利率为8%,5年后到期,每年12月31日付息一次,到期归还本金。

要求：

(1)2021年1月1日该债券持有至到期的投资收益率是多少？

(2)假定投资者要求的必要收益率是10%,那么此时债券的价值是多少,是否具有投资价值？

2.甲公司计划利用一笔长期资金投资购买股票。现有 M 公司股票与 N 公司股票可供选择,甲公司只准备投资一家公司股票,已知 M 公司股票现行市价为每股 9 元,上年每股股利为 0.15 元,预计以后每年以 6% 的增长率增长。N 公司股票现行市价为每股 7 元,上年每股股利为 0.60 元,股利分配政策将一贯坚持固定股利政策。甲公司所要求的投资必要收益率为 8%。

要求:

(1)利用股票估价模型,分别计算 M、N 公司的股票价值。

(2)代甲公司做出股票投资决策。

3.A 公司于 2020 年 1 月 5 日以每张 1 020 元的价格购买 B 公司发行的按年付息到期还本的公司债券。该债券的面值为 1 000 元,期限为 3 年,票面利率为 10%,不计复利。购买时市场年利率为 8%,不考虑所得税。

要求:

(1)利用债券估价模型评价 A 公司购买此债券是否合算。

(2)若 A 公司于 2021 年 1 月 5 日将该债券以 1 130 元的市价出售,计算投资收益率。

4.某投资者准备从证券市场购买由 A、B、C、D 四种股票组成的投资组合。已知 A、B、C、D 四种股票的 β 系数分别为 0.7,1.2,1.6,2.1。现行国库券的收益率为 8%,市场平均股票的必要收益率为 15%。

要求:

(1)采用资本资产定价模型分别计算这四种股票的预期收益率。

(2)若该投资者按 5∶2∶3 的比例分别购买了 A、B、C 三种股票,计算该投资组合的 β 系数和预期收益率。

(3)若该投资者按 3∶2∶5 的比例分别购买了 B、C、D 三种股票,计算该投资组合的 β 系数和预期收益率。

(4)根据上述(2)和(3)的计算结果,若该投资者想降低风险,则他应选择哪一种投资组合?

项目五 营运资金管理

知识导图

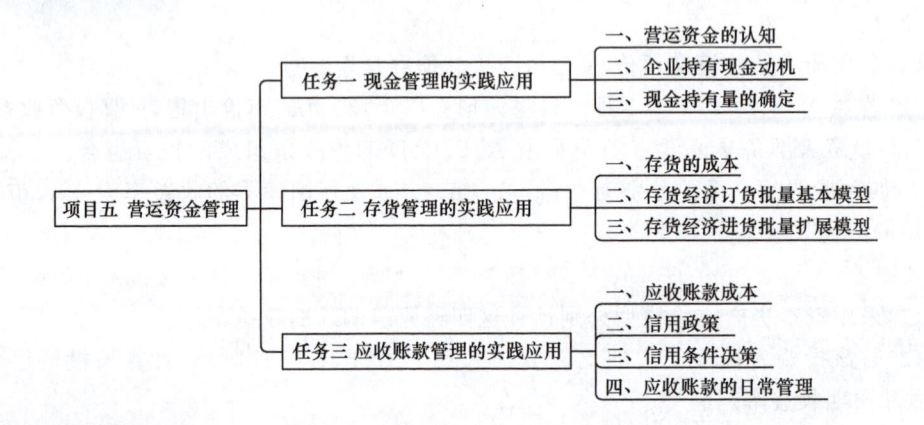

```
                                              ┌─ 一、营运资金的认知
                   ┌─ 任务一 现金管理的实践应用 ─┼─ 二、企业持有现金动机
                   │                          └─ 三、现金持有量的确定
                   │
                   │                          ┌─ 一、存货的成本
项目五 营运资金管理 ─┼─ 任务二 存货管理的实践应用 ─┼─ 二、存货经济订货批量基本模型
                   │                          └─ 三、存货经济进货批量扩展模型
                   │
                   │                              ┌─ 一、应收账款成本
                   │                              ├─ 二、信用政策
                   └─ 任务三 应收账款管理的实践应用 ┼─ 三、信用条件决策
                                                  └─ 四、应收账款的日常管理
```

思政目标

1. 注重人文素质养成，培养人际沟通能力和社会交往能力。
2. 培养财务人员的职业意识和职业素养。
3. 会计职业道德养成之强化服务。

导学案例

华盟公司是一家从事食品生产加工的民营企业。在最近的公司例会上，各部门常常存在一些抱怨。

采购部门：财务部门特别抠门，每次采购资金都不能足额、及时提供，导致不能进行大批量采购，供应商给的商业折扣很难享受到，而且每次还得和供应商商谈能不能赊购。而其他企业每次采购的数量不仅多，还能付现款，供应商给他们的条件非常优惠。

仓储部门：仓库里有几种产品已经库存近半年了，每个月管理费用都很高。

销售部门：生产部门总是让人担心，每次都是快到合同期才交货。一旦哪次没有及时完成生产，订单就会"泡汤"，还会造成客户的流失。

生产部门：仓库每次都不能及时发料，经常让我们停工待料，我们很难保证按时完成生产计划。

财务部门：销售部门总是回款太慢，导致现金紧张。有些应收账款都逾期快半年了，销售部门也不管。

阅读上述资料，试分析讨论以下问题：

(1)针对公司各部门存在的抱怨，请分析公司日常营运管理出现了哪些问题。

(2)如果你是公司财务经理，你会向公司提出什么样的管理建议？

1.业务流程图（图5-1）

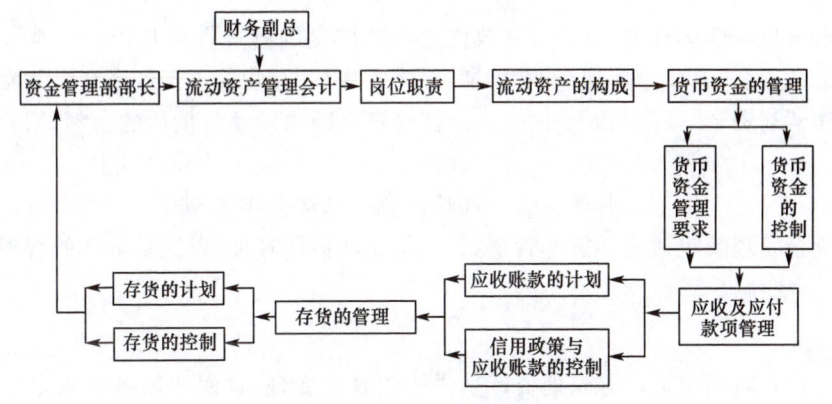

图5-1　业务流程图

2.业务涉及人员及主要会计岗位职责（图5-2）

职责内容：
1. 负责流动资金调度，组织流动资金供应，考核流动资金使用效果。
2. 编制货币资金收支计划和银行借款计划。
3. 进行货币最佳持有量控制。
4. 制定应收账款信用政策和管理制度。
5. 通过账款分析对超期应收账款提出具体处理建议、收账策略等。
6. 会同有关部门核定流动资金存货定额。
7. 对存货进行管理，办理有关流动资金存货的报批手续。

图5-2　业务涉及人员及主要会计岗位职责

任务一　现金管理的实践应用

知识目标

1.了解营运资金特点及管理策略。

2.掌握持有现金的各项成本。

3.掌握确定最佳现金持有量的方法。

> **技能目标**
> 1.能运用成本分析模式确定最佳现金持有量。
> 2.能运用存货模式确定最佳现金持有量。

一、营运资金的认知

(一)营运资金的概念

营运资金也叫营运资本,有广义和狭义之分。广义的营运资金是指一个企业投放在流动资产上的资金,具体包括现金、有价证券、应收账款、存货等占用的资金。狭义的营运资金又称净营运资金,是指某时点内企业的流动资产减去流动负债后的余额,用公式表示如下:

$$营运资金 = 流动资产 - 流动负债$$

营运资金管理既包括流动资产管理,又包括流动负债管理,以流动资产的管理为主。

(二)营运资金的特点

1.流动性

流动资产相对固定资产等长期资产来说比较容易变现,这对于财务上满足临时性资金需求具有重要意义。

2.周转速度快

企业投放在流动资产上的资金,通常在一年或一个营业周期内收回,周转时间较短。

3.多样性

企业的营运资金既可以通过短期借款、商业信用等短期筹资方式筹集,也可以通过长期筹资方式筹集。

4.波动性

营运资金的数量往往时高时低,波动很大。

(三)营运资金的周转

营运资金的周转过程包括:购买材料、支付现金、收回现金、产品销售、产品生产。周转过程如图5-3所示。

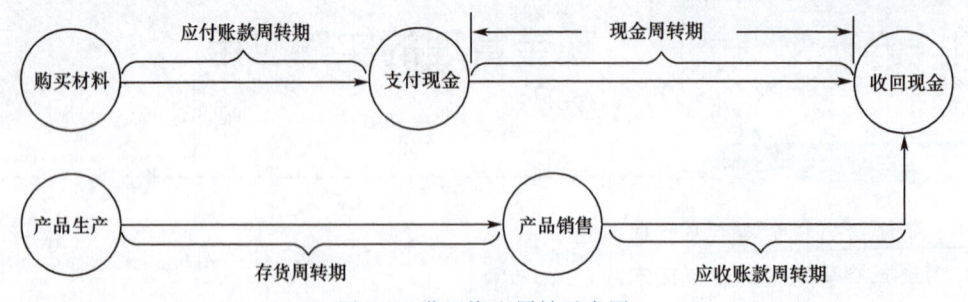

图5-3 营运资金周转示意图

从企业收到材料到购料款的支付有一段延迟时间,这段时间称为应付账款周转期;从对原材料进行加工到最终制成产成品并进行销售,这段时间称为存货周转期;从产成品售出到销售款的收回也有一段延迟时间,这段时间称为应收账款周转期。

现金周转期指的是从将现金投入生产经营到最终销售产成品收回现金的整个过程,用公式表示如下:

$$现金周转期 = 存货周转期 + 应收账款周转期 - 应付账款周转期$$

$$存货周转期 = 平均存货 / 每日销货成本$$

$$应收账款周转期 = 平均应收账款 / 每日销货收入$$

$$应付账款周转期 = 平均应付账款 / 每日购货成本$$

企业要减少现金周转期,可以通过加快制造与销售产成品来减少存货周转期、加速应收账款的回收来减少应收账款周转期、减缓支付应付账款来延长应付账款周转期等方法。

(四)营运资金管理原则

1.保证合理的资金需求

企业应认真分析生产经营状况,合理确定营运资金的需要数量。一般来说,当企业产销量增长时,流动资产和流动负债均会相应增加;当企业产销量下降时,流动资产和流动负债均会相应减少。

2.提高资金使用效率

企业可通过缩短营业周期、加速变现过程、加快营运资金周转,提高资金使用效率。企业要尽量加速存货、应收账款等流动资产的周转,以使用有限的资金服务于更大的产业规模,为企业创造更好的经济效益。

3.节约资金使用成本

在保证生产经营需要的前提下,企业要尽量节约资金使用成本。企业应挖掘资金潜力,加速资金周转,精打细算使用资金,同时积极拓展融资渠道,合理配置资源,筹措低成本资金。

4.保持足够的短期偿债能力

企业应合理安排流动资产和流动负债的比例关系,保持流动资产结构与流动负债结构的适配性,保证企业有足够的短期偿债能力。

(五)营运资金管理策略

营运资金管理策略包括营运资金的投资策略(需要拥有多少营运资金)和融资策略(如何为需要的流动资产融资)。

1.流动资产投资策略

(1)紧缩的流动资产投资策略

在紧缩的流动资产投资策略下,企业维持低水平的流动资产与销售收入比率,尚未结清的应收账款和现金余额将保持在最低水平。紧缩的流动资产投资策略可以节约流动资产的持有成本,但与此同时可能伴随着更高的风险。采用这种策略对企业的管理水平有较高的要求,因为一旦管理失控,流动资产的短缺会对企业经营活动产生重大影响。

只要不可预见的事件没有损坏企业资产的流动性且没导致严重问题的发生,紧缩的流动资产投资策略就会提高企业效益。

(2)宽松的流动资产投资策略

在宽松的流动资产投资策略下,企业通常会维持高水平的流动资产与销售收入比率。也就是说,企业将保持高水平的现金、高水平的应收账款和高水平的存货。在这种策略下,由于较高的流动性,企业的财务与经营风险较小。但是过多的流动资产投资会使流动资产持有成本和企业资本成本增加,降低收益水平。

总之,一个企业该选择何种流动资产投资策略取决于该企业对风险和收益的权衡。许多企业在上市和短期借贷较为困难时期,采用紧缩的流动资产投资策略。

2.流动资产融资策略

采用何种融资策略主要取决于管理者的风险导向,此外它还受到短期、中期、长期负债的利率差异的影响。根据资产的期限结构与资金来源的期限结构的匹配程度差异,流动资产的融资策略可以划分为期限匹配融资策略、保守融资策略和激进融资策略,如图5-4所示。

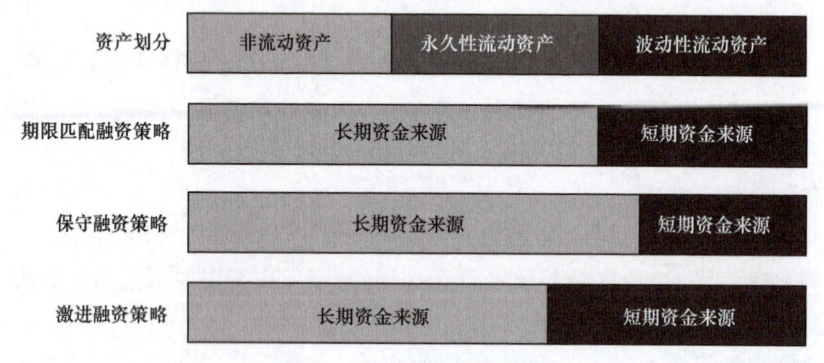

图 5-4 流动资产融资策略

(1)期限匹配融资策略

在期限匹配融资策略中,非流动资产和永久性流动资产以长期资金来源(长期负债或股东权益)融通;对于波动性流动资产用短期资金来源融通,如应付账款、短期银行借款和商业信用等。这意味着,在给定的时间,企业的融资数量反映了当时的波动性流动资产的数量。当波动性流动资产扩张时,信贷额度也会增加,以便支持企业的扩张;当波动性流动资产收缩时,就会释放出资金,以偿付短期借款。

(2)保守融资策略

在保守融资策略中,非流动资产、永久性流动资产和部分波动性流动资产以长期资金来源融通,剩余的波动性流动资产用短期资金来源融通。这种策略最小限度地使用短期资金来源。因为这种策略在需要时会使用成本更高的长期负债,所以其往往比其他融资策略具有较高的融资成本。保守融资策略通常融资风险较低,但由于长期资本成本高于短期资本成本,会导致融资成本较高,收益较低。

(3)激进融资策略

在激进融资策略中,企业以长期负债和权益资金为非流动资产和一部分永久性流动资产融资,剩余的永久性流动资产和所有波动性流动资产以短期资金来源融资。这种策略比其他策略会使用更多的短期资金。虽然短期资本成本通常低于长期资本成本,但过多使用短期资金会产生较高的偿债压力和流动性风险。

二、企业持有现金动机

现金概念有广义和狭义之分。广义的现金是指在生产过程中暂时停留在货币形态的资金,包括库存现金、银行存款、其他货币资金等;狭义的现金仅指企业库存现金。这里所指为广义的现金。

企业持有现金是为了满足三种需求:交易性需求、预防性需求和投机性需求。

(一)交易性需求

交易性需求是指企业为了维持正常生产经营活动而必须持有的现金余额。企业为满足交易性需求所持有的现金余额主要取决于企业的销售水平。企业销售额增加,所需现金余额就会随之增加。

(二)预防性需求

预防性需求是指企业为防止发生某些意外事件影响正常生产经营活动而持有的现金余额。企业临时筹资的能力、对现金收支预测的可靠程度、承受风险的能力等因素都影响着企业预防性需求的现金数额。

(三)投机性需求

投机性需求是指企业为把握转瞬即逝的投资机会而持有的现金。当证券价格突然大幅度跌落时,企业就可以利用投机现金,把握住投资机会,获取高额资本利得。

总之,企业拥有足够的现金对于降低企业财务风险、增加资产流动性具有重要意义。但是现金又是非盈利性资产,持有过多必然降低企业资产的盈利能力。这就需要财务管理人员在现金的流动性与收益性之间做出权衡。

三、现金持有量的确定

(一)成本分析模式

成本分析模式是根据企业持有现金的各相关成本,分析测算其总成本最低时的现金持有量的一种方法。该模式下的现金持有总成本等于机会成本、管理成本和短缺成本之和。

1.机会成本

现金的机会成本是指企业因持有一定的现金余额而丧失的再投资收益。现金的机会成本属于变动成本,它与现金持有量成正比,现金持有量越多,机会成本就越大,反之则越少。机会成本的计算公式如下:

$$机会成本 = 现金持有量 \times 有价证券利率(或收益率)$$

2.管理成本

现金的管理成本是指企业因持有一定数量的现金而发生的管理费用,包括管理者工资、安全措施费用等。这部分费用在一定范围内与现金持有量的多少关系不大,具有固定成本的性质。

3.短缺成本

短缺成本是指现金持有量不足且又无法及时通过有价证券变现加以补充而给企业造成的损失,包括直接损失与间接损失。现金的短缺成本与现金持有量的变化成反比,当现金持有量增加时,短缺成本下降,反之则上升。

采用成本分析模式确定最佳现金持有量的标准为:能够使现金持有总成本达到最小的持有量就是最佳现金持有量。用公式表示如下:

$$最佳现金持有量 = \min(机会成本 + 管理成本 + 短缺成本)$$

在实务中运用成本分析模式确定最佳现金持有量的具体步骤如下:

(1)根据不同现金持有量测算并确定有关成本数值。
(2)按照不同现金持有量及其有关成本资料编制最佳现金持有量测算表。
(3)在测算表中找出总成本最低时的现金持有量,即最佳现金持有量。

做中学 5-1

乐成公司为确定最佳现金持有量,测算了不同现金持有量下的相关成本数值,见表 5-1。

表 5-1　　　　不同现金持有量水平下的相关成本　　　　单位:元

项　目	方案1	方案2	方案3	方案4	方案5
现金持有量	30 000	50 000	60 000	70 000	80 000
机会成本率	12%	12%	12%	12%	12%
管理费用	2 000	2 000	2 000	2 000	2 000
短缺成本	13 000	9 600	8 000	6 500	6 000

要求:确定最佳现金持有量。

解析:本案例可通过编制最佳现金持有量测算表(表 5-2)来确定乐成公司的最佳现金持有量。

表 5-2　　　　　最佳现金持有量测算表　　　　　单位:元

现金持有量		方案1	方案2	方案3	方案4	方案5
		30 000	50 000	60 000	70 000	80 000
现金成本	机会成本	3 600	6 000	7 200	8 400	9 600
	管理成本	2 000	2 000	2 000	2 000	2 000
	短缺成本	13 000	9 600	8 000	6 500	6 000
	总成本	18 600	17 600	17 200	16 900	17 600

通过分析比较各现金持有量水平下的总成本可知,当现金持有量为 70 000 元时,总成本为 16 900 元,达到最低,因此乐成公司的最佳现金持有量为 70 000 元。

(二)存货模式

确定现金最佳持有量的存货模式来源于存货的经济批量模型,1952 年由美国经济学家 William.J.Baumol 首先提出,因此又称为鲍莫模式。

存货模式是将现金视为一种特殊的存货,按照存货经济批量订货模型的原理来确定最佳现金持有量的一种方法。在该模式中,只考虑现金的机会成本和转换成本,不考虑现金的管理成本和短缺成本,并假定以下条件成立:

(1)企业未来的现金需求及收支总量可以预测。
(2)企业可随时通过出售短期有价证券获得所需的现金,即不存在现金短缺问题。
(3)证券的年利率或报酬率以及每次固定性交易费用已知。

则持有现金总成本的计算公式如下:

$$TC = \frac{C}{2}K + \frac{T}{C}F$$

式中　TC——现金总成本;
　　　C——现金持有量;
　　　K——短期有价证券的收益率(机会成本率);
　　　F——每次的转换成本;
　　　T——一定时期现金总需求量。

存货模式的现金持有总成本如图 5-5 所示。

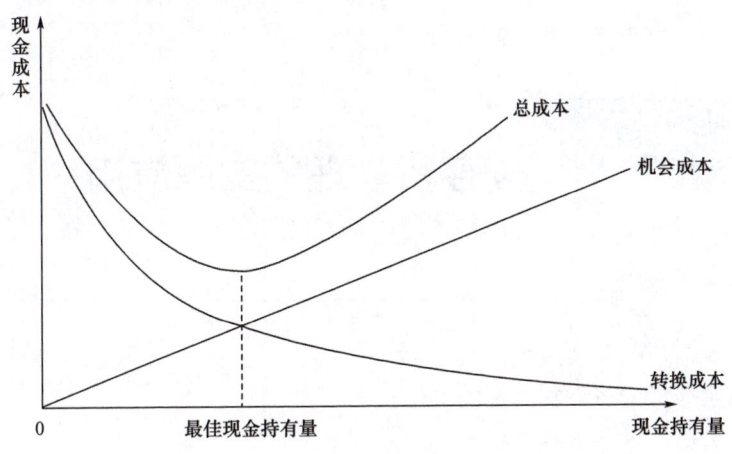

图 5-5　存货模式的现金持有总成本

如图 5-5 所示,横轴表示现金持有量,纵轴表示现金成本,该模式只考虑现金的机会成本和转换成本,而不考虑现金的管理成本和短缺成本。其中:转换成本线是一条斜向下的曲线,机会成本线是一条斜向上的直线,总成本线为一条 U 型曲线。现金持有量越大,持有现金的机会成本越高,转换成本越低;现金持有量越小,持有现金的机会成本越低,转换成本越高。因此,能够使现金管理的机会成本和转换成本之和保持最低的现金持有量,即为最佳现金持有量,即机会成本=转换成本,用字母 C^* 表示最佳现金持有量:

$$\frac{C^*}{2}K = \frac{T}{C^*}F$$

因此,最佳现金持有量的计算公式如下:

$$\text{最佳现金持有量 } C^* = \sqrt{\frac{2TF}{K}}$$

此时,最低现金管理相关总成本 $TC^* = \sqrt{2TFK}$。

做中学 5-2

乐成公司预计 2020 年的现金需要量为 100 万元,现金与有价证券的转换成本为每次 300 元,有价证券的年收益率为 6%,采用存货模式确定最佳现金持有量。

要求:
(1)计算该公司最佳现金持有量。
(2)计算最佳现金持有量下的现金总成本、机会成本和转换成本。
(3)计算最佳现金持有量下有价证券的最佳交易次数和交易间隔期。

解析:乐成公司最佳现金持有量的计算如下:

最佳现金持有量 $=\sqrt{\dfrac{2\times 1\ 000\ 000\times 300}{6\%}}=100\ 000(元)$

$TC^{*}=\sqrt{2TFK}=\sqrt{2\times 1\ 000\ 000\times 300\times 6\%}=6\ 000(元)$

机会成本 $=100\ 000\div 2\times 6\%=3\ 000(元)$

转换成本 $=1\ 000\ 000\div 100\ 000\times 300=3\ 000(元)$

最佳交易次数 $=1\ 000\ 000\div 100\ 000=10(次)$

交易间隔期 $=360\div 10=36(天)$

任务二 存货管理的实践应用

知识目标

1.掌握持有存货的各项成本。
2.掌握确定存货经济订货批量的方法。
3.了解存货控制管理的基本方法。

技能目标

1.学会计算存货的订货成本和储存成本。
2.能运用经济批量基本模型和扩展模型确定最佳订货批量。
3.认识 ABC 控制系统和适时制库存控制系统。

一、存货的成本

(一)取得成本

存货的取得成本分为订货成本和购置成本。

1.订货成本

订货成本是指企业为组织进货而发生的运杂费、差旅费、途中保险费、采购人员工资、办公费等。订货成本中有一部分与订货次数有关，属于变动性成本，如差旅费等；另一部分则与订货次数无关，属于固定性成本，如专设销售机构的基本开支等。变动性订货成本是存货经济订货批量决策的相关成本。

2.购置成本

购置成本是指为购买存货本身所支出的成本，即存货的买价，通常用存货单价与数量的乘积来确定。由于购置成本不随采购次数的变动而变动，因而属于决策无关成本。

（二）储存成本

储存成本是指企业为持有存货而发生的成本，主要包括存货占用资金的机会成本（以现金购买存货而丧失的其他投资机会可能带来的投资收益）或资金占用费用（以贷款购买存货的利息成本）、仓储费用、保险费用、库存损耗等。

储存成本一部分与存货的储存数量密切相关，属于变动性成本，如存货占用资金的机会成本、保险费用等；另外一部分则在一定范围内与存货储存数量无关，属于固定性成本，如仓库折旧费用、仓库管理人员的固定工资等。变动性储存成本是存货经济订货批量决策的相关成本。

（三）缺货成本

缺货成本是指因存货供应中断而造成的损失，主要包括由于原材料供应中断造成的停工待料损失或紧急采购增加的额外开支、产成品库存缺货导致延误发货的信誉损失以及丧失销售机会的机会损失等。缺货成本能否成为存货经济批量决策的相关成本，应视企业是否允许出现缺货而定。如果允许缺货，则缺货成本与存货数量反向相关，属于决策相关成本；反之，如果不允许缺货，缺货成本为零，本项目不对缺货情况下的存货管理进行讨论。

二、存货经济订货批量基本模型

存货经济订货批量是指能使一定时期内存货的相关总成本达到最小时的订货批量。存货经济订货批量基本模型是建立在一系列严格假设基础上的。这些假设条件包括：

（1）企业能够及时补充存货，需要订货时可立即取得存货。
（2）存货的价格稳定，并且不存在数量折扣。
（3）存货需求量稳定，并且能够预测。
（4）不允许出现缺货情形，即无缺货成本。
（5）能集中到货，而不是陆续入库，存货的消耗或销售比较均衡。
（6）企业现金充足，不会因现金短缺而影响进货。
（7）所需存货市场供应充足，且不受其他货物影响。

当满足上述假设条件时，与存货经济订货批量相关的成本只有变动性订货成本和变动性储存成本，用公式表示如下：

存货相关总成本＝变动性订货成本＋变动性储存成本

＝年订货次数×每次订货成本＋年平均存货×单位储存成本

$$=\frac{年订货总量}{每次订货批量}×每次订货成本+\frac{每次订货批量}{2}×单位储存成本$$

$$TC=\frac{A}{Q}×B+\frac{Q}{2}×C$$

存货成本分析图如图 5-6 所示。

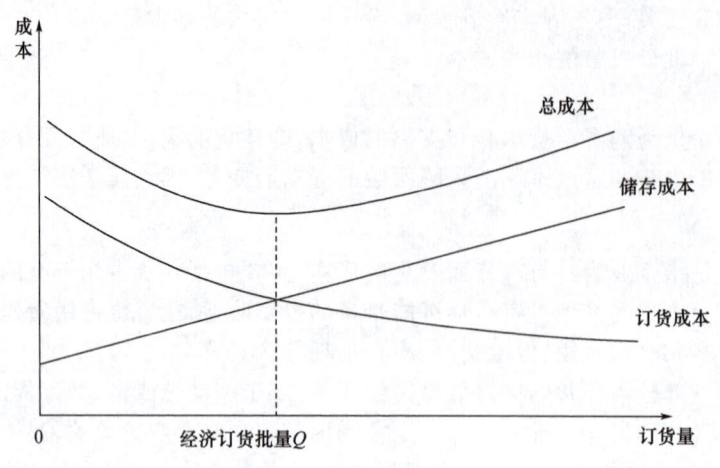

图 5-6　存货成本分析图

由上图可知,当存货的相关订货成本等于相关储存成本时,相关总成本达到最小,即

$$\frac{A}{Q} \times B = \frac{Q}{2} \times C$$

可得如下公式:

经济订货批量 $Q = \sqrt{2AB/C}$

经济订货批量的存货相关总成本 $TC = \sqrt{2ABC}$

年度最佳订货次数 $N = \frac{A}{Q} = \sqrt{AC/2B}$

年度最佳订货周期 $T = \frac{1}{N} \times 360$

经济订货量占用资金 $I = \frac{Q}{2} \times P$

式中　TC——存货的年相关总成本;
　　　A——年订货总量;
　　　Q——订货批量;
　　　P——存货的单价;
　　　B——每次订货成本;
　　　C——单位存货年度储存成本。

做中学 5-3

乐成公司全年需要甲材料 400 000 千克,材料单价为 6 元/千克,单位年储存成本为 2 元/千克,每次订货成本固定为 1 000 元。

要求:计算甲材料的经济订货批量、最低相关总成本和全年最佳订货次数。

解析:经济订货批量 $Q = \sqrt{2AB/C} = \sqrt{2 \times 400\,000 \times 1\,000/2} = 20\,000$(千克)

经济订货批量的相关总成本 $TC=\sqrt{2ABC}=\sqrt{2\times400\,000\times1\,000\times2}=40\,000$(元)

其中：订货成本=400 000÷20 000×1 000=20 000(元)

　　　储存成本=20 000÷2×2=20 000(元)

　　　全年最佳订货次数=400 000÷20 000=20(次)

三、存货经济订货批量扩展模型

1.实行商业折扣的经济订货批量决策

在存货经济订货批量基本模型中有购进单价不变且不存在数量折扣的假设。为了鼓励客户购买更多的商品，销售企业通常会给予不同程度的价格优惠，即实行商业折扣。客户购买越多，所获得的价格优惠越大。订货企业对经济订货批量的确定，除了考虑相关的订货成本与储存成本外，还应考虑存货进价成本。存货进价成本与订货批量的大小有直接的关系，属于决策的相关成本。

在经济订货批量基本模型其他各种假设条件均具备的前提下，存在商业折扣时的存货相关总成本可按下式计算：

$$存货相关总成本=存货进价+变动性订货成本+变动性储存成本$$

实行商业折扣的经济订货批量具体确定步骤如下：

(1)按照经济订货批量模型确定无商业折扣情况下的经济订货批量。

(2)计算按经济订货批量订货时的存货相关总成本。

(3)计算按给予商业折扣的订货批量订货时的存货相关总成本。

做中学 5-4

乐成公司预计全年耗用甲材料160 000千克，该材料单价为40元/千克。每次订货成本为400元，单位年储存成本为2元/千克。供货企业提供商业折扣，当一次采购量超过10 000千克时，可享受每千克38元的优惠价格。

要求：确定甲材料经济订货批量。

解析：按经济订货批量基本模型确定的经济订货批量为

$$Q=\sqrt{2\times160\,000\times400/2}=8\,000(千克)$$

(1)每次订货8 000千克时

存货相关总成本=160 000×40+2×8 000÷2+400×160 000÷8 000=6 416 000(元)

(2)每次订货10 000千克时

存货相关总成本=160 000×38+2×10 000÷2+400×160 000÷10 000=6 096 400(元)

通过比较可以看出，当订货批量为10 000千克时，存货相关总成本最低。因此最佳经济订货批量为10 000千克。

2.再订货点决策

存货经济批量基本模型中假设采购不需要时间,这在实务中是很难做到的。而为了保证生产和销售活动的正常进行,企业还需要确定最佳订货时间,包括再订货点和订货提前期。

(1)再订货点

再订货点是指企业需要发出订货单时存货尚存的库存量。再订货点可通过如下公式计算:

$$再订货点＝存货每日平均需要量×交货时间$$

做中学 5-5

乐成公司每天对甲材料的耗用量为 30 千克,该材料从订货后至到货期的时间为 3 天。要求:判断该公司存货的再订货点。

解析:乐成公司甲材料的再订货点＝30×3＝90(千克)

即乐成公司在甲材料尚有库存 90 千克时就应发出订货单。

(2)订货提前期

订货提前期是在存货耗用完之前就需发出订单的时间。其计算公式如下:

$$订货提前期＝预计交货期内存货的需要量÷存货每日平均需要量$$

做中学 5-6

乐成公司预计交货期内丙材料的需要量为 200 千克,平均每日耗用量为 100 千克,无延期交货情况。

要求:判断该公司存货的订货提前期。

解析:乐成公司丙材料的订货提前期＝200/100＝2(天)

即乐成公司在甲材料还差 2 天用完时即发出订货单。

任务三 应收账款管理的实践应用

知识目标

1.了解应收账款的各项成本。
2.了解信用政策的内容。
3.了解应收账款日常管理的方法。

> **技能目标**
> 1.学会分析企业信用标准决策。
> 2.学会分析应收账款信用条件决策。
> 3.学会分析企业收账政策决策。

一、应收账款成本

（一）机会成本

应收账款的机会成本是指因资金投放在应收账款上而放弃其他投资所带来的收益,如投资于有价证券的利息收入。这一成本的大小通常与企业应收账款投资额、资本成本有关。

$$应收账款的机会成本 = 应收账款占用的资金 \times 资本成本$$

其中

$$应收账款占用的资金 = 应收账款平均余额 \times 变动成本率$$

$$应收账款平均余额 = 日赊销额 \times 平均收账期$$

所以

$$应收账款的机会成本 = 日赊销额 \times 平均收账期 \times 变动成本率 \times 资本成本$$
$$= (全年赊销额/360) \times 平均收账期 \times (变动成本/销售收入) \times 资本成本$$

注意：

(1)在计算应收账款占用资金时,需要乘以变动成本率,是因为应收账款是其他企业应该偿还给企业的款项,如果企业没有收回款项,就会形成企业资金的占用。对于企业来说,生产产品需要付出成本,款项没有收回,企业为这批产品垫支了资金。固定成本和产品的产量大小关系不大,所以计算应收账款占用的资金时,变动成本才是决策的相关成本,计算时要乘以变动成本率。

(2)公式中,若假设企业销售全部为赊销方式,则可以用全年销售额来计算。

> **做中学 5-7**
>
> 乐成公司预测的年度赊销净额为 3 600 000 元,应收账款平均收账期为 30 天,变动成本率为 75%,资本成本为 8%。
> 要求:计算应收账款机会成本。
> 解析:
> 应收账款平均余额 = 3 600 000 ÷ 360 × 30 = 300 000(元)
> 维持赊销业务所需要的资金 = 300 000 × 75% = 225 000(元)
> 应收账款机会成本 = 225 000 × 8% = 18 000(元)

（二）管理成本

应收账款的管理成本是指在进行应收账款管理时所增加的费用,如调查顾客信用状况的费用、收集各种信息的费用、账簿的记录费用、收账费用等。管理成本是一项相对固定的成本。

(三)坏账成本

坏账成本是指应收账款因故不能收回而给企业造成的损失。应收账款基于商业信用而产生,存在无法收回的可能性。企业的坏账成本与应收账款发生的数量成正比。因此,为减少发生坏账给企业生产经营活动的稳定性带来的不利影响,企业应合理提取坏账准备。

$$应收账款坏账成本＝赊销额×预计坏账损失率$$

(四)折扣成本

企业为使客户早日付款,在提供的信用条件中往往包含现金折扣条款,它是企业为尽早收回款项而降低机会成本、管理成本及坏账成本所付出的代价,其称为现金折扣成本。

$$现金折扣成本＝折扣期内付款额×该折扣期内现金折扣率$$

二、信用政策

信用政策又称为应收账款政策,是企业对应收账款投资进行规划和控制的基本原则和行为规范,包括信用标准、信用条件和收账政策。

(一)信用标准

信用标准是指企业制定的客户为获取商业信用所应具备的基本条件,通常以预计的坏账损失率(也称拒付风险系数)作为判断标准。企业在设定客户的信用标准时,要评估其赖账的可能性,即拒付风险系数,这可以通过"5C"系统来进行。企业设定某一客户的信用标准时,首先应对客户的资信进行调查与分析。客户的信用状况通常可以从以下五个方面进行定性分析,简称"5C"评价法。

"5C"评价法就是通过评估客户信用品质的五个方面来确定客户的信用标准,这五个方面分别是品质、能力、资本、抵押和条件。品质指客户的信誉,即客户履约或违约的可能性;能力指客户的偿债能力,反映企业或个人在其债务到期时可以用于偿债的财务资源;资本指客户的财务实力和财务状况的优劣,表明客户可能偿还债务的背景;抵押指客户拒付货款和无力支付款项时可以用作抵押的资产,这对于评价情况不明或信用状况有争议客户的还款能力尤为重要;条件是指影响顾客还款能力和还款意愿的经济环境。

信用标准严格,企业就会只对信用很好、坏账损失率很低的客户给予赊销,许多客户会因信用品质等条件达不到标准而享受不到企业提供的商业信用。这样虽然有利于降低坏账损失、减少应收账款的成本占用,但不利于提高企业市场竞争力和销售收入。

信用标准越宽松,越有利于企业扩大销售,提高市场竞争力,但可能导致企业坏账损失风险加大,同时应收账款的机会成本、收账成本等增加。企业应慎重权衡收益和相关成本,确定适宜的信用标准。

(二)信用条件

信用条件是企业要求赊购客户支付货款的条件,由信用期限和现金折扣两个要素组成。其中信用期限是企业要求客户的付款期间,即客户从购货到付款的最长时间;现金折扣是企业对客户在商品价格上的扣减,其目的主要是促使客户为享受优惠而提前付款,缩短企业的平均收账期。

信用条件通常以如下形式表示:5/10,3/20,N/30。传递的信息为:为某客户提供的信用期限为 30 天,折扣期限为 20 天。其中,"5/10"表示 10 天内付款,可享受 5%的价格优惠;"3/20"表示 20 天内付款,可享受 3%的价格优惠;"N/30"表示付款的最后期限为 30 天,此时付款无优惠。

(三)收账政策

收账政策是针对客户违反信用条件,拖欠甚至拒付账款所采取的收账策略与措施。

履约付款是企业义不容辞的法定责任和义务,作为债权方企业也拥有要求债务方企业偿付账款的法定权利。但这并不意味着一旦发生拖欠或拒付账款的情况就诉诸法律。这是因为,一方面每个客户拖欠或拒付账款的原因是不同的,有些信用品质良好的企业也可能由于一时资金周转不灵而不能如期付款;另一方面,向法院提起诉讼需要花费相当数额的诉讼费,耗费大量时间与精力,且效果往往也不理想。所以,通过法律途径强行收回账款一般是企业不得已而采取的最后手段。

企业无论采取何种方式催收账款,都需要付出一定的代价。一般而言,如果企业采取积极的收账政策,可以减少坏账损失,减少应收账款上的资金占用,但会增加收账费用;如果采取消极的收账政策,虽然会减少收账费用,但可能会增加坏账损失及应收账款的机会成本。

三、信用条件决策

信用条件决策受信用期限和现金折扣两个因素的影响。

(一)信用期限决策

信用期限是指企业允许客户从购货到支付货款的最长时间。企业确定的信用期过短,会影响企业的销售额,不利于销售收入和利润增长的实现;而信用期过长,可能会增加应收账款的成本,甚至造成销售利润的负增长。

(二)现金折扣决策

现金折扣是企业对客户在商品价格上所做的扣减,企业提供这种价格上的优惠,主要目的是促使客户为享受优惠而提前付款,从而缩短企业的平均收账期。此外,现金折扣还能起到招徕客户、扩大销售的作用。企业提供的现金折扣率过低,不足以吸引客户,而折扣率过高则会使企业因承担过高的现金折扣成本而降低收益。

因此,企业核定多长时间的现金折扣期限,以及给予客户多大程度的现金折扣优惠,必须与信用期限结合起来考虑。企业在进行信用条件决策时,应当综合考虑各信用方案的延期与折扣对收入和成本双方面的影响,在所增加的利润与所增加的成本之间进行权衡,确定恰当的信用期限和现金折扣。

做中学 5-8

乐成公司预测 2020 年度赊销额为 300 万元,产品变动成本率为 60%,资本成本为 10%。目前进行赊销的信用条件为"N/30"。现在准备通过修改信用条件来扩大销售,有两个信用条件备选方案。

甲方案:信用条件为"N/60",预计可以增加销售 20%,所增加部分的坏账损失率为 3%,新增收账费用为 24 000 元。

乙方案:信用条件为"2/30,N/60",预计可以增加销售 26%,所增加部分的坏账损失率为 2.5%,新增收账费用为 18 000 元。预计会有销售额 70% 的客户在折扣期内付款。

要求:做出信用条件决策。

解析:在对每一方案进行分析时,先计算采用该信用条件所增加的收益,然后计算所增加的信用成本(应收账款成本),最后根据两者比较的结果做出信用条件决策。计算过程见表 5-3。

表 5-3　　　　　　　　信用条件分析评价表

项目	甲方案("N/60"信用条件)	乙方案("2/30,N/60"信用条件)
赊销额(元)	3 000 000×(1+20%)=3 600 000	3 000 000×(1+26%)=3 780 000
变动成本	3 600 000×60%=2 160 000	3 780 000×60%=2 268 000
信用成本前收益(元)	3 600 000−2 160 000=1 440 000	3 780 000−2 268 000=1 512 000
平均收账期(天)	60	30×70%+60×30%=39
机会成本(元)	3 600 000/360×60×60%×10%=36 000	3 780 000/360×39×60%×10%=24 570
坏账成本(元)	3 600 000×3%=108 000	3 780 000×2.5%=94 500
管理成本(元)	24 000	18 000
折扣成本(元)	0	3 780 000×70%×2%=52 920
信用成本合计(元)	36 000+108 000+24 000=168 000	24 570+94 500+18 000+52 920=189 990
信用成本后收益(元)	1 440 000−168 000=1 272 000	1 512 000−189 990=1 322 010

通过上述计算可知,甲方案的信用成本后收益为 1 272 000 元,乙方案的信用成本后收益是 1 322 010 元,乙方案高于甲方案所增加的信用成本后收益 50 010 元,因此应选择乙方案的信用条件。

四、应收账款的日常管理

(一)应收账款账龄分析法

在应收账款的账龄结构中,可以清楚地看出应收账款的分布和被拖欠情况,便于企业加强对应收账款的管理。

做中学 5-9

乐成公司信用期限设为 30 天,2020 年 12 月 31 日的应收账款账龄分析见表 5-4。

表 5-4　　　　　　　　乐成公司应收账款账龄分析表

账龄(天)	客户数(个)	应收账款金额(万元)	占应收账款总额的百分比(%)
信用期(0~30)	45	450	69.23
超过信用期 1 个月内	38	80	12.31
超过信用期 3 个月内	15	50	7.69
超过信用期半年内	8	30	4.62
超过信用期 1 年内	5	30	4.62
超过信用期 1 年以上	2	10	1.53
合计	113	650	100

要求:对乐成公司应收账款进行账龄分析。

解析:从表 5-4 中可知,乐成公司 2020 年年底 113 名客户中,未超过信用期限的应收账款余额为 450 万元,占应收账款总额的 69.23%;逾期应收账款为 200 万元,占应收账款总额的 30.77%,其中逾期半年以上的应收账款为 40 万元,占应收账款总额的 6.15%,应引起公司的重视,公司应采取必要的收账措施加速应收账款的收回,减少坏账损失。

总之,企业应分析逾期应收账款属于哪些客户,是否经常发生拖欠以及发生拖欠的原因。如果属于企业信用政策的问题,应立即进行信用政策的调整。同时对不同拖欠时间的账款以及不同信用品质的客户,采取不同的收账方法。

(二)ABC 分析法

ABC 分析法又称重点管理法,它是将企业所有客户根据逾期应收账款金额的多少进行分类,然后根据逾期应收账款金额比重分为 A、B、C 三类,对于不同类别的客户分别采用不同的收账政策。例如,将逾期应收账款金额比重最高的客户确定为 A 类,作为重点管理客户,对其制定严格的收账政策;将逾期应收账款金额比重中等的客户确定为 B 类;将逾期应收账款金额比重最低的客户确定为 C 类,可以对其采取较为宽松的收账政策。

做中学 5-10

乐成公司 2020 年 12 月应收账款逾期金额为 475 万元,为了及时收回逾期货款,公司采用 ABC 分析法来加强应收账款回收的监控。客户逾期情况见表 5-5。

表 5-5　　　　　　　　欠款客户 ABC 分类法

客户	逾期金额(万元)	逾期期限	逾期金额所占比重(%)	类别
星宇公司	180	5 个月	37.89	A
星月公司	120	7 个月	25.26	A
小计	300		63.15	

(续表)

客户	逾期金额(万元)	逾期期限	逾期金额所占比重(%)	类别
诚兴公司	50	2个月	10.53	B
晨星公司	50	3个月	10.53	B
怡园公司	40	2个月	8.42	B
夏晨公司	20	35天	4.21	B
小计	160		33.69	
乐园公司	10	7天	2.11	C
通达公司	5	26天	1.05	C
小计	15		3.16	
合计	475		100	

要求：分析公司的应收账款逾期情况。

解析：从表5-5中可以看出，应收账款逾期金额在100万元以上的有2家客户，逾期总额为300万元，占应收账款逾期总额的63.15%，将其划入A类，是应收账款催收的重点客户。应收账款逾期金额在10万元以上100万元以下的客户有4家，逾期金额占应收账款逾期总额的33.69%，将其划入B类。欠款在10万元及以下的客户有4家，逾期金额仅占应收账款逾期总额的3.16%，将其划入C类，属于一般管理客户。对A类客户，派专人进行催收货款，必要时通过法律诉讼方式收回拖欠货款；对B类客户，可以采用电话催收方式；对C类客户不需要重点管理。

19世纪意大利经济学家巴雷特首创了存货ABC控制法。该方法将企业存货划分为A、B、C三类并分类控制，按照各类存货的重要程度分别采取不同的方法进行管理。进行存货分类的标准主要有两个：一是存货的金额，二是存货的品种数量，存货的金额是基本标准。一般来说，A类存货金额很大而品种数量很少；B类存货金额较大且存货的品种数量较多；C类存货品种数量繁多，但金额很小。对于不同的企业，分类的标准没有严格的额度限制。一般而言，三类存货的金额比重大致为A∶B∶C＝0.7∶0.2∶0.1；品种数量的比重大致为A∶B∶C＝0.1∶0.2∶0.7。

【拓展阅读1】 什么是变动成本率

变动成本率也称为补偿率，即变动成本在销售收入中所占的百分率，是与边际贡献率相对应的概念。

变动成本率的公式如下：

$$变动成本率 = 变动成本 \div 销售收入 \times 100\%$$
$$= (单位变动成本 \times 销售量) \div (单价 \times 销售量) \times 100\%$$
$$= 单位变动成本 \div 单价 \times 100\%$$

变动成本率和边际贡献率的关系是：

$$变动成本率 + 边际贡献率 = 1$$

注意:由于销售收入被分为变动成本和边际贡献两部分,变动成本是产品自身的耗费,边际贡献是给企业的贡献,两者百分率之和应当为1。

$$变动成本率+边际贡献率=单位变动成本÷单价+单位边际贡献÷单价$$
$$=[单位变动成本+(单价-单位变动成本)]÷单价$$
$$=1$$

总之,变动成本率与边际贡献率是互补关系,产品的变动成本率越高,边际贡献率就越低,盈利能力就越小;反之产品的变动成本率越低,边际贡献率就越高,盈利能力就越高。

【拓展阅读2】 苏宁易购营运资金管理

苏宁易购于2017年年底实施智慧零售战略,目前已经形成零售、物流和金融的多样化盈利模式。形成了"一大、两小、多专"的线下门店布局,以实体门店支撑虚拟经济。实施智慧零售战略后,苏宁易购的营运资金管理模式也有了很大的调整。主要包括以下几方面:

1.智慧零售模式下采购环节营运资金管理的模式

在智慧零售模式下,许多消费者先在线上平台了解想要购买的商品,然后到线下实体商店深入体验。线下门店的每个商品都贴有二维码,消费者通过扫描二维码可以在网站上访问商品,包括查看评价等。

消费者可以采用"线上支付、线下取货"方式,或是在线上购买,然后企业在就近的门店安排发货。采用这样的模式,一方面,线下门店可以储存一部分商品减少库存压力;另一方面,线上支付的模式也会节约付款环节的时间成本。

线下门店的广泛开展,降低了商品存货的储存成本,进而优化了企业的资金使用效率。线上、线下支付方式相结合,减少了应收和应付账款的周转时间。智慧零售战略的实施,将线上、线下渠道结合应用,加强了供应链上下游的合作,提升了营运资金在采购环节的周转效率。

2.智慧零售模式下营销环节营运资金管理的模式

在智慧零售模式下,苏宁易购不只是采用原有的方式进行销售,还融入了多个营销环节的业务配合。通过大数据分析客户的消费习惯,企业方便开展个性化的产品推荐。在线下根据大数据的分析结果开展一些宣传和促销活动,不仅可以节省宣传推广费用,还可以达到吸引新客户、维持老客户的效果。

在物流服务方面,苏宁易购为了继续优化运营模式以及提升资源效率,依托广泛布局的线下门店,进一步建设物流仓储基地,满足客户门店自提和随时配送的要求。同时,越来越多的城市推出多种短时效的快递产品,比如"半日达"和"1小时达"。高效快速的物流配送服务,不仅节省了企业的资金,还可以缩短销售的周期,进而加快存货和应收账款的周转期。

资料来源:李瑞敏,智慧零售下苏宁易购营运资金管理效率分析,国际商务财会,2020年第10期

职业能力训练

一、名词解释

1. 营运资金　　2. 现金的机会成本　　3. 再订货点　　4. 应收账款的管理成本
5. 信用标准

二、单项选择题

1. 企业为满足交易动机所持有的现金数量主要取决于（　　）。
   A. 企业的支付能力　　　　　　　　B. 企业的生产能力
   C. 企业的偿债能力　　　　　　　　D. 企业的销售水平

2. 下列各项中，（　　）不属于企业为满足预防性需求而持有的现金余额需要考虑的因素。
   A. 企业愿意承担风险的程度　　　　B. 金融市场投资机会的多少
   C. 企业对现金收支预测的可靠程度　D. 企业临时举债能力的强弱

3. 下列有关现金成本中，（　　）是一项机会成本。
   A. 持有成本　　　　　　　　　　　B. 转换成本
   C. 管理成本　　　　　　　　　　　D. 短缺成本

4. 在存在商业折扣的情况下，与最优经济订货批量无关的成本是（　　）。
   A. 储存成本　　　　　　　　　　　B. 购置成本
   C. 订货成本　　　　　　　　　　　D. 资本成本

5. 下列各项中，由于存货量不足，不能及时满足销售或者生产需要而造成的损失是（　　）。
   A. 缺货成本　　　　　　　　　　　B. 订货成本
   C. 储存成本　　　　　　　　　　　D. 购置成本

6. 在应收账款 ABC 分析法中，将逾期应收账款金额比重最高的客户确定为（　　）。
   A. A 类　　　B. B 类　　　C. C 类　　　D. A 类或 B 类

7. 下列现金成本中，属于固定成本性质的是（　　）。
   A. 现金管理成本　　　　　　　　　B. 持有现金的机会成本
   C. 现金交易成本　　　　　　　　　D. 现金短缺成本

8. 基本经济订货批量模型所依据的假设不包括（　　）。
   A. 一定时期的订货总量可以准确预测
   B. 存货进价稳定
   C. 存货耗用或销售均衡
   D. 允许缺货的情况出现

9. 下列各项对应收账款信用期限的叙述，正确的是（　　）。
   A. 信用期限越长，企业坏账风险越小
   B. 信用期限越长，应收账款的机会成本越低
   C. 延长信用期限不利于销售收入的增长
   D. 信用期限越长，表明客户享受的信用条件越优越

10.企业持有现金的目的不包括（　　）。
A.交易性需求　　　　　　　　B.预防性需求
C.投机性需求　　　　　　　　D.收益性需求

三、多项选择题

1.下列项目中，与存货经济订货批量无关的有（　　）。
A.储存变动成本　　　　　　　B.订货提前期
C.年度计划订货总量　　　　　D.存货单价

2.应收账款的成本包括（　　）。
A.机会成本　　　　　　　　　B.管理成本
C.短缺成本　　　　　　　　　D.坏账成本

3.成本分析模式下的现金持有总成本等于（　　）之和。
A.机会成本　　　　　　　　　B.管理成本
C.转换成本　　　　　　　　　D.短缺成本

4.企业对客户进行评估，应当考虑的主要因素有（　　）。
A.资本和抵押品　　　　　　　B.经济环境
C.信用品质　　　　　　　　　D.偿债能力

5.存货经济订货批量基本模型中，假设条件包括（　　）。
A.企业现金充足，不会因现金短缺而影响订货
B.不允许出现缺货情形，即无缺货成本
C.存货需求量稳定，并且能够预测
D.企业能够及时补充存货，需要订货时可立即取得存货

6.关于信用期限的表述中，正确的有（　　）。
A.延长信用期限会扩大销售
B.缩短信用期限可能增加当期现金流量
C.严格的信用标准能够提高企业市场竞争力
D.延长信用期限将增加应收账款的机会成本

7.企业进行营运资金管理应遵循以下原则（　　）。
A.保证合理的资金数量　　　　B.保证足够的短期偿债能力
C.降低资金的使用成本　　　　D.提高资金的利用水平

8.计算应收账款机会成本应该考虑的因素有（　　）。
A.应收账款平均余额　　　　　B.变动成本率
C.资本成本　　　　　　　　　D.销售成本率

9.在存货分析模式下，最佳货币资金持有量不可能出现在（　　）时。
A.机会成本大于转换成本　　　B.机会成本小于转换成本
C.机会成本与转换成本相等　　D.机会成本与转换成本之和最大

10.下列选项不属于现金固定成本的有（　　）。
A.现金短缺成本　　　　　　　B.持有现金的机会成本
C.现金交易成本　　　　　　　D.现金管理成本

四、判断题

1. 现金折扣是企业为了鼓励客户多买商品而给予的价格优惠,购买的数量越多,价格越便宜。（   ）
2. 为保证企业生产经营的需要,企业持有的现金越多越好。（   ）
3. 企业核定多长时间的现金折扣期限以及给予客户多大程度的现金折扣优惠,必须与信用期限结合起来考虑。（   ）
4. 订货的经济批量大小与订货提前期的长短没有关系。（   ）
5. 存货管理的目标就是以最低的存货成本保证企业生产经营的顺利进行。（   ）
6. 营运资金管理既包括流动资产的管理,又包括流动负债的管理。（   ）
7. 企业持有现金包括交易性需求、预防性需求和投机性需求。（   ）
8. 信用条件是企业要求赊购客户支付货款的条件,由信用期限和现金折扣两个要素组成。（   ）
9. 企业营运资金余额越低,说明企业风险越小。（   ）
10. 在确定现金最佳持有量时不考虑现金的管理成本。（   ）

五、实务训练题

1. 某企业预计年耗用某特种材料 40 000 千克,假设该材料不存在短缺情况,不存在数量折扣。单位采购成本为 20 元/千克,单位储存成本为 1 元/千克,平均每次订货成本为 200 元。

要求:
(1) 计算经济订货批量。
(2) 计算经济订货批量的存货相关总成本。
(3) 计算年度最佳订货次数。

2. 某企业预计全年现金需求量为 90 000 元,现金与有价证券的转换成本为每次 400 元,有价证券年收益率为 8%,假设全年为 360 天。

要求:
(1) 计算该企业最佳现金持有量。
(2) 计算最佳现金持有量下的现金总成本、转换成本和机会成本。
(3) 计算最佳现金持有量下有价证券的最佳交易次数和交易间隔期。

3. 某公司预计年度赊销收入为 720 万元,信用条件是"2/10,1/30,N/60",其变动成本率为 40%,资本成本为 8%,收账费用为 6 万元。预计占赊销额 50% 的客户会利用 2% 的现金折扣,占赊销额 20% 的客户会利用 1% 的现金折扣,其余客户在信用期内付款,假设全年为 360 天。

要求:
(1) 计算平均收账期。
(2) 计算应收账款平均余额。
(3) 计算应收账款机会成本。
(4) 计算现金折扣成本。

项目六 收益分配管理

知识导图

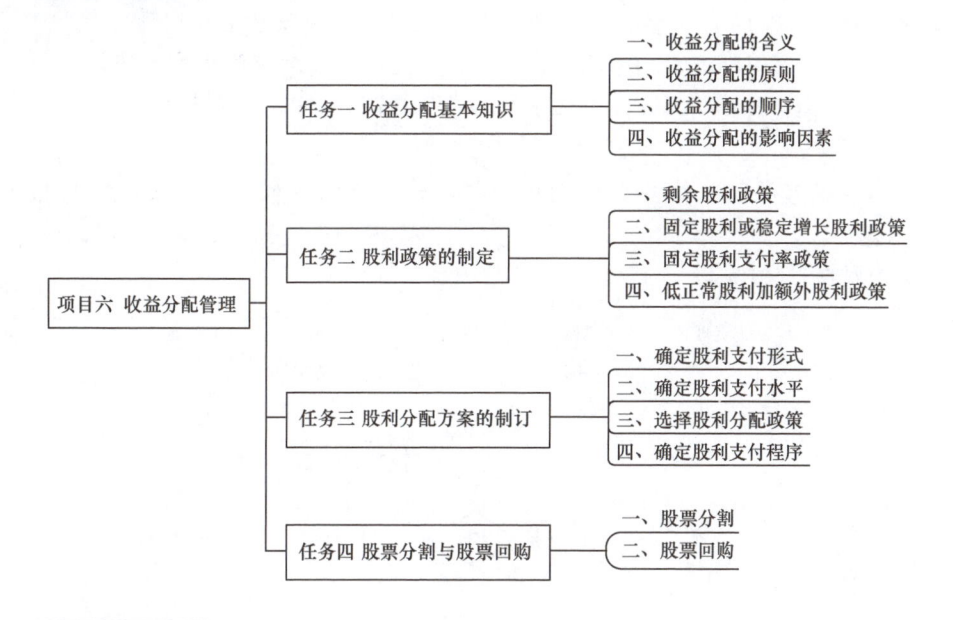

```
项目六 收益分配管理
├── 任务一 收益分配基本知识
│   ├── 一、收益分配的含义
│   ├── 二、收益分配的原则
│   ├── 三、收益分配的顺序
│   └── 四、收益分配的影响因素
├── 任务二 股利政策的制定
│   ├── 一、剩余股利政策
│   ├── 二、固定股利或稳定增长股利政策
│   ├── 三、固定股利支付率政策
│   └── 四、低正常股利加额外股利政策
├── 任务三 股利分配方案的制订
│   ├── 一、确定股利支付形式
│   ├── 二、确定股利支付水平
│   ├── 三、选择股利分配政策
│   └── 四、确定股利支付程序
└── 任务四 股票分割与股票回购
    ├── 一、股票分割
    └── 二、股票回购
```

思政目标

1. 通过经济法制法规的教育,培养社会责任意识。
2. 培养人际沟通能力和社会交往能力。
3. 会计职业道德养成之坚持准则。

导学案例

利润分配有奥妙,股市分红有高低[1]

2020年,铺天盖地的现金派现公告袭来。公司实现的利润应如何分配?分红方案能否为投资者带来足够利益?

---

[1] 资料来源:2020年A股上市企业分红资讯

从2020年公司的现金派现公告可以发现,不同公司的现金分红有高有低,差异巨大。据统计,2020年沪深两市发布现金分红的197股中,有173股10派不足5元,占比87.82%;153股10派不足3元,占比77.66%;有69股10派不足1元,占比35%。分红力度最低的公司甚至每股派现不足1角,部分公司派现如下:

佛慈制药:10派0.13元,分红占股东净利润8.96%,对应股息率0.11%。
宋都股份:10派0.15元,分红占股东净利润12.50%,对应股息率0.42%。
旭光股份:10派0.16元,分红占股东净利润31.56%,对应股息率0.27%。
空港股份:10派0.16元,分红占股东净利润32.00%,对应股息率0.16%。

当然A股市场也有一批上市公司坚持高分红、积极回报股东。截至目前,两市共有8股的派现力度超过10派10元,前四名分别是:

方大炭素:10派19元,分红占股东净利润90.05%,对应股息率7.03%。
方大特钢:10派16元,分红占股东净利润83.33%,对应股息率9.22%。
深赤湾A:10派13.19元,分红占股东净利润168.67%,对应股息率5.46%。
铁流股份:10派11.5元,分红占股东净利润112.75%,对应股息率4.78%%。

讨论与思考:

公司在分配利润时为什么存在如此大的差异?公司的利润分配受到哪些因素的影响?

1.业务流程图(图6-1)

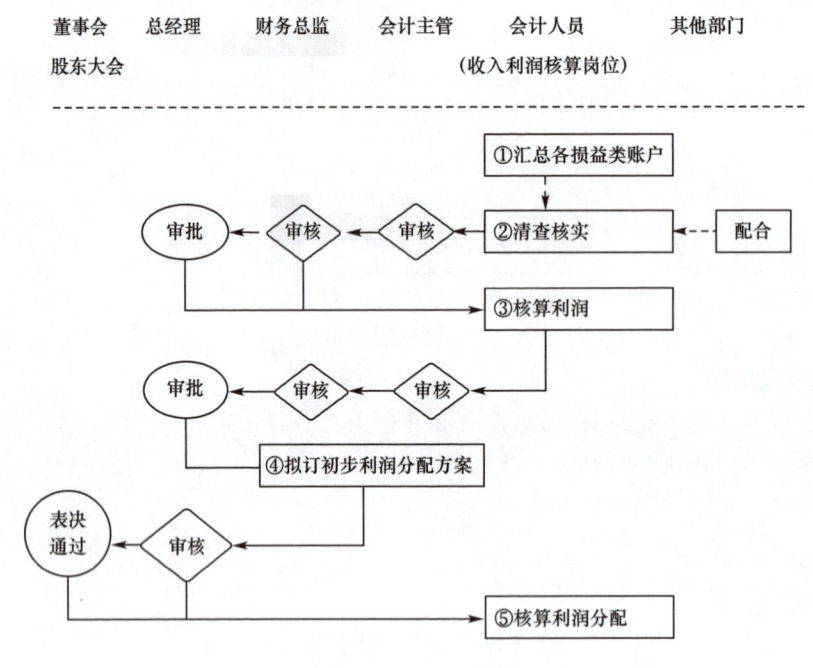

图 6-1 业务流程图

2.业务涉及人员及主要会计岗位职责（图6-2）

职责内容：
1. 熟悉利润核算与分配程序，如实反映企业利润的形成和分配情况。
2. 根据企业目标利润和销售计划、成本计划等资料，编制利润计划并落实到有关部门，督促保证利润指标的实现。
3. 按规定计算利润分配，负责利润的明细核算。
4. 编制利润表进行利润的分配和考核，分析评价利润计划的执行情况，提出增收节支、扩大利润的建议和措施。

图6-2　业务涉及人员及主要会计岗位职责

任务一　收益分配基本知识

知识目标

1. 理解收益分配的含义。
2. 掌握收益分配的原则和收益分配的顺序。
3. 理解收益分配的影响因素。

技能目标

1. 学会运用收益分配原则。
2. 学会收益分配程序的实务应用。

一、收益分配的含义

收益分配有广义和狭义之分。广义的收益分配是指对企业收入和利润进行分配的过程，广义的收益分配的结果，形成了国家的所得税收入、投资者的投资报酬和企业的留存收益等不同项目；狭义的收益分配仅指对企业净利润的分配，即将企业实现的净利润按照国家财务制度规定的分配形式和分配顺序，在企业和投资者之间进行分配。

本项目所述收益分配指狭义的收益分配，收益分配的主体是投资者，收益分配的对象是企业实现的净利润，主要目标是确定分配给投资者的利润与企业留存利润的比例。利润分配的过程与结果，是关系到所有者的合法权益能否得到保护，企业能否长期、稳定发展的重要问题，因此，企业必须加强利润分配的管理和核算。

二、收益分配的原则

（一）依法分配原则

企业利润分配的对象是企业缴纳所得税后的净利润，这些利润是企业的权益，企业有权自主分配。国家有关法律、法规对企业利润分配的基本原则、一般次序和重大比例做出较为明确的规定，其目的是保障企业利润分配的有序进行，维护企业和所有者、债权人以及职工的合法权益，促使企业增加积累，增强风险防范能力。国家有关利润分配的法律和法规主要有公司法、外商投资企业法等，企业在利润分配中必须切实执行上述法律、法规。利润分配在企业内部属于重大事项，企业的章程必须在不违背国家有关规定的前提下，对本企业利润分配的原则、方法、决策程序等内容做出具体而又明确的规定，企业在利润分配中也必须按规定办事。

（二）分配与积累并重原则

积累的留存收益不仅为企业扩大再生产筹措了资金，同时也能够增强企业抗风险能力，提高经营的稳定性和安全性。为了满足发展及优化资本结构的需要，除依法必须留用的利润外，企业应从长远发展考虑，合理留用利润。在积累与消费关系的处理上，企业应贯彻积累优先的原则，合理确定提取盈余公积和分配给投资者利润的比例，使利润分配真正成为促进企业发展的有效手段。

（三）兼顾各方利益原则

利润分配涉及国家、企业股东、经营者、职工、债权人等多方面的利益，企业进行收益分配时应当统筹兼顾，维护各利益相关者的合法权益。依法纳税是企业必须向国家履行的基本义务；股东是企业的投资者，依法享有税后利润分配的权利；经营者和职工是企业利润的共同创造者，理应享有公司利润的分配权；债权人的利益按照风险承担的顺序及其合同契约的规定，企业必须在利润分配之前清偿所有债权人到期的债务，否则不能进行利润分配，在利润分配之后，企业还应保持一定的偿债能力，以免发生财务危机，危及企业生存。

（四）投资与收益对等原则

企业进行收益分配应当体现"谁投资谁受益"、收入大小与投资比例相对等的原则，这是正确处理投资者利益关系的关键。企业在向投资者分配收入时，应本着平等一致的原则，按照投资者投资额的比例进行分配，不允许任何一方随意多分多占，从根本上实现收益分配中的公开、公平和公正，保护投资者的利益。

三、收益分配的顺序

收益分配关系着国家、企业及所有者各方面的利益关系，企业必须严格按照国家的法律制度执行。根据《中华人民共和国公司法》《企业财务通则》等相关法律制度的规定，企业的净利润应按照以下顺序分配：

（一）弥补以前年度亏损

企业在提取法定公积金之前，应先用当年利润弥补以前年度亏损。企业年度亏损可以用下一年度税前利润弥补，下一年度不足弥补的，可以在五年内用税前利润连续弥补，连续五年未弥补的亏损可以用税后利润弥补。

（二）提取法定盈余公积

法定盈余公积按照税后净利润的10%提取，法定盈余公积已达注册资本的50%时可不再提取。

（三）提取任意盈余公积

经股东会或股东大会决议，公司还可以从税后利润中提取任意盈余公积，满足企业经营管理需要，控制向投资者分配利润的水平，以及调整各年度利润分配的波动。提取的法定盈余公积和任意盈余公积可用于弥补亏损、转增资本，也可用于分配股利，但转增资本后留存的法定盈余公积不得低于注册资本的25%。公司的资本公积不能用于弥补亏损。

（四）向投资者分配利润或股利

公司弥补亏损和提取法定盈余公积后所余税后利润，可以向股东分配股利，企业以前年度未分配的利润，可以并入本年度分配。在向公司股东支付股利时，应优先支付优先股股利，后支付普通股股利。

若公司违反上述利润分配顺序，在弥补亏损和提取法定盈余公积之前向股东分配利润，须将违反规定发放的利润退还公司。

四、收益分配的影响因素

在现实生活中，企业的收益分配是在种种制约因素下进行的，采取何种收益分配政策虽然是由公司管理层决定的，但是实际上在其决策过程中会受到诸多主观与客观因素的影响。公司在制订利润分配方案时，必须充分考虑各种影响因素，从保护股东、公司本身和债权人的利益出发，使公司的收益分配合理化。

（一）法律限制

为维护有关各方的利益，各国的法律、法规对公司的利润分配顺序、留存利润、资本的充足性、债务偿付、现金积累等方面都有规范，《中华人民共和国公司法》《中华人民共和国证券法》等有关法律对企业利润的分配做出了一定的限制，因此，企业在制订利润分配方案时必须符合这些法律规范。

1. 资本保全的限制

资本保全的要求规定企业向投资者发放的股利或分红不得来源于原始投资（或股本），而只能来源于企业当期利润或留存收益。股利的支付不能减少法定资本，如果一个公司的资本已经减少或因支付股利而引起资本减少，则不能支付股利。其目的有两个：一是保全企业原始资本不被侵蚀，二是保护债权人利益。如果没有这项限制，那么企业处于财务危机时股东有可能将资产瓜分，从而侵蚀资本，损害债权人利益。

2. 资本积累的限制

根据我国法律规定，企业税后利润必须按10%的比例提取法定盈余公积，股利只能从企业的可供分配利润中支付。我国法律鼓励公司提取任意公积，当提取的盈余公积累计数额达到注册资本的50%时，可以不再提取。企业即使为了维护企业的形象而动用以前年度的盈余公积分派股利，也要保留一定数额的留存收益。此外，资本积累的限制要求公司年度累计净利润必须为正数时才可发放股利，以前年度亏损必须足额弥补，在具体的分配政策上，贯彻"无利不分"原则，即当企业出现年度亏损时，一般不得分配利润。

3. 超额累积利润的限制

股份公司的投资者通过股票交易所获得的资本利得要缴纳的税金低于其股利收入的税金,因此有些企业为帮助股东避税,会通过累积利润而使股价上涨,使股东获得资本利得,从而达到避税的目的。而在西方国家,税法规定如果公司为了避税而使得盈余的保留大大超过了公司目前及未来的投资需要,则公司将被加征额外的税款。

4. 无力偿付的限制

现金股利的支付会导致企业现金的流出,也会影响企业的偿债能力和正常经营。基于对债权人的利益保护,如果一个公司已经无力偿付债务或支付股利,则会导致公司失去偿债能力或不能向股东分红。公司在确定股利分配数量时,一定要考虑现金股利分配对公司偿债能力的影响,保证在现金股利分配后,公司仍能保持较强的偿债能力,以维护公司的信誉和借贷能力。

(二) 宏观经济环境

经济的发展具有周期性,公司在制定股利政策时同样受到宏观经济环境的影响。比如,我国上市公司在形式上表现为由前几年的大比例送配股,到近年来现金股利的逐年增加。

(三) 通货膨胀

当发生通货膨胀时,折旧储备的资金往往不能满足重置资产的需要,公司为了维持其原有生产能力,需要从留存利润中予以补足,这可能会导致股利支付水平的下降。

(四) 市场的成熟程度

在比较成熟的资本市场中,现金股利是最重要的一种股利形式,股票股利则呈下降趋势。我国因尚系新兴的资本市场,和成熟的资本市场相比,股票股利是一种重要的股利形式。

(五) 投资机会

公司股利政策在较大程度上要受到投资机会的制约。一般来说,若公司的投资机会多,对资金的需求量大,则其往往会采取低股利、高留存利润的政策;反之,若公司的投资机会少,对资金的需求量小,则其可能采取高股利政策。另外,公司的股利政策会受公司投资项目加快或延缓的可能性大小影响,如果这种可能性较大,股利政策就有较大的灵活性。比如有的公司有意多派发股利来促使股价上涨,使已经发行的可转换债券尽早实现转换,达到调整资本结构的目的。

(六) 变现能力

如果一个公司的资产有较强的变现能力,现金的来源较充裕,那么其支付现金股利的能力就强。而高速成长中的、盈利性较好的企业,如大部分资金投在固定资产和永久性营运资金上的企业,通常不愿意支付较多的现金股利而影响公司的长远发展。

(七) 资本成本

公司在确定股利政策时,应全面考虑各类筹资渠道资金来源的数量大小和成本高低,使股利政策与公司合理的资本结构、资本成本相适应。

(八)投资者结构或股东对股利分配的态度

公司的每个投资者的投资目的和对公司股利分配的态度不完全一致,有的股东是公司的永久性股东,注重公司的长期稳定发展,不太注重现期收益,他们希望公司暂时少分配股利以提高公司的长期发展能力;有的股东投资的目的是获取高额股利,其十分偏爱定期支付高股息的股利政策;而另一部分投资者偏爱投机,其投资目的是在其短期持股期间股价大幅度波动时,通过炒股获取价差。股利政策必须兼顾这三类投资者对股利的不同态度,以平衡公司和各类股东的关系。如偏重现期收益的股东比重较大,则公司就需要多发放股利以缓解股东和管理当局的矛盾。另外,各因素起作用的程度对不同的投资者是不同的,公司在确定股利政策时,还应考虑股东的特点。

【拓展阅读】 收益分配理论

公司的利润分配政策和公司盈利能力有关。围绕公司利润分配政策对公司价值或公司股票价值有无影响,形成了股利政策的基本理论。在西方学术界以及实务界,对该理论的研究有着不同的观点,概括起来大致可以分为两种:股利无关论和股利相关论。

一、股利无关论

股利无关论这一观点是由美国经济学家莫迪格莱尼和财务学家米勒(简称 MM)在学术论文《股利政策、增长与股票估价》中提出的。

股利无关论认为,在一定的假设条件限制下,股利政策不会对公司的股票价格或公司价值产生影响,投资者不关心公司股利分配。公司的股票价格由公司投资决策的盈利能力和风险组合决定,与公司收益分配政策无关。

该理论是建立在完全资本市场理论之上的,有着严格的假设条件,包括:第一,资本市场具有强势效率,没有交易成本,没有任何一个股东的实力足以影响股票价格;第二,没有任何筹资费用(包括股票发行和交易费用);第三,不存在任何公司和个人所得税;第四,公司的投资决策和股利决策是彼此独立的,即股利政策不影响投资决策;第五,股东对股利收入和资本增值之间并无偏好。

二、股利相关论

与股利无关论相反,股利相关论认为企业的股利政策会影响到股票价格和公司价值。其代表性观点主要有:

(一)股利重要论

股利重要论认为,用留存收益再投资带给投资者的收益具有很大的不确定性,并且投资风险将随着时间的推移而进一步增大,因此,投资者更喜欢现金股利,而不喜欢将利润留给公司,公司的股利政策与股票价格密切相关,当公司支付较高的股利时,公司的股票价格会随之上升,公司价值将得到提高。用西方一句格言形容就是"双鸟在林,不如一鸟在手",所以股利重要论也被称为"手中鸟"论。

(二)信号传递论

信号传递论认为,在信息不对称的情况下,公司可以通过股利政策向市场传递有关公司未来盈利能力的信息,从而影响公司股票价格。对市场上的投资者来讲,股利政策的差异或许就是反映公司预期盈利能力的极有价值的信号。一般来说,如果公司连续保持较为稳定的股利支付率,那么,投资者就可能对公司未来的盈利能力与现金流量抱有较为乐观的预期,如果股利支付忽然产生波动或者下降,那么投资者会认为是公司经营状况变坏的信号,股价就会下跌。所以股利政策与股票价格是相关的。

(三)所得税差异理论

所得税差异理论认为,考虑到纳税的影响,资本利得的收入比股利收入更有利于实现企业价值最大化的目标,企业应采用低股利政策。一般而言,对资本利得收入征收的税率低于对股利收入征收的税率,征税的差异使得公司的股利支付政策不仅会对公司的市场价值产生不同的影响,而且也会使公司和个人的税收负担出现差异,因此,投资者更喜欢资本利得,而不愿多得股利。

(四)代理理论

代理理论认为,股利政策有助于减缓管理者与股东之间的代理冲突,即股利政策是协调股东与管理者之间代理关系的一种约束机制。该理论认为股利的支付能够有效地降低代理成本。首先,股利的支付减少了管理者对自由现金流量的支配权,这在一定程度上可以抑制公司管理者的过度投资或在职消费行为,从而保护外部投资者的利益;其次,较多的现金股利发放,减少了内部融资,导致公司进入资本市场寻求外部融资,从而公司将接受资本市场上更多的、更严格的监督,这样便通过资本市场的监督减少了代理成本。因此,高水平的股利政策降低了企业的代理成本,但同时增加了外部融资成本,理想的股利政策应当使两种成本之和最小。

任务二 股利政策的制定

知识目标

1. 理解股利政策的类型与含义。
2. 掌握各项股利政策的分配方法及其优缺点。

技能目标

1. 会运用股利政策的分配方法正确计算公司应分配的股利。
2. 能够根据各项股利政策的优缺点做出适合公司发展的股利决策。

股利政策是指公司股东大会或董事会关于公司是否发放股利、发放多少股利以及何时发放股利等方面的方针和策略,所涉及的主要是公司对其收益进行分配还是留存用于再投资的策略问题。股利政策由公司在不违反国家有关法律、法规的前提下,根据本公司的具体情况制定。股利政策有狭义和广义之分,狭义的股利政策是指保留盈余和普通股股利支付的比例关系问题,即股利发放比率的确定;而广义的股利政策则包括:股利宣布日的确定、股利发放比率的确定、股利发放时的资金筹集等问题。

在进行股利分配的实务中,公司经常采用的股利政策有以下四种。

一、剩余股利政策

剩余股利政策的理论依据是股利无关理论。根据股利无关理论,在完全理想的资本市场中,公司的股利政策与普通股每股市价无关,故而股利政策只需随着公司投资、融资方案的制订而自然确定。

(一)剩余股利政策的含义

剩余股利政策就是在公司有着良好的投资机会时,根据一定的目标资本结构(最佳资本结构),测算出投资所需的权益资本,先从盈余当中留用,然后将剩余的盈余作为股利予以分配。也就是在企业确定的目标资本结构下,税后净收益首先要满足公司的投资需求,若还有剩余,则再用于分配股利。

(二)剩余股利政策的分配方法

根据股利无关理论,股利政策不会影响公司股票价格,公司在有较好的投资机会时,可以少分配甚至不分配股利,而将留存收益用于再投资。根据这一政策,公司按如下步骤确定其股利分配额:

(1)设定目标资本结构,即确定权益资本与债务资本的比率。在此资本结构下,公司的加权平均资本成本将达到最低水平。

(2)根据公司的目标资本结构预计投资所需增加的权益资本数额。

(3)最大限度地使用留存收益来满足投资方案所需增加的权益资本数额。

(4)在满足上述需要后,留存收益若有剩余,则将其作为股利分配给投资者。

> **做中学 6-1**
>
> 新华股份有限公司(以下简称新华公司)2020年的净利润为6 000万元,为满足未来的投资计划,2021年需要增加长期资本6 000万元。公司的目标资本结构为:权益资金占60%,债务资金占40%,2021年将继续保持这一资本结构。新华公司采用剩余股利政策。
>
> 要求:
>
> (1)计算新华公司2021年投资计划所需的权益资金数额。
>
> (2)计算新华公司2020年可以发放的股利金额。
>
> 解析:
>
> (1)公司的目标资本结构中,权益资金占60%,因此,
>
> 投资所需的权益资金数额=6 000×60%=3 600(万元)
>
> (2)新华公司采用剩余股利政策,首先应按规定提取10%的法定盈余公积600万元,剩余利润5 400万元满足投资计划所需的3 600万元权益资金后,可用来发放股利。故新华公司当年可以发放的股利为6 000−6 000×10%−3 600=1 800(万元)。

(三)剩余股利政策的优缺点

剩余股利政策的优点:留存收益优先满足再投资的权益资金需要,有助于降低再投资的资本成本,同时保持最佳的资本结构,使综合资本成本最低,有利于实现企业价值的长期最大化。

剩余股利政策的缺点:股利发放额会随着公司投资机会和盈利水平的波动而波动,导致股利支付不稳定,不符合希望取得稳定收入的股东的利益需要;同时股利发放额的波动不利于投资者安排收入和支出,也不利于树立公司良好的财务形象。

剩余股利政策一般适用于公司面临较多投资机会、长期资金融资又比较困难的初创期。

二、固定股利或稳定增长股利政策

固定股利或稳定增长股利政策的理论依据是"一鸟在手"理论和股利信号理论。

(一)固定股利或稳定增长股利政策的含义

固定股利或稳定增长股利政策是指公司每年支付固定股利额或在此基础上维持某一固定增长率从而逐年稳定增长,股利不随经营状况的变化而变动。

(二)固定股利或稳定增长股利政策的分配方法

固定股利政策是将每年发放的股利固定在某一相对稳定的水平上并在较长的时期内不变,只有当公司认为未来盈余会显著地、不可逆转地增长时,才会提高年度股利发放额,如图 6-3 中的虚线所示。

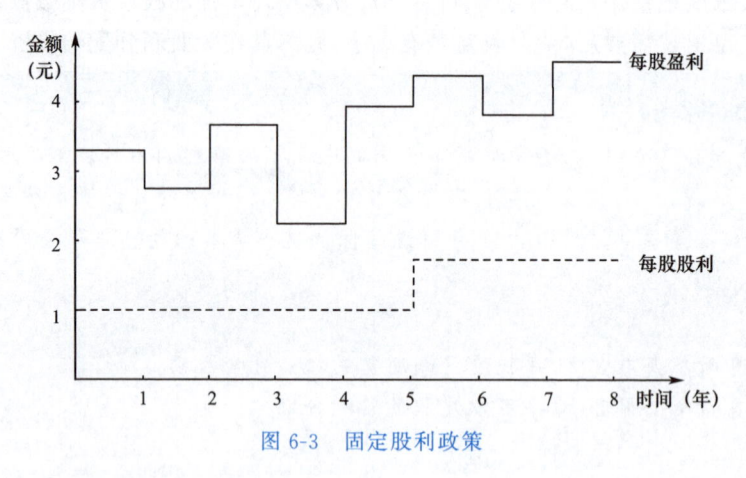

图 6-3 固定股利政策

稳定增长股利政策是每年发放的股利在上一年股利的基础上按固定增长率稳定增长,如图 6-4 中的虚线所示。

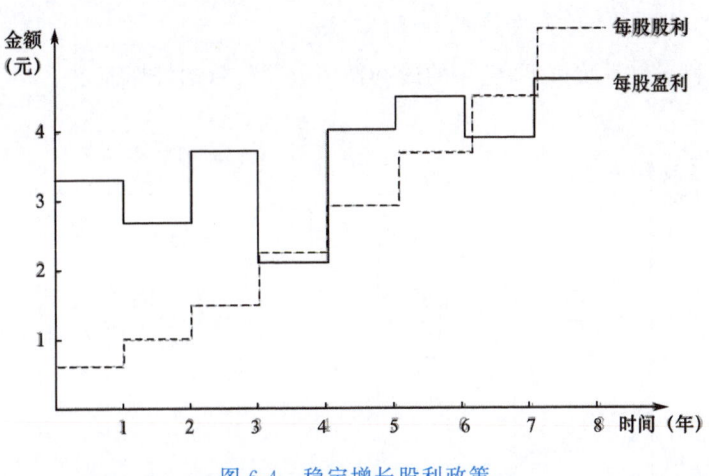

图 6-4　稳定增长股利政策

做中学 6-2

新华公司 2019 年的净利润为 5 400 万元,按法律规定提取盈余公积 540 万元后,分配现金股利 2 000 万元。2020 年的净利润为 6 000 万元。新华公司采用固定股利政策。

要求:计算新华公司 2020 年应分配的股利金额。

解析:如果新华公司采用固定股利政策,则新华公司 2020 年应分配的股利为

2020 年应分配的股利＝上年分配的股利＝2 000(万元)

(三)固定股利或稳定增长股利政策的优缺点

固定股利或稳定增长股利政策的优点:①有利于公司树立良好的形象,稳定公司股票价格,从而增强投资者对公司的信心;②稳定的股利有利于投资者安排收入与支出,特别是那些对股利有较强依赖性的股东更是如此。

固定股利或稳定增长股利政策的缺点:①股利支付与公司盈利能力相脱节,当盈利较低时仍要支付较高的股利,容易引起公司资金短缺,导致财务状况恶化;②股利支付可能会影响投资计划的实施,或使公司的资本结构偏离目标值,从而加大资本成本。

固定股利或稳定增长股利政策适用于成熟的、盈利充分且盈利能力比较稳定的、扩张需求减少的公司。从公司发展的生命周期考虑,稳定增长期的公司可采用稳定增长股利政策,成熟期的公司可采用固定股利政策。

三、固定股利支付率政策

(一)固定股利支付率政策的含义

固定股利支付率政策是公司确定一个股利占盈余的比率,长期按此比率支付股利的政策。

(二)固定股利支付率政策的分配方法

在固定股利支付率政策下,各年的股利额随公司经营的好坏而上下波动,如图 6-5 中的虚线所示。

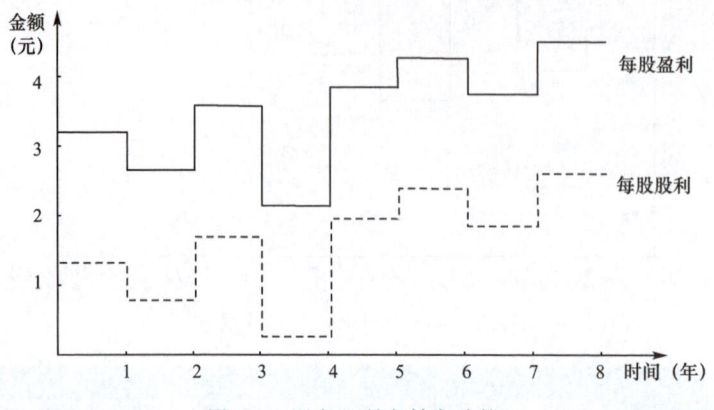

图 6-5 固定股利支付率政策

> **做中学 6-3**
>
> 新华公司长期以来采用固定股利支付率政策进行股利分配,确定的股利支付率为 20%。2020 年可供分配的税后利润为 6 000 万元,新华公司继续执行固定股利支付率政策。
>
> 要求:计算新华公司 2020 年将要支付的股利金额。
>
> 解析:根据固定股利支付率政策,新华公司 2020 年将要支付的股利为
> $$6\ 000 \times 20\% = 1\ 200(万元)$$

(三)固定股利支付率政策的优缺点

固定股利支付率政策的优点:公司的股利支付与盈利状况密切相关,每年的股利随着公司收益变动而变动,体现了"多盈多分、少盈少分、无盈不分"的股利分配原则;股利支付的多少与公司的利润正相关,体现了投资收益均衡原则。从公司支付能力的角度看,这是一种稳定的股利政策。

固定股利支付率政策的缺点:波动的股利容易给投资者带来经营状况不稳定、投资风险较大的不良印象,成为公司的不利因素;公司实现的盈利多,并不能代表公司有足够的现金流用来支付较多的股利,容易给公司带来较大的财务压力;确定一个合适的固定股利支付率的难度很大。

固定股利支付率政策只适用于处于成熟期、盈利相对比较稳定的公司。

四、低正常股利加额外股利政策

(一)低正常股利加额外股利政策的含义

低正常股利加额外股利政策是公司一般情况下每年只按固定的数额向股东支付较低的正常股利,在公司盈利较多、资金较充裕的年份,再根据实际需要向股东发放高于正常

股利的额外股利。但是,额外股利并不固定化,不意味着公司永久地提高了股利支付额。

(二)低正常股利加额外股利政策的分配方法

实行低正常股利加额外股利政策的公司,通常会确定一个较低的正常股利额,然后根据公司当年的盈利情况决定是否向股东发放高于正常股利的额外股利以及发放多少额外股利。如图 6-6 所示。

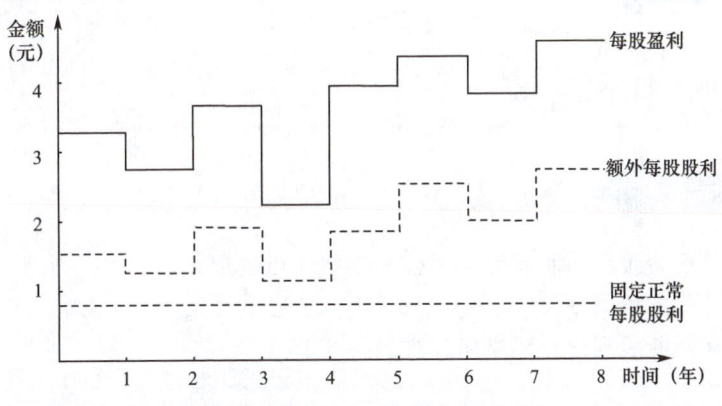

图 6-6 低正常股利加额外股利政策

做中学 6-4

新华公司 2019 年度实现的净利润为 5 400 万元,2020 年度实现的净利润为 6 000 万元。新华公司采用低正常股利加额外股利政策,规定每年较低的正常股利额为 500 万元,当年实现净利润比上年增加 10% 或 10% 以上时,将净利润的 2% 作为额外股利。

要求:计算新华公司 2020 年度应发放的股利金额。

解析:新华公司 2020 年度净利润(6 000 万元)较 2019 年度净利润(5 400 万元)增加 11.11%,超过 10%。因此新华公司 2020 年度应发放的股利为

$$500 + 6\ 000 \times 2\% = 620(万元)$$

(三)低正常股利加额外股利政策的优缺点

低正常股利加额外股利政策的优点:具有较大灵活性,使企业在股利支付上有较大的财务弹性。公司可根据每年的具体情况,选择不同的股利发放水平,以稳定和提高股价,进而实现公司价值的最大化;同时,使那些依靠股利度日的股东每年至少可以得到较低但稳定的股利收入,从而吸引这部分股东。

低正常股利加额外股利政策的缺点:额外股利会随公司盈利波动不断变化,容易给投资者以公司收益不稳定的感觉,并且若公司在较长时期持续发放额外股利,则容易被股东认为是"正常股利",而一旦取消,可能会使股东误认为是公司财务状况恶化的表现,引起公司股价下跌。

相对来说,低正常股利加额外股利政策兼具稳定性和灵活性,因而为许多企业所采用。

任务三 股利分配方案的制订

知识目标
1. 掌握股利支付形式。
2. 掌握股利支付程序。

技能目标
1. 学会区分现金股利与股票股利对公司权益项目的影响。
2. 能够在公司的不同发展阶段确定与之适用的股利政策。
3. 能够正确判断股利支付程序所对应的各个时点。

公司的股利分配方案一般包括以下几个方面：确定股利支付形式；确定股利支付水平；选择股利分配政策；确定股利支付程序。

一、确定股利支付形式

公司的股利支付形式通常包括现金股利、股票股利、财产股利和负债股利。

（一）现金股利

现金股利是以现金支付的股利，是公司最常见、也最易被投资者接受的股利支付方式。公司选择支付现金股利时，除了要有足够的留存收益外，还要有足够的现金，而现金充足与否已成为发放现金股利最主要的制约因素。

（二）股票股利

股票股利是公司以增发的股票作为股利的支付方式。在我国上市公司的股利分配实践中，股利支付方式是现金股利、股票股利或者是两种方式兼有的组合分配方式。部分上市公司在实施现金股利和股票股利的利润分配方案时，有时也会同时实施从资本公积转增股本的方案。

（三）财产股利

财产股利是以现金以外的其他资产支付的股利，主要是以公司所拥有的其他公司的有价证券，如债券、股票等，作为股利支付给股东。

（四）负债股利

负债股利是以负债方式支付的股利，通常以公司的应付票据支付给股东，有时也以发放公司债券的方式支付股利。财产股利和负债股利实际上是现金股利的替代，但这两种股利支付形式在我国公司实务中很少使用。

二、确定股利支付水平

股利支付水平通常用股利支付率来衡量。股利支付率是发放股利与净利润之比,发放股利越多,股利支付率越高,对股东和潜在投资者的吸引力就越高,可能会使公司股票供不应求,从而提高股价,而股价越高,对公司吸引投资、再融资越有利。但是过高的股利支付率会使公司留存收益减少,如果为维持高股利支付率而大量举债则又会增加资本成本,最终影响公司的未来收益和股东权益。

股利支付率是股利分配政策的核心,是否发放股利以及确定多高的股利支付率通常取决于公司下列因素:公司所处的经营周期、公司的投资机会、公司的筹资能力及成本、股利政策的信号传递功能、公司的资本结构、股东偏好和通货膨胀等因素。

三、选择股利分配政策

不同的股利政策各有利弊,公司在分配股利时应借鉴其基本决策思想,综合考虑各种主客观影响因素后,做出符合公司实际情况,有利于公司长远发展的股利政策选择。从公司发展的生命周期考虑,结合各股利政策的优缺点,在不同发展阶段,公司可以选用的股利政策见表 6-1。

表 6-1　　　　　　　　　公司不同发展阶段适用的股利政策

公司发展阶段	特　点	适用的股利政策
初创阶段	投资需求强,融资能力弱,经营风险高	剩余股利政策
快速发展阶段	投资规模快速扩张,发展迅猛	低正常股利加额外股利政策
稳定增长阶段	销量稳定,市场竞争力强,行业地位稳固,投资需求降低,每股收益稳步增长	固定或稳定增长股利政策
成熟阶段	产品市场趋于饱和,企业盈利水平保持稳定,利润和资金积累量多	固定股利支付率政策
衰退阶段	销量减少,盈利能力和股利支付能力减弱	剩余股利政策

四、确定股利支付程序

公司股利的发放必须遵守相关要求,按照日程安排来进行。一般情况下,先由董事会提出分配预案,然后提交股东大会决议,股东大会决议通过才能进行分配。股东大会向股东宣布发放股利的方案时要明确以下几个日期:

(一)预案公布日

预案公布日是董事会向社会公开发布分红预案的日期。分红预案包括本次分红的数量、方式,股东大会召开的时间、地点及表决方式等。

(二)股利宣告日

股利宣告日是董事会将股利支付情况予以公告的日期。公告中将宣布每股股利、股权登记日、除息日和股利支付日等事项。

（三）股权登记日

股权登记日是有权领取本期股利股东资格的登记截止日期，也称为除权日。只有在股权登记日前在公司股东名册上在册的股东，才有权分享股利，在此日之后取得股票的股东则无权享受已宣布的股利。

（四）除息日

除息日是领取股利的权利与股票相互分离的日期。在除息日前，持有股票者享有领取股利的权利；从除息日当天或是以后购入股票的股东不能分享本期股利。因为失去了收息的权利，所以在除息日之后，股票价格会下跌。除息日为股权登记日的下一个交易日。

（五）股利支付日

股利支付日是向股东发放股利的日期。在这一天，公司按公布的分红方案向股权登记日在册的股东实际支付股利。

做中学 6-5

新华公司于2021年4月10日公布2020年度的年度分红方案，其发布的公告如下："2021年4月9日召开的股东大会，通过了2021年4月2日董事会关于每股分派0.2元的股息分配方案。股权登记日为4月25日，除息日是4月26日，股东可在5月10日至5月25日之间通过深圳交易所按交易方式领取股息。特此公告。"

要求：说出新华公司2020年度分红方案中的预案公布日、股利宣告日、股权登记日、除息日、股利支付期间。

解析：新华公司发布的公告中，4月2日为预案公布日，4月10日为股利宣告日，4月25日为股权登记日，4月26日为除息日，5月10日至5月25日为股利支付期间，如图6-7所示。

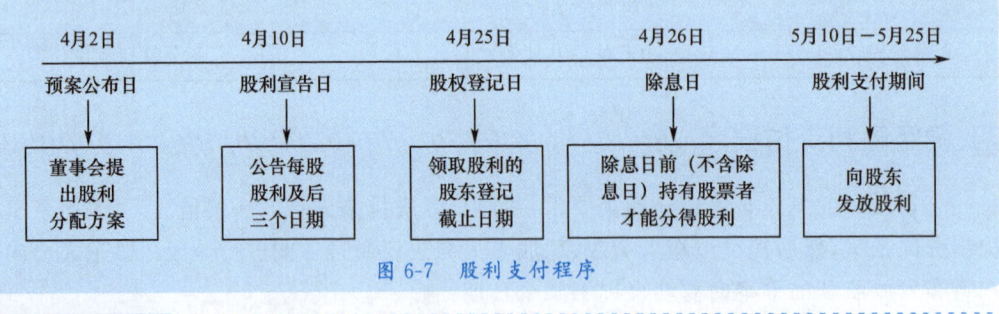

4月2日	4月10日	4月25日	4月26日	5月10日—5月25日
预案公布日	股利宣告日	股权登记日	除息日	股利支付期间
董事会提出股利分配方案	公告每股股利及后三个日期	领取股利的股东登记截止日期	除息日前（不含除息日）持有股票者才能分得股利	向股东发放股利

图6-7 股利支付程序

【拓展阅读】 美的集团股份有限公司2019年度利润分配实施公告[②]

本公司及董事会全体成员保证信息披露的内容真实、准确、完整，没有虚假记载、误导性陈述或重大遗漏。

---

② 中财网

一、股东大会审议通过利润分配方案情况

1.美的集团股份有限公司（以下简称"公司"或"本公司"）2019年度利润分配方案已经于2020年5月22日召开的2019年度股东大会审议通过。2019年度利润分配方案的具体内容为：以公司2019年年报披露日总股本6 999 467 315股扣除回购专户上已回购股份后（截至2019年年报披露日，公司已累计回购公司股份42 286 257股）的股本总额6 957 181 058股为基数，向全体股东每10股派发现金16元（含税），派发现金共计11 131 489 692.80元，不以公积金转增股本。本次利润分配方案实施时，如享有利润分配权的股本总额发生变动，则以实施分配方案股权登记日时享有利润分配权的股本总额为基数，按照分配总额不变的原则对每股分红金额进行调整。

2.截至本公告之日，公司使用回购专用证券账户累计回购社会公众股份42 286 257股，占截至本公告之日公司总股本6 999 467 315股的0.6041%。

根据深圳证券交易所发布的《深圳证券交易所上市公司回购股份实施细则》第二十二条："上市公司回购专用账户中的股份不享有股东大会表决权、利润分配、公积金转增股本、配股、质押等权利。"

3.自2019年度利润分配方案披露至实施期间，公司股本总额未发生变化。

4.本次实施的分配方案与股东大会审议通过的分配方案一致。

5.本次实施分配方案距离股东大会审议通过的时间未超过两个月。

二、本次实施的利润分配方案

公司2019年度权益分配方案为：以公司现享有利润分配权的股本6 957 181 058股为基数（已扣减公司已回购股份42 286 257股），向全体股东每10股派16元（含税）；扣税后，通过深股通持有股份的香港市场投资者、QFII、RQFII以及持有首发前限售股的个人和证券投资基金每10股派14.4元；持有首发后限售股、股权激励限售股及无限售流通股的个人股息红利税实行差别化税率征收，本公司暂不扣缴个人所得税，待个人转让股票时，根据其持股期限计算应纳税额【注】；持有首发后限售股、股权激励限售股及无限售流通股的证券投资基金所涉红利税，对香港投资者持有基金份额部分按10%征收，对内地投资者持有基金份额部分实行差别化税率征收。

【注：根据先进先出的原则，以投资者证券账户为单位计算持股期限，持股1个月（含1个月）以内的，每10股补缴税款3.2元；持股1个月以上至1年（含1年）的，每10股补缴税款1.6元；持股超过1年的，不需补缴税款。】

三、股权登记日和除息日

本次权益分派的股权登记日为2020年6月1日，除息日为2020年6月2日。

四、权益分派对象

本次分派对象为：截至2020年6月1日下午深圳证券交易所收市后，在中国证券登记结算有限责任公司深圳分公司（以下简称"中国结算深圳分公司"）登记在册的公司全体股东。

五、权益分派办法

1.本公司此次委托中国结算深圳分公司代派的现金红利将于2020年6月2日通过股东托管证券公司（或其他托管机构）直接划入其资金账户。

2.以下 A 股股东的现金红利由本公司自行派发:
……

六、除息价的计算原则及方式

本次权益分派实施后,按公司总股本折算每股现金分红比例计算如下:

按公司总股本折算每股现金分红的比例＝本次实际现金分红总额÷公司总股本(包含回购股份)＝11 131 489 692.80/6 999 467 315＝1.59(元/股)(按公司总股本折算每股现金分红的比例为四舍五入后保留小数点后两位)。

在保证本次权益分派方案不变的前提下,2019 年年度权益分派实施后的除息价格按照上述原则及计算方式执行,即本次权益分派实施后的除息价格＝前收盘价－按公司总股本折算每股现金分红比例＝股权登记日收盘价－1.59。

七、相关参数调整情况

本次权益分派后,本公司股权激励计划所涉股票期权/限制性股票的行权(或授予)价格、回购价格将进行调整;本公司回购方案涉及的回购价格和回购资金总额将进行调整,本公司将届时根据相关规定履行调整程序并披露。

八、有关咨询办法

咨询部门:美的集团股份有限公司投资者关系部

联系人:欧云彬、犹明阳

联系电话:0757-26338779、0757-26637438

九、备查文件

1.中国结算深圳分公司确认有关权益分派具体时间安排的文件;

2.第三届董事会第二十次会议决议;

3.2019 年年度股东大会会议决议。

特此公告。

美的集团股份有限公司
董事会
2020 年 5 月 27 日

任务四 股票分割与股票回购

知识目标

1.掌握股票分割的含义。
2.掌握股票回购的含义。
3.了解股票回购的种类。

> **技能目标**
>
> 1.学会分析股票分割、股票股利对财务、公司及股东产生的影响。
> 2.学会分析股票回购、现金股利对财务、公司及股东产生的影响。

一、股票分割

(一)股票分割的含义

股票分割是指股份公司按一定比例以一股以上的新股交换一股流通在外的旧股的行为,如两股新股交换一股旧股。我们也可以将股票分割理解为拆股,即将一股股票拆分为多股股票。

(二)股票分割与股票股利的财务影响

> **做中学 6-6**
>
> 新华公司在2020年年末,其资产负债表上的股东权益账户情况如下(单位:万元):
>
> 股东权益:
> 股本(面值1元,流通在外2 000万股)　　　　　　　　2 000
> 资本公积　　　　　　　　　　　　　　　　　　　　　2 000
> 盈余公积　　　　　　　　　　　　　　　　　　　　　3 000
> 未分配利润(含净利润6 000万元)　　　　　　　　　　8 000
> 股东权益合计　　　　　　　　　　　　　　　　　　　15 000
>
> 新华公司2020年年末的股票市价为6元/股。

1.股票分割的财务影响

问题:如果新华公司按照1∶2的比例进行股票分割,即现有股东每持1股旧股可交换2股新股。股票分割前后,股东权益有何变化?每股净资产会如何变化?

解析:股票分割前后,股东权益情况见表6-2。

表 6-2　　　　　　　　股票分割前后股东权益对比　　　　　　单位:万元

股票分割前		股票分割后(1∶2)	
项目	金额	项目	金额
股本(面值1元,流通在外2 000万股)	2 000	股本(面值0.5元,流通在外4 000万股)	2 000
资本公积	2 000	资本公积	2 000
盈余公积	3 000	盈余公积	3 000
未分配利润(含净利润6 000万元)	8 000	未分配利润(含净利润6 000万元)	8 000
股东权益合计	15 000	股东权益合计	15 000

股票分割前后股票收益情况见表6-3。

表 6-3　　　　　　　　　　股票分割前后股票收益对比　　　　　　　　　　单位:元

项　目	股票分割前	股票分割后
每股收益(EPS)	6 000÷2 000＝3	6 000÷4 000＝1.5
每股净资产	15 000÷2 000＝7.5	15 000÷4 000＝3.75

公司进行股票分割后,股东权益总额及内部各项目金额、比例关系均未发生变化,但是由于股票数额增加,导致股票面值、每股收益及每股净资产降低,相应地也会引起股价下降。

2.股票股利的财务影响

问题:如果新华公司宣布发放10股送2股的股票股利,即现有股东每持有10股,即可获得赠送的2股普通股。发放股票股利后,股东权益有何变化? 每股收益及每股净资产是多少?

解析:新华公司按照10股送2股发放股票股利,

应向股东赠送的股数＝2 000÷10×2＝400(万股)

应向股东发放的股利＝400×6＝2 400(万元)

股本面值1元不变,发放的股利2 400万元中400万元增加股本,其余的2 000万元作为资本溢价增加资本公积。因此发放股票股利后,股本＝2 000＋400＝2 400(万元),资本公积＝2 000＋2 000＝4 000(万元),未分配利润＝8 000－2 400＝5 600(万元)。

发放股票股利后,股东权益各项目金额见表6-4。

表 6-4　　　　　　　　　发放股票股利前后股东权益对比　　　　　　　　　　单位:万元

发放股票股利前		发放股票股利后(每10股送2股)	
项目	金额	项目	金额
股本(面值1元,流通在外2 000万股)	2 000	股本(面值1元,流通在外2 400万股)	2 400
资本公积	2 000	资本公积	4 000
盈余公积	3 000	盈余公积	3 000
未分配利润	8 000	未分配利润	5 600
股东权益合计	15 000	股东权益合计	15 000

发放股票股利前后股票收益情况见表6-5。

表 6-5　　　　　　　　　　发放股票股利前后股票收益对比　　　　　　　　　　单位:元

项　目	股票股利发放前	股票股利发放后
每股收益(EPS)	6 000÷2 000＝3	6 000÷2 400＝2.5
每股净资产	15 000÷2 000＝7.5	15 000÷2 400＝6.25

公司发放股票股利后,公司的股东权益总额不变,但是股本和资本公积增加、未分配利润减少,即不同项目之间发生了此增彼减的变化。股票股利的支付不会引起公司资产流出或负债增加,也不会导致公司的资产减少,只是调整了股东权益内部结构,所以不会改变股东权益总额,但股票股利的发放会增加流通在外的股票数量,降低股票的每股价值。

综上所述，股票分割可以增加公司发行在外的股票数额，使每股账面价值下降，但对公司的资产总额、负债总额、股东权益总额以及股东权益内部各项目之间的比例关系都不会产生影响。股票分割与股票股利非常相似，都是在股东权益总额不变的情况下增加了股份的数量，不同的是，股票股利虽然不会引起股东权益总额的改变，但会使股东权益的内部结构发生变化；而股票分割之后，股东权益总额及其内部结构都不会发生任何变化，变化的只是股票面值。

(三) 股票分割与股票股利对公司的影响

1. 股票分割对公司的影响

股票分割对公司的影响如下：

(1) 降低股票价格。股票分割会使每股市价降低，买卖该股票所需资金量减少，从而可以促进股票的流通和交易，使公司的股东数量更多、范围更广。流通性的提高和股东数量的增加，会在一定程度上加大公司股票被恶意收购的难度。

(2) 传递公司经营良好的信号。股票分割一般是成长中的公司所为，所以宣布股票分割会向社会传递一种"公司正处于发展之中"的有利信息。

(3) 为新股发行做准备。在发行新股之前，通过股票分割降低股价，可以促进股票交易和流通，吸引投资者的关注，促进新股的发行。

如果公司认为其股票价格过低，不利于其在市场上的声誉和未来的再筹资时，为提高股票的价格，会采取反分割措施。股票反分割又称为股票合并或逆向分割，是指将多股股票合并为一股股票的行为。股票反分割显然会降低股票的流通性，提高公司股票投资的门槛，它向市场传递的信息通常是不利的。

2. 股票股利对公司的影响

股票股利对公司的影响如下：

(1) 股利分配无须支付现金，使公司留存了大量现金用于再投资，有利于公司的长期发展。

(2) 发放股票股利可以降低公司股价，吸引更多投资者，促进股票的交易流通，同时还可以分散股权，有效防止公司被恶意控制。

(3) 股票股利的发放可以传递公司未来发展前景良好的信息，从而增强投资者的信心，在一定程度上稳定股票价格。

(四) 股票分割与股票股利对股东的影响

1. 股票分割对股东的影响

对股东来讲，股票分割后各股东持有的股数增加，但持股比例不变，持有股票的总价值不变。

假设一位股东在股票分割之前持股比例为10%，即持有公司的普通股200万股。那么股票分割之后，他所持有的普通股数量和持股比例为

$$持有普通股数量 = 200 \times 2 = 400（万股）$$
$$持股比例 = 400 \div 4\ 000 \times 100\% = 10\%$$

但是，股票分割通常被认为是一种利好消息而影响股价，公司股东可以从股票数量和

股票价格中获得相对收益。并且,只要股票分割后每股现金股利的下降幅度小于股票分割幅度,股东仍能多获得现金股利。

2.股票股利对股东的影响

同股票分割一样,股票股利派发前后对每一位股东的持股比例也不会产生影响。发放股票股利虽不直接增加股东的财富,但对股东来讲,存在以下有利影响:

第一,从理论上来说,派发股票股利后,每股市价会呈反比例下降,但实务中这并非是必然的结果。因为市场和投资者普遍认为,公司发放股票股利往往预示着公司会有较大的发展和成长,这样的信息传递不仅会稳定股票价格甚至可能使股价不降反升,股东便可以获得股票价值上升所带来的好处。第二,由于股利收入和资本利得税率的差异,如果股东把股票股利出售,那么其还会获得资本利得纳税上的好处。

二、股票回购

(一)股票回购的含义

股票回购是上市公司出资将其发行在外的普通股以一定价格购买回来予以注销或作为库存股的一种资本运作方式。《中华人民共和国公司法》规定,公司不得随意收购本公司的股份,公司有下列情形之一的,可以收购本公司股份:

(1)减少公司注册资本。
(2)与持有本公司股份的其他公司合并。
(3)将股份用于员工持股计划或者股权激励。
(4)股东因对股东大会做出的公司合并、分立决议持异议,要求公司收购其股份。
(5)将股份用于转换上市公司发行的可转换为股票的公司债券。
(6)上市公司为维护公司价值及股东权益所必需。

(二)股票回购的方式

股票回购的方式按照不同的分类标准主要有以下几种:

(1)按照股票回购的地点不同,可分为场内公开回购和场外协议回购两种。

场内公开回购是指上市公司把自己等同于任何潜在的投资者,委托在证券交易所有正式交易席位的证券公司,代自己按照公司股票当前市场价格回购。在国外较为成熟的股票市场上,这种方式较为流行。据不完全统计,整个80年代,美国公司采用这种方式回购的股票总金额达2 300亿美元左右,占整个回购金额的85%以上。虽然这种方式的透明度比较高,但很难防止价格操纵和内幕交易,因而美国证券交易委员会对实施场内公开回购的时间、价格和数量等均有严格的监管规则。

场外协议回购是指股票发行公司与某一类(如国家股)或某几类(如法人股、B股)投资者直接见面,通过在店头市场协商来回购股票的一种方式。协商的内容包括价格和数量的确定以及执行时间等。很显然,这种方式的缺陷就在于透明度比较低。

(2)按照筹资方式不同,可分为举债回购、现金回购和混合回购。

举债回购是指企业通过向银行等金融机构借款的办法来回购本公司股票,其目的无非是防御其他公司的恶意兼并与收购。

现金回购是指企业利用剩余资金来回购本公司的股票。

如果企业既动用剩余资金,又向银行等金融机构举债来回购本公司股票,这种方式称为混合回购。

(3)按照股票回购的对象不同,可以分为在资本市场上随机回购、向全体股东招标回购、向个别股东协商回购。

在资本市场上随机回购的方式最为普遍,但往往受到监管机构的严格监控。

在向全体股东招标回购的方式下,回购价格通常高于当时的股票价格,具体的回购工作一般要委托金融中介机构进行,成本费用较高。

向个别股东协商回购,由于不是面向全体股东,所以必须保持回购价格的公正合理性,以免损害其他股东的利益。

(4)按照回购价格的确定方式不同,可分为固定价格要约回购和荷兰式拍卖回购。

固定价格要约回购是指公司在回购要约中确定回购价格以购买一定数量的股份。为了在短时间内回购数量相对较多的股票,公司可以宣布固定价格回购要约。它的优点是赋予所有股东向公司出售其所持股票的均等机会,而且通常情况下公司享有在回购数量不足时取消回购计划或延长要约有效期的权利。与场内公开回购相比,固定价格要约回购通常被认为是更积极的信号,其原因可能是要约价格存在高出市场当前价格的溢价。但是,溢价的存在也使得固定价格回购要约的执行成本较高。

荷兰式拍卖回购首次出现于1981年Todd造船公司的股票回购。此种方式的股票回购在回购价格确定方面给予公司更大的灵活性。在荷兰式拍卖回购方式下,首先公司指定回购价格的范围(通常较宽)和计划回购的股票数量(可以上下限的形式表示);然后股东进行投标,说明愿意以某一特定价格水平(股东在公司指定的回购价格范围内任选)出售股票的数量;最后公司汇总所有股东提交的价格和数量,确定此次股票回购的"价格—数量曲线",并根据实际回购数量确定最终的回购价格。

(三)股票回购、现金股利的财务影响

做中学 6-7

新华公司在 2020 年年末,普通股的每股收益、每股市价等资料如下:

净利润	6 000 万元
流通股数	2 000 万股
每股收益(6 000÷2 000)	3 元
市盈率	2
预计分红后每股市价	6 元

新华公司董事会正在商讨用 4 000 万元发放现金股利或回购股票。

要求:请分别分析回购股票与发放现金股利的财务影响。

解析:公司如果将 4 000 万元用于发放现金股利,则

$$每股股利 = 4\ 000 \div 2\ 000 = 2(元)$$

普通股股东将有每股价值 6 元的股票和每股 2 元的现金股利,即每股合计价值 8 元,股权价值合计 16 000(8×2 000)万元。

如果新华公司改用4 000万元以每股8元价格回购股票,则

$$回购股数=4\,000\div8=500(万股)$$

未被回购普通股每股价值=(16 000－4 000)÷(2 000－500)=8(元)

新华公司发放现金股利和股票回购后的相关财务数据见表6-6。

表6-6　　　　　发放现金股利和股票回购后的相关财务数据

发放现金股利		回购股票	
项目	金额	项目	金额
现金股利总额	4 000万元	股票回购额	4 000万元
净利润总额	6 000万元	净利润总额	6 000万元
流通在外的普通股数	2 000万股	流通在外的普通股数	1 500万股
每股收益	3.00元	每股收益	4.00元
市盈率	2	市盈率	2
股利发放后每股价格	6.00元	股票回购后每股价格	8.00元
每股现金股利	2.00元	未被回购的每股价值	8.00元

由此可见,发放现金股利后股票数额不变,公司普通股的每股价值为8元(包括每股价格6元和每股股利2元);与发放现金股利相比,股票回购后由于流通在外的普通股股数减少,因此每股收益增加,股票回购后股价上升,但被回购和未被回购的普通股股东的股票每股价值均为8元。

发放现金股利和股票回购后股东权益变化情况见表6-7。

表6-7　　　　发放现金股利和股票回购后股东权益变化情况　　　　单位:万元

发放现金股利		股票回购	
项目	金额	项目	金额
股本	2 000	股本	2 000－500=1 500
资本公积	2 000	资本公积	2 000－2 000=0
盈余公积	3 000	盈余公积	3 000－1 500=1 500
未分配利润	4 000	未分配利润	8 000
股东权益合计	11 000	股东权益合计	11 000

发放现金股利使未分配利润减少4 000万元,股东权益其他项目金额不变,股东权益合计为11 000万元。股票回购额4 000万元,其中股本按面值减少500万元(面值1元,回购股票500万股),剩余3 500万元首先冲减资本公积(股本溢价)2 000万元,不足部分冲减盈余公积1 500万元,未分配利润不受影响(股本溢价和盈余公积仍不足部分冲减未分配利润),股东权益合计11 000万元。

(四)股票回购、现金股利对公司的影响

1.股票回购对公司的影响

股票回购对公司的影响如下:

(1)现金股利的替代。现金股利政策会对公司产生未来的派现压力,而股票回购不会有此种影响。当公司有富余资金时,为减少未来的派现压力,可以通过购回股东所持有的

股份将现金分配给股东,这样相当于公司支付给股东现金股利,因此可以将股票回购看作一种现金股利的替代方式。

(2)传递公司信息,增加公司价值。股票回购具有与股票发行相反的作用。股票发行被认为是公司股票被高估的信号,如果公司管理层认为公司目前的股价被低估,则其可以通过股票回购来稳定并提高股价,以向市场和投资者传递公司真正的投资价值,树立公司形象。

(3)改变公司的资本结构,发挥财务杠杆作用。如果公司认为资本结构中权益资本的比例较高,可以通过股票回购提高负债率,改变公司的资本结构,并有助于降低加权平均资本成本。虽然发放现金股利也可以减少股东权益,增加财务杠杆,但两者在收益相同情形下的每股收益不同。如果是通过发行债券融资回购本公司的股票,则可以快速提高负债比例。

(4)调节所有权结构。公司拥有回购的股票(库藏股),可以用来交换被收购或被兼并公司的股票,也可用来满足认股权证持有人认购公司股票或可转换债券持有人转换公司普通股的需要,还可以在执行管理层与员工股票期权时使用,避免发行新股而稀释每股收益。

股票回购也可能对上市公司产生不利影响,具体体现在:第一,股票回购需要大量资金支付回购成本,容易造成资金紧张,降低资产流动性,影响公司的后续发展;第二,股票回购无异于股东退股和公司资本的减少,也可能会使公司的发起人股东更注重创业利润的实现,从而不仅在一定程度上削弱了对债权人利益的保护,而且忽视了公司的长远发展,损害公司的根本利益;第三,股票回购容易导致公司操纵股价,公司可能会利用内幕消息对自己的股票进行炒作,损害投资者利益。

2.现金股利对公司的影响

现金股利具有约束公司乱花钱的能力,有利于减少代理成本。发放现金股利将减少企业资产负债表的现金和留存收益,公司在支付现金股利前,必须做好财务上的安排,以便有充足的现金支付股利。企业一旦向股东宣告发放现金股利,就对股东承担了支付的责任,必须如期履约,否则公司不仅会丧失信誉,而且会面临不必要的麻烦。

(五)股票回购、现金股利对股东的影响

公司不论采用支付现金股利的方式还是股票回购的方式,对股东而言都是等效的。但是股东因股票回购所需缴纳的资本利得税率低于因发放现金股利所需缴纳的股利收益税率,从这一点来说,股东可能会更倾向于通过股票回购获得资本利得。并且,股东对公司派发的现金股利没有是否接受的可选择性,而对股票回购则具有可选择性,因此对股东来说,与现金股利相比,股票回购不仅可以节约个人税收,而且具有更大的灵活性。

【拓展阅读】 贵州茅台的股利分配政策特征及原因分析

贵州茅台于1999年11月20日由中国贵州茅台酒厂有限责任公司作为主发起人,联合贵州茅台酒厂技术开发公司等其他七家公司共同发起设立,2001年8月27日在上海证券交易所上市。贵州茅台是国内白酒行业的标志性企业,主要生产销售茅台酒,同时进

行饮料、食品、包装材料的生产和销售,防伪技术开发,信息产业相关产品的研制开发。其生产的茅台酒是我国酱香型白酒的代表,享有"国酒"的美誉。

贵州茅台自 2001 年上市以来总计向 A 股流通股股东派现 12 次,共计 88.77 亿元,却只进行过一次募资,募资金额为 22.44 亿元,其派现金额是募资金额的 3.96 倍,远高于市场平均水平,在业内享有"现金奶牛"的美称。贵州茅台 2009~2013 年的股利分配情况见表 6-8。

表 6-8　　　　　　　　贵州茅台 2009~2013 年的股利分配情况

报告年度	分红方案(每10股)		
	送股(股)	转增(股)	派息(税前)(元)
2013	0	0	64.19
2012	0	0	39.97
2011	1	0	23.00
2010	0	0	11.85
2009	0	0	11.56

分析:从贵州茅台近 5 年的股利分配情况可知其股利政策的特征如下:

(1)连续性。自 2001 年上市以来,贵州茅台坚持每年以发放现金股利回报投资者。

(2)增长性。贵州茅台的股利支付水平平稳增长,2009 年每股派现 11.85 元,2011 年推出每 10 股送 1 股并派现 23 元,创下了 A 股派现之最,股利支付率一直保持在 20%~30%,而 2011~2013 年的股利支付率均超过了 40%。

(3)高股利。贵州茅台的每股现金股利和股利支付率水平较高,每股现金股利甚至比行业平均水平高出数十倍。

高派现股利政策的深层原因探析:

(1)股权结构影响。贵州茅台的第一大股东是贵州茅台酒厂有限责任公司,持有法人股占总股本的 61.8%,处于绝对控股地位,属于典型的"一股独大"企业。公司的实际控制人是贵州省国资委,其对分配的现金股利享有收益权。所以,当地方财政吃紧时,当地政府便会考虑借助贵州茅台近年来所派发的高额现金股利来合法地补充本地财政收入。贵州茅台的高派现行为实质上是为其实际控制人补充收入。

(2)投资机会不足。公司近年来与主营业务相关的项目投资建设仅占未分配利润的 20%,对外投资更是少得可怜,还鲜有长期借款和临时负债,更无从谈及发挥财务杠杆作用了。投资机会的减少使公司闲置资金增多,资金收益水平下降,投资机会成本加大。

(3)信号传递理论影响。贵州茅台透过高派现股利政策向外界显示出公司管理当局对企业未来经营业绩的坚定信心,不仅有利于增强投资者对公司的信心,还有助于对外营造一个良好的公众形象,真正体现出对投资者的价值回馈。

(资料来源:《商业会计》,2013 年第 5 期。)

职业能力训练

一、名词解释
1. 收益分配　　2. 剩余股利政策　　3. 固定股利政策　　4. 固定股利支付率政策
5. 低正常股利加额外股利政策　　6. 股票分割　　7. 股票回购

二、单选题
1. 下列净利润分配事项中,根据相关法律、法规和制度,应当最后进行的是(　　)。
   A. 向股东分配股利　　　　　　B. 提取任意盈余公积
   C. 提取法定盈余公积　　　　　D. 弥补以前年度亏损

2. 下列关于提取任意盈余公积的表述中,不正确的是(　　)。
   A. 应从税后利润中提取　　　　B. 应经股东大会决议
   C. 满足公司经营管理的需要　　D. 达到注册资本的50%时不再计提

3. 按照剩余股利政策,假定某公司目标资本结构(权益资本:负债资本)为5:3,下一年度计划投资600万元,本年年末股利分配时,应从税后净利润中保留(　　)用于投资需要,再将剩余利润用于发放股利。
   A. 375万元　　　　　　　　　B. 360万元
   C. 600万元　　　　　　　　　D. 0万元

4. 下列各项中,属于固定股利支付率政策的优点的是(　　)。
   A. 有利于树立公司的良好形象　B. 股利与公司盈余紧密结合
   C. 股利分配有较大灵活性　　　D. 有利于稳定公司的股价

5. 对初创阶段的企业最适宜选择的股利政策是(　　)。
   A. 固定股利支付率政策　　　　B. 固定股利政策
   C. 剩余股利政策　　　　　　　D. 低正常股利加额外股利政策

6. 关于股票股利,下列说法正确的是(　　)。
   A. 股票股利会导致股东财富的增加
   B. 股票股利会引起所有者权益各项目的结构发生变化
   C. 股票股利会导致公司资产的流出
   D. 股票股利会引起负债的增加

7. 以下方式中,投资者将要支付较高所得税税款的方式是(　　)。
   A. 股票分割　　　　　　　　　B. 股票股利
   C. 现金股利　　　　　　　　　D. 股票回购

8. 在以下股利政策中有利于稳定股票价格,从而树立公司良好形象,但股利的支付与公司盈余相脱节的股利政策是(　　)。
   A. 固定股利支付率政策　　　　B. 低正常股利加额外股利政策
   C. 剩余股利政策　　　　　　　D. 固定股利政策

9. 下列各项中,不影响股东权益总额变动的股利支付形式是(　　)。
   A. 现金股利　　　　　　　　　B. 股票股利
   C. 负债股利　　　　　　　　　D. 财产股利

10.下列各项中,受企业股票分割影响的是( )。
A.每股股票价格　　　　　　B.股东权益总额
C.企业资本结构　　　　　　D.股东持股比例

三、多选题

1.下列各项中,属于剩余股利政策优点的有( )。
A.保持目标资本结构　　　　B.降低再投资资本成本
C.使股利与企业盈余紧密结合　D.实现企业价值的长期最大化

2.下列各项股利政策中,股利水平与当期盈利直接关联的有( )。
A.固定股利政策　　　　　　B.稳定增长股利政策
C.固定股利支付率政策　　　D.低正常股利加额外股利政策

3.下列关于发放股票股利的表述中,正确的有( )。
A.不会导致公司现金流出　　B.会增加公司流通在外的股票数量
C.会改变公司股东权益的内部结构　D.会对公司股东权益总额产生影响

4.相对而言,造成股利波动较大,给投资者以公司不稳定的感觉的股利分配政策有( )。
A.剩余股利政策　　　　　　B.固定或稳定增长的股利政策
C.固定股利支付率政策　　　D.低正常股利加额外股利政策

5.下列股利政策中,基于股利相关论确立的有( )。
A.剩余股利政策　　　　　　B.固定或稳定增长的股利政策
C.固定股利支付率政策　　　D.低正常股利加额外股利政策

6.采用低正常股利加额外股利政策的优点有( )。
A.可以吸引部分依靠股利度日的股东
B.使公司具有较大的灵活性
C.使股利负担最低
D.有助于稳定和提高股价

7.下列各项中,表述正确的有( )。
A.在股权登记日取得股票的股东无权领取本次分派的股利
B.在除息日之前购买股票的股东能领取本次股利
C.在除息日当天及以后,本次股利权不从属于股票
D.在股利发放日,新购入股票的投资者能分享本次股利

8.股票股利和股票分割的共同点有( )。
A.有利于促进股票流通和交易　B.股东权益总额减少
C.普通股股数增加　　　　　　D.每股收益下降

9.股票回购对上市公司的不利影响主要包括( )。
A.股票回购易造成公司资金紧缺,资产流动性变差
B.股票回购可能使公司的发起人忽视公司长远的发展
C.股票回购容易导致公司操纵股价
D.股票回购削弱了对债权人利益的保障

10.根据股票回购对象和回购价格的不同,股票回购的主要方式有( )。
A.要约回购　　　　　　　　B.协议回购
C.杠杆回购　　　　　　　　D.公开市场回购

四、判断题

1.代理理论认为,高水平的股利政策有助于降低企业的代理成本,但也会增加企业的外部融资成本。( )

2."手中鸟"理论认为公司分配的股利越多,公司的股票价格就越高。( )

3.固定股利支付率政策的主要缺点在于公司股利支付与其盈利能力相脱节,当盈利较低时仍要支付较高的股利,容易引起公司资金短缺、财务状况恶化。( )

4.采用固定股利支付率政策分配利润时,股利不受经营状况的影响,有利于公司股票价格的稳定。( )

5.采用剩余股利政策的优点是有利于保持理想的资本结构,降低企业的平均资本成本。( )

6.盈余不稳定的公司大多会采取低股利政策。( )

7.处于成长中的公司多采取低股利政策;陷于经营收缩的公司多采取高股利政策。( )

8.在其他条件不变的情况下,股票分割会使发行在外的股票总数增加,进而降低公司资产负债率。( )

9.财产股利是以现金以外的其他资产支付的股利,主要是以公司发行的有价证券,如公司债券、公司股票等作为股利发放给股东。( )

10.股票分割对公司的资本结构和股东权益不会产生任何影响,但会引起股数增加,每股面值降低,在其他条件不变的前提下,引起每股收益和每股市价下降。( )

五、实务训练题

1.甲公司 2019 年 1 月 1 日成立,2019 年度实现的净利润为 1 000 万元,分配现金股利 500 万元,提取盈余公积 500 万元(所提盈余公积均已指定用途)。2020 年实现的净利润为 800 万元(不考虑计提法定盈余公积的因素)。2021 年计划增加投资,所需资金为 600 万元。假定公司目标资本结构为权益资金占 60%,债务资金占 40%。

要求:

(1)在保持目标资本结构的前提下,计算 2021 年投资方案所需的权益资金和需要从外部借入的债务资金。

(2)在保持目标资本结构的前提下,公司执行剩余股利政策,计算 2020 年度应分配的现金股利。

(3)在不考虑目标资本结构的前提下,公司执行固定股利政策,计算 2020 年度应分配的现金股利、可用于 2018 年投资的留存收益和需要额外筹集的资金额。

(4)不考虑目标资本结构的前提下,公司执行固定股利支付率政策,计算该公司的股利支付率和 2020 年度应分配的现金股利。

(5)假定公司 2021 年面临着从外部筹资的困难,只能从内部筹资,不考虑目标资本结构,计算在此情况下 2020 年度应分配的现金股利。

2.乙公司本年实现税后净利润100万元。下年度将面临一个投资机会,需投资50万元。公司年初未分配利润为20万元。公司预期的最佳资本结构(权益：负债)为3：2,公司发行在外的普通股为40万股。公司计提公积金的比例为10%。现公司决定采用剩余股利政策进行股利分配。

要求：
(1)计算应提取的盈余公积。
(2)计算本年应发放的股利。
(3)计算年末未分配利润。
(4)计算每股收益和每股股利。

3.丙公司利润分配前的股东权益结构见表6-9。

表6-9　　　　　丙公司利润分配前的股东权益结构　　　　　单位：万元

项目	金额
股本(面值2.5元/股,发行20万股)	50
资本公积	15
未分配利润	160
股东权益合计	225

已知本年净利润为45万元,每股市价为20元。

要求：
(1)计算利润分配前的每股收益、每股净资产、市盈率。
(2)若考虑按面值发放6%的股票股利,则发放后：
①股东权益各项目有何变化？
②每股收益为多少？
③每股净资产为多少？
(3)若按1：2的比例进行股票分割,则分割后：
①股东权益各项目有何变化？
②每股收益为多少？
③每股净资产为多少？

项目七 财务预算

知识导图

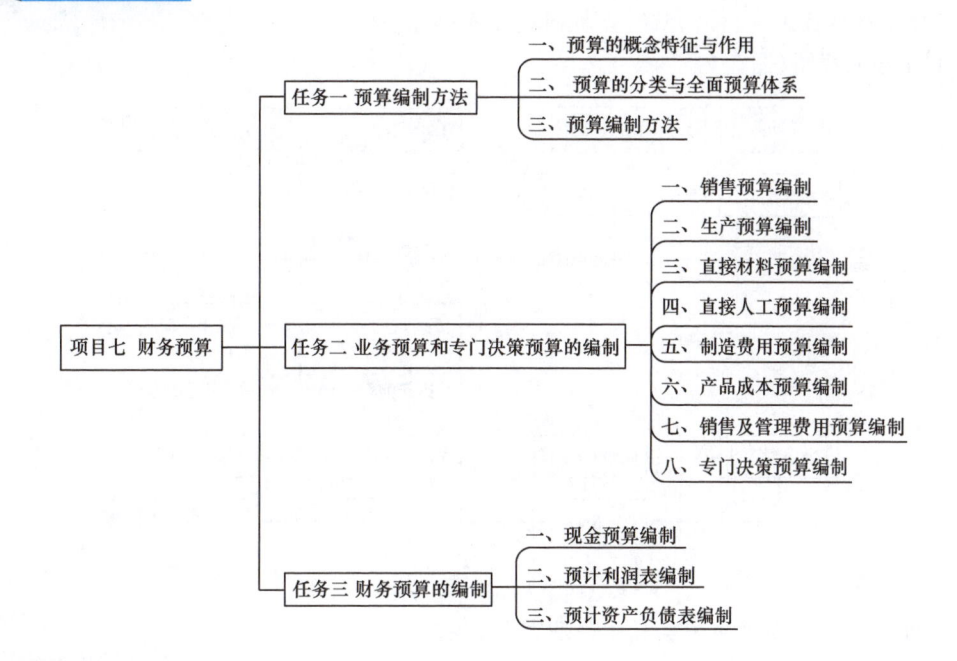

```
项目七 财务预算
├── 任务一 预算编制方法
│   ├── 一、预算的概念特征与作用
│   ├── 二、预算的分类与全面预算体系
│   └── 三、预算编制方法
├── 任务二 业务预算和专门决策预算的编制
│   ├── 一、销售预算编制
│   ├── 二、生产预算编制
│   ├── 三、直接材料预算编制
│   ├── 四、直接人工预算编制
│   ├── 五、制造费用预算编制
│   ├── 六、产品成本预算编制
│   ├── 七、销售及管理费用预算编制
│   └── 八、专门决策预算编制
└── 任务三 财务预算的编制
    ├── 一、现金预算编制
    ├── 二、预计利润表编制
    └── 三、预计资产负债表编制
```

思政目标

1. 培养管理、统计、核算等财务复合型职业能力。
2. 培养学生敬业、精益、专注、创新的工匠精神。
3. 会计职业道德养成之客观公正。

导学案例

LZ集团是一家具有10年历史的山东省民营企业,主营业务为饮料制造。经过几年的资本积累,企业资产规模扩大10余倍,成为当地的纳税大户。企业自有资金充足,筹资渠道畅通,集团在加大主业投资规模和速度的同时,也开始对非相关的其他行业领域进行了实业投资,如化工、房地产等大大小小十几家分公司和子公司,组成了一个多元化经营

193

企业财务管理

的集团公司。

随着规模的扩张,集团总经理岳志鹏越来越意识到"预算管理"和"过程控制"的重要性。在与集团领导班子其他成员讨论后,LZ集团在2004年年初提出了"以财务为核心,以预算管理为突破口,全面提升集团对下属子公司的管控力度"的管理改进目标,特别指定集团CFO王彬全面负责此事,并对王彬充分授权开展预算工作。

岳志鹏本以为到年底就可以听取有关"集团推行预算效果显著"的汇报了。可是,还没到国庆节,王彬却找上门来,说是预算在集团里的推行极不理想,自己得罪了不少人且不说,大家对财务部门预算的抵触情绪越来越大,年初编的预算现在看来就是一张废纸,没人拿它当回事,更别说实现年初的目标了。

岳志鹏感到意外和困惑:为什么人家都说预算管理对企业有好处,而在我的企业里却见不到效果,甚至起反作用呢?他决定开一次预算工作研讨会,让大家畅所欲言发表意见,听听各个单位或部门怎么说,分析问题出在哪儿。

1. 业务流程图(图7-1)

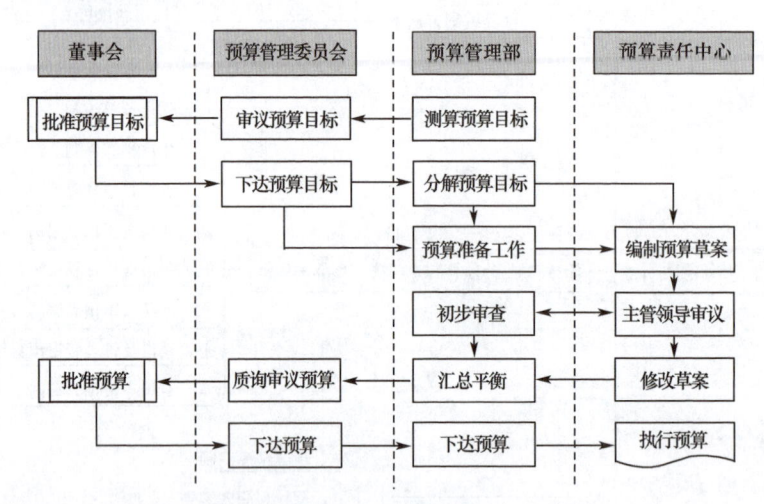

图7-1 业务流程图

2. 业务涉及人员及主要会计岗位职责(图7-2)

职责内容:
1. 协助财务总监建立预算管理体系,为预算工作建立配套的执行、控制机制。
2. 制定公司年度全面预算,组织编制整个企业的财务预算及财务部门费用预算。
3. 汇编各部门预算草案,形成企业的销售预算、采购预算和费用预算等项目预算。
4. 综合、平衡企业各职能部门的预算,经决策层批准后下达实施。
5. 监督管理预算的执行情况,查看预算建议,及时向管理层反馈。
6. 定期汇总、综合分析各部门编制的简要预算执行差异分析报告。
7. 负责向董事会解答有关预算的质疑,确定组织的预算要求符合法律规定。

图7-2 业务涉及人员及主要会计岗位职责

项目七 财务预算

任务一　预算编制方法

知识目标

1. 理解预算的概念、特征及作用。
2. 掌握预算的分类及全面预算体系的构成。
3. 掌握各项预算编制方法及其优缺点。

技能目标

1. 学会固定预算与弹性预算的编制与分析。
2. 学会增量预算与零基预算的编制与分析。
3. 学会定期预算与滚动预算的编制与分析。

一、预算的概念、特征及作用

（一）预算的概念

预算的概念起源于国家预算。1853年马克思在一篇英国议会评论中写道："预算只不过是国家本年度预期收入和支出的一览表……"在我国，国家预算是指经过一定法律程序批准的国家年度财政收支计划。

企业预算是指企业为实现预定期内的战略规划和经营目标，在预测、决策的基础上按照一定程序编制、审查、批准的，以数量和金额的形式反映企业未来一定时期内经营、投资、财务等活动的具体计划，是为实现企业目标而对各种资源和企业活动所做的详细安排。企业预算包括经营预算、专门决策预算、财务预算等，各项预算的有机组合构成企业总体预算，通常也称为全面预算。全面预算管理就是以全面预算为标准，对预算执行过程和结果进行控制、核算、分析、考核等一系列管理控制活动的过程。

（二）全面预算的特征

1. 战略性

全面预算编制的目的是使企业以最经济有效的方式实现预定期内的战略规划和经营目标，因此，全面预算应当与企业的战略规划或经营目标保持一致，具有战略性特点。

2. 全面性

全面性主要体现为"全方位""全员性""全过程"。首先，从编制范围来看，全面预算包括经营预算、长期投资预算、筹资预算、财务预算等，涵盖了企业的经营活动、投资活动和筹资活动，体现了全面预算"全方位"的特点；其次，从参与人员情况来看，全面预算涉及企业的方方面面，需要公司各个部门全员参与，体现了全面预算的"全员性"特点；最后，从全面预算实施的过程来看,从预算编制、执行控制、考核分析到评价奖惩,全面预算渗透到了企业生产经营的每个环节,具有"全过程"的特点。

3.具体性

全面预算的内容必须是具体的,作为一种数量化的详细计划,它是对未来活动的细致、周密安排。因此,预算是一种可据以执行和控制经济活动的、最为具体的计划,是将企业活动导向预定目标的有力工具。

4.机制性

全面预算管理是一个围绕市场展开的、企业内部的自我约束、自我管理机制。它不是临时性、分散性的管理手段,而是通过预算的实施来强化内部控制管理,使预算成为一种管理上的制度安排。预算以市场为主导,全面考虑市场机制(供求机制、竞争机制、价格机制等);预算管理是一种权力控制管理,是一种机制安排,权、责、利必须对等;预算的决策权、执行权、监督权必须相互分立,以保证权力的制衡和系统的有序运转。

(三)全面预算的作用

全面预算的作用主要表现在以下几个方面:

1.营运控制

预算通过引导和控制经济活动,使企业经营达到预期目标。预算可视为一种控制标准,将实际经营成果与预算相比较可以让管理者找出差异,发现问题,采取措施纠正不良偏差,改善经营。

2.沟通和协调

预算的编制要求各个职能部门之间密切配合,相互协调,统筹兼顾,全面安排,搞好综合平衡。各部门预算的综合平衡,能促使各部门管理人员清楚地了解本部门在全局中的地位和作用,尽可能地做好部门之间的沟通与协调工作。

3.绩效评估

预算作为企业财务活动的行为标准,使各项活动的实际执行有章可循。预算标准可以作为各部门责任考核的依据。经过分解落实的预算规划目标能与部门、责任人的业绩考评结合起来,成为奖勤罚懒、评估优劣的准绳。

二、预算的分类与全面预算体系

(一)预算的分类

1.根据预算内容不同,全面预算可以分为经营预算、专门决策预算和财务预算

(1)经营预算是指与企业日常经营活动直接相关的各种经营业务预算,也称为业务预算。经营预算包括销售预算、生产预算、直接材料预算、直接人工预算、制造费用预算、产品成本预算、销售及管理费用预算等。其中销售预算是其他各项预算编制的基础;生产预算是根据销售预算中的预计销售量按产品品种、数量分别编制的;在生产预算的基础上,可以编制直接材料预算、直接人工预算和制造费用预算。而销售及管理费用预算,包括制造业务范围以外预计发生的各种费用明细项目,如销售费用、广告费、运输费等。对于实行标准成本控制的企业,还需要编制产品成本预算。

（2）专门决策预算是对企业不经常发生的、一次性的重要决策，如固定资产投资、权益性资本投资、债券投资等，是在可行性研究的基础上编制的预算。它具体反映何时进行投资、投资多少、资金从何处取得、何时可获得收益、每年的现金流量为多少、需要多少时间回收全部投资等。专门决策预算应当力求和企业的战略以及长期计划紧密结合在一起。

（3）财务预算是关于资金筹措和使用的预算，它是对一定时期内企业资金的取得和投放、各项收入和支出、企业经营成果及其分配等资金运动所做的具体安排，包括现金预算、财务报表预算等。财务预算作为全面预算体系的最后环节，从价值方面总括地反映了企业经营预算与专门决策预算的结果，也称为总预算。

2.按照适用时间的长短，全面预算可分为长期预算和短期预算

长期预算和短期预算的划分通常以1年为界限，预算期在1年以上的预算称为长期预算，预算期在1年以内（含1年）的预算则称为短期预算。短期预算可以是年度预算、季度预算或时间更短的月度预算、旬预算和周预算。一般情况下，企业的业务预算和财务预算多为1年期的短期预算，年内再按季或月细分，而且预算期间往往与会计期间保持一致；专门决策预算涉及企业的长期建设项目，属于长期预算。

（二）全面预算体系

全面预算是围绕企业的战略规划与经营目标，由一系列预算包括经营预算、专门决策预算和财务预算构成的有机整体，各项预算前后衔接，形成了完整的全面预算体系，如图7-3所示。

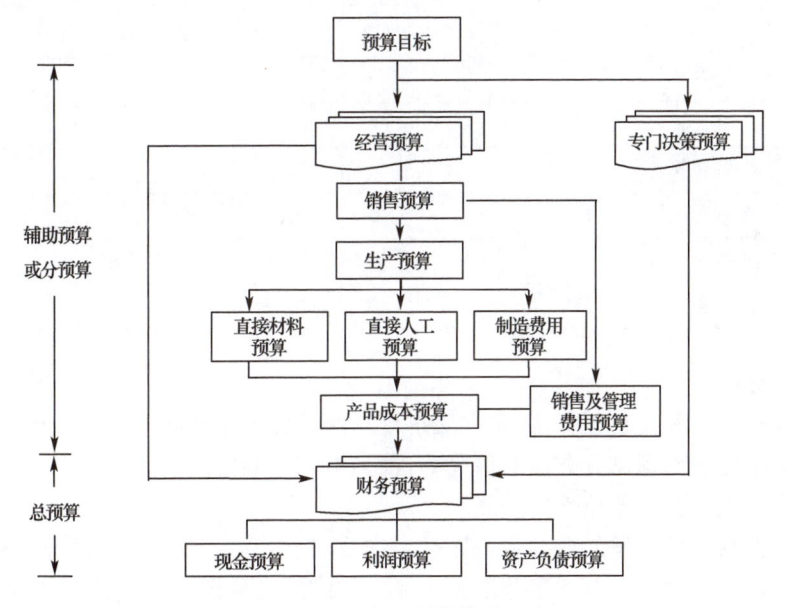

图7-3 全面预算体系

三、预算编制方法

预算编制中常用的方法有：固定预算法、弹性预算法、增量预算法、零基预算法、定期预算法、滚动预算法。

（一）固定预算法与弹性预算法

1. 固定预算法

固定预算法又称静态预算法，是编制预算最基本的方法。它是以预算期内正常的、可实现的某一既定业务量水平为基础来编制的预算。固定预算编制不考虑预算期内产销量可能产生的变化，因此当实际业务量脱离预定水平时，就难以发挥其控制与考核作用。

> **做中学 7-1**
>
> 永胜公司销售 A 产品，2021 年预计各季度的销售量分别是 1 000 件、1 300 件、1 500 件、1 200 件，销售单价为每件 200 元，预计销售货款当季收回 60%，其余 40% 在下一季度收回，预算年度的期初应收账款余额为零。
>
> 要求：编制永胜公司 2021 年度 A 产品的销售预算（不考虑增值税）。
>
> 解析：由于永胜公司能够预计预算年度 A 产品的业务量（销售量），且业务量水平较为稳定，故可采用固定预算法来编制销售预算，见表 7-1。
>
> 表 7-1　　　　　　　　　永胜公司 A 产品销售预算
>
> 2021 年度　　　　　　　　　　　　　　　金额单位：元
>
> | 项目 | | 第 1 季度 | 第 2 季度 | 第 3 季度 | 第 4 季度 | 全年 |
> |---|---|---|---|---|---|---|
> | 预计销售量（件） | | 1 000 | 1 300 | 1 500 | 1 200 | 5 000 |
> | 销售单价（元/件） | | 200 | 200 | 200 | 200 | 200 |
> | 预计销售收入 | | 200 000 | 260 000 | 300 000 | 240 000 | 1 000 000 |
> | 预计现金收入 | 应收账款期初 | 75 000 | | | | 75 000 |
> | | 第 1 季度销售收入 | 120 000 | 80 000 | | | 200 000 |
> | | 第 2 季度销售收入 | | 156 000 | 104 000 | | 260 000 |
> | | 第 3 季度销售收入 | | | 180 000 | 120 000 | 300 000 |
> | | 第 4 季度销售收入 | | | | 144 000 | 144 000 |
> | 现金收入合计 | | 195 000 | 236 000 | 284 000 | 264 000 | 979 000 |

2. 弹性预算法

弹性预算法又称变动预算法，是在固定预算的基础上发展起来的一种预算编制方法。它是在企业不能准确预测业务量的情况下，根据本、量、利之间的数量依存关系，按照一系列业务量水平编制的有伸缩性的预算。

编制弹性预算所依据的业务量可以是生产量、销售量、机器工时、材料消耗量和直接人工工时等。弹性预算的业务量范围视企业或部门的业务量变化情况而定，一般来说，其业务量范围可定在正常生产能力的 70%～110%，或以历史上最高、最低业务量为其上、下限。

弹性预算的编制步骤如下：

(1) 选择和确定业务量的计量单位，如产销量、直接人工小时、机器工时等。

(2) 根据预测，确定可能达到的各种业务量水平。

(3)根据成本性态和业务量间的依存关系,在编制时要将所有成本划分为变动成本和固定成本,对变动成本按单位成本进行预算和控制,对固定成本按总额进行预算和控制,这样能够适应不同业务量的变化,扩大了预算的适用范围,更好地发挥预算的控制作用。

弹性预算的编制,可以采用公式法,也可以采用列表法。

(1)公式法。公式法是假设成本和业务量之间存在线性关系,企业各项目成本可分为变动成本和固定成本两部分。成本总额、固定成本总额、业务量和单位变动成本之间的变动关系可以表示为

$$Y = a + bX$$

其中 Y 是成本总额,a 表示不随业务量变动而变动的那部分固定成本总额,b 是单位变动成本,X 是业务量,某项目成本总额 Y 是该项目固定成本总额(a)和变动成本总额(bX)之和。

做中学 7-2

永胜公司 B 产品的正常生产能力为 200 吨,预计 2021 年 B 产品的销售量为 140~220 吨,销售单价为 1.5 万元/吨。此业务量水平范围内的产品单位变动成本为 0.6 万元/吨,固定成本总额为 80 万元。

要求:编制永胜公司 B 产品的收入、成本和利润预算(不考虑增值税)。

解析:永胜公司对 2021 年 B 产品的销售量不能准确预计,因而采用固定预算法来编制成本预算是不可行的,而采用弹性预算法则可以按一定的业务量范围编制相应的预算。下面采用公式法编制 B 产品弹性预算,见表 7-2。

表 7-2　　永胜公司 2021 年 B 产品销售收入、成本和利润弹性预算(公式法)

序号	销售量 X(吨) ①	总成本 Y(万元) ②=$a+bX$	销售收入(万元) ③=①×单价	利润(万元) ④=③-②	备注
1	140	164.0	210.0	46.0	
2	141	164.6	211.5	46.9	
3	142	165.2	213.0	47.8	
4	143	165.8	214.5	48.7	已知:
5	144	166.4	216.0	49.6	$a=80$
6	145	167.0	217.5	50.5	$b=0.6$
7	146	167.6	219.0	51.4	$Y=a+bX$
8	147	168.2	220.5	52.3	单价:1.5 万元/吨
9	148	168.8	222.0	53.2	
10	149	169.4	223.5	54.1	
…	…	…	…	…	
80	220	212.0	330.0	118.0	

企业财务管理

利用公式法编制预算的关键是找出各项成本费用的固定成本和单位变动成本,预算表格中需要注明线性公式和相应的 a、b 数值。当业务量变化到一定限度时,代表固定成本的 a 和代表单位变动成本的 b 就会发生变化,此时需要在"备注"中说明在不同的业务量范围内应该采用的不同的固定成本(a)数值和单位变动成本(b)数值。

公式法的优点是便于在一定范围内计算任何业务量的预算成本,可比性和适用性强,编制预算的工作量相对较小。缺点是按公式进行成本分解比较麻烦,需要对每个费用子项目甚至细目逐一进行成本分解,工作量很大。

(2)列表法。列表法也叫多水平法,它是在确定的业务量范围内,通过列表的方式,划分出若干个不同水平,将与不同水平业务量对应的预算数列示出来的一种弹性预算编制方法。

在应用列表法时,业务量之间的间隔应根据实际情况确定。间隔越大,水平级别就越少,可简化编制工作,但间隔过大会丧失弹性预算的优势;间隔越小,用以控制成本费用的标准就越为准确,但会增加预算编制的工作量。一般情况下,业务量的间隔以 5%~10% 为宜。

做中学 7-3

永胜公司预计 2021 年 C 产品的销售量为 400~500 吨,销售单价为 1.5 万元/吨。销售量为 400~450 吨时,产品单位变动成本为 0.8 万元/吨,固定成本总额为 100 万元;销售量为 450~500 吨时,产品单位变动成本为 0.9 万元/吨,固定成本总额为 120 万元。

要求:编制永胜公司 C 产品的收入、成本和利润预算(不考虑增值税)。

解析:采用弹性预算法(列表法),按 5% 的间隔编制销售收入、成本和利润预算,见表 7-3。

表 7-3　永胜公司 2021 年 C 产品销售收入、成本和利润弹性预算(列表法)

项目	单位	方案1	方案2	方案3	方案4	方案5	方案6
销售量	吨	400	420	440	460	480	500
销售收入	万元	600	630	660	690	720	750
变动成本	万元	320	336	352	414	432	450
边际贡献	万元	280	294	308	276	288	300
固定成本	万元	100	100	100	120	120	120
利润	万元	180	194	208	156	168	180

列表法的优点是可以直接从表中查得各种业务量下的成本费用预算(表 7-3 中,如果永胜公司实际执行结果为销售量 440 吨,则变动成本总额为 352 万元,固定成本总额为 100 万元),不用再另行计算,在控制成本方面较公式法更为直接、方便。但是,如果预算的实际执行结果与预算标准不完全一致(表 7-3 中,永胜公司的实际执行结果为销售量 425 吨),这时需要使用插补法来计算实际业务量的预算标准,为预算的考评工作带来不便。

3.固定预算法与弹性预算法的适用范围及优缺点(表7-4)

表7-4　　　　　固定预算法与弹性预算法的适用范围及优缺点比较

预算编制方法	固定预算法	弹性预算法
适用范围	业务量水平较为稳定的企业或部门;非营利组织	与业务量有关的各种预算,在实务中主要用于编制弹性成本(费用)预算和弹性利润预算
优点	简便易行,应用广泛	①预算范围宽。根据计划期或预算期间可预见的多种业务量水平分别编制,扩大了预算的适用范围。②可比性强。按成本的不同性态分类列示,便于在计划期终了时计算"实际业务量的预算成本",使预算执行情况的评价和考核具有可比性
缺点	①过于机械呆板,以事先确定的某个业务量水平为编制基础,不考虑预算期内业务量水平实际可能发生的变动。②可比性差,当实际业务量与编制预算依据的业务量发生较大差异时,预算指标的实际数与预算数就会因业务量基础不同而失去可比性	相对于固定预算法来说,预算编制的工作量较大

(二)增量预算法与零基预算法

1.增量预算法

增量预算法是指以基期成本费用水平为基础,结合预算期业务量水平及有关降低成本的措施,通过调整有关费用项目而编制预算的方法。

增量预算法以过去的费用发生水平为基础,主张不需在预算内容上做较大的调整,它的编制遵循如下假定:(1)企业现有业务活动是合理的,不需要进行调整;(2)企业现有各项业务的开支水平是合理的,在预算期予以保持;(3)以现有业务活动和各项活动的开支水平,确定预算期各项活动的预算数。

> **做中学 7-4**
>
> 永胜公司的销售费用均为变动费用,预计 2021 年的销售费用比 2020 年增长 10%。永胜公司 2020 年的各项销售费用数据如下:销售人员工资为 20 万元,运输费为 15 万元,差旅费为 5 万元,广告宣传费为 20 万元,业务招待费为 5 万元,其他变动费用为 5 万元。
>
> 要求:编制永胜公司 2021 年销售费用预算。
>
> 解析:可采用增量预算法编制销售费用预算,见表 7-5。

表 7-5　　　　　　　　　　永胜公司 2021 年销售费用预算

序号	明细项目	2020年实际发生额（万元）	增减比率	增减额（万元）	2021年预算金额（万元）
1	销售人员工资	20	10%	2.0	22.0
2	运输费	15	10%	1.5	16.5
3	差旅费	5	10%	0.5	5.5
4	广告宣传费	20	10%	2.0	22.0
5	业务招待费	5	10%	0.5	5.5
6	其他变动费用	5	10%	0.5	5.5
合计		70	10%	7.0	77.0

2.零基预算法

零基预算法的全称为"以零为基础的编制计划和预算方法"，是指在编制成本费用预算时，不考虑以往会计期间所发生的费用项目或费用数额，而是一切以零为出发点，从实际需要逐项审议预算期内各项费用的内容及开支标准是否合理，在综合平衡的基础上编制费用预算的方法。

零基预算的编制程序如下：

第一，动员与讨论。动员企业内部所有部门及员工，根据企业的生产经营目标，详细讨论计划期内应该发生的费用项目，并对每一费用项目编写一套方案，列出费用开支的目的及数额。

第二，划分不可避免费用项目和可避免费用项目。在编制预算时，对不可避免费用项目必须保证资金供应；对可避免费用项目，则需要逐项进行成本与效益分析，尽量控制不可避免项目纳入预算当中。

第三，划分不可延缓费用项目和可延缓费用项目。在编制预算时，应根据预算期内可供支配的资金数额在各费用之间进行分配。应优先安排不可延缓费用项目的支出，再根据需要，按照费用项目的轻重缓急确定可延缓项目的开支。

做中学 7-5

永胜公司有关单位根据公司的总体目标和本单位的责任目标经详细讨论提出如下费用开支方案：

A 广告费为 100 000 元，B 培训费为 120 000 元，C 房屋租金为 20 000 元，D 差旅费为 50 000 元，E 办公费为 10 000 元。

要求：编制永胜公司 2021 年度费用的零基预算。

解析：预算审核者对上述费用进行了逐项审核，认为 C、D、E 项为约束性费用，应首先予以保证，故将其列第一层次。但根据公司的业务特点及现有条件，可以利用现代化办公设备加强与客户的通信联系，进而免除一些不必要的差旅，因此将差旅费减少 20 000 元，办公费增加 5 000 元；A、B 项为酌量性费用，根据历史资料进行的"成本-效益分析"显示,每投入1元广告费或培训费所产生的收益分别是10元和15元,故将培训费列第二层次,广告费列第三层次。

考虑多方面的因素,可在A、B、C、D、E项中分配的资金为240 000元。根据上一步骤的审核和排序,确定费用预算如下:

第一层次:房屋租金为20 000元、差旅费为30 000元、办公费为15 000元,共计65 000元。

第二层次:培训费＝(240 000－65 000)×15/(10＋15)＝105 000(元)

第三层次:广告费＝(240 000－65 000)×10/(10＋15)＝70 000(元)

永胜公司2021年度费用零基预算见表7-6。

表7-6　　　　　　永胜公司2021年度费用零基预算

序号	明细项目	2021年预算金额(万元)			
		第一层次	第二层次	第三层次	合计
1	房屋租金	20 000			20 000
2	差旅费	30 000			30 000
3	办公费	15 000			15 000
4	培训费		105 000		105 000
5	广告费			70 000	70 000
	合计	65 000	105 000	70 000	240 000

由此可见,零基预算不受基期预算影响,可以摒弃现行的不合理支出,优化资金配置;能够充分调动企业各部门和各级管理人员的积极性,精打细算,合理使用资金,提高经济效益。但是,由于每期预算都要从零开始,对各项业务活动进行分析、研究,所以需要花费较长的时间,付出较大的代价。因此,对于企业是否应该应用零基预算法编制预算,也要进行成本效益分析,避免得不偿失。

3.增量预算法与零基预算法的适用范围及优缺点(表7-7)

表7-7　　　　　增量预算法与零基预算法的适用范围及优缺点

预算编制方法	增量预算法	零基预算法
适用范围	适用于同收入成正比的变动成本费用支出预算	适用于较难辨认的服务性部门费用预算的编制
优点	①编制方法简便,容易操作,便于理解;②由于考虑了上年度预算实际执行情况,所编制出的收支预算易得到公司各层级的理解和认同	①不受现有费用基础限制;②能够调动各方面降低费用的积极性;③有助于企业未来发展
缺点	由于不加以分析地保留或接受原有的成本费用项目,可能使原来不合理的费用继续开支而得不到控制,形成不必要开支合理化,造成预算上的浪费	一切从零出发,在编制费用预算时需要完成大量的基础工作,工作量大

(三)定期预算法与滚动预算法

1.定期预算法

定期预算法是指在编制预算时,以不变的会计期间(如日历年度)作为预算期的一种编制方法。前面所介绍的各种预算编制方法通常都属于定期预算。

2.滚动预算法

滚动预算法又称"连续预算法"或"永续预算法",是在定期预算的基础上发展起来的一种预算方法。滚动预算法将预算期间与会计期间脱离开,使预算期始终保持为一个固定长度(通常为12个月),每过一个月,便根据新的情况调整后几个月的收支预算,并在原有的预算期末及时增列一个月的收支预算,逐期向后滚动,使整个预算处于一种永续滚动状态。

滚动预算法主要遵循"近细远粗"的编制原则,在编制过程中还采用了长期计划、短期安排的方法进行,即在基期编制预算时,先按年度分季,并将其中第一季度按月划分,建立各月的明细预算数字,以便监督预算的执行;至于其他三个季度的预算可以粗略一些,只列各季总数。到第1季度结束后,再将第2季度的预算按月细分,第3季度和第4季度以及增列的下一年度的第1季度的预算只列出各季度的总数……以此类推。这种预算能使企业各级管理人员对未来始终保持整整12个月时间的考虑和规划,从而保证企业的经营管理工作能够稳定而有序地进行。

按月滚动的滚动预算编制方式如图7-4所示。

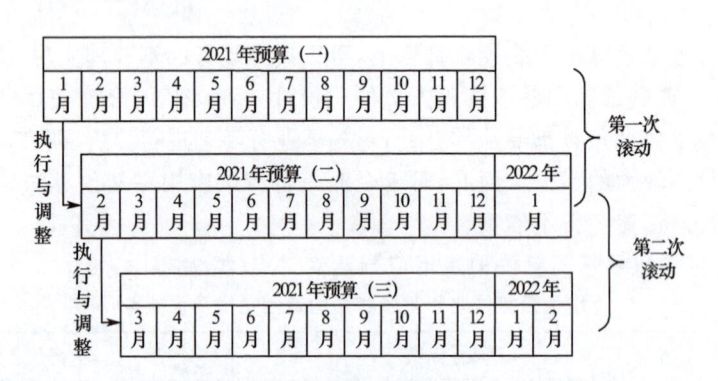

图7-4 滚动预算编制方式

3.定期预算法与滚动预算法的适用范围及优缺点(表7-8)

表7-8 定期预算法与滚动预算法的适用范围及优缺点

预算编制方法	定期预算法	滚动预算法
适用范围	业务活动固定的企业	①生产经营活动与市场紧密接轨的企业;②产品销售预算及生产预算的编制;③规模较大、时间较长的工程类项目预算

（续表）

预算编制方法	定期预算法	滚动预算法
优点	能够使预算期间与会计期间相配合，便于将实际数与预算数进行对比，也有利于对预算执行情况进行分析和评价	①具有远期指导性；②预算随着时间的推移不断加以调整和修订，具有灵活性和及时性；③滚动预算法能保持预算的完整性、连续性，以适应连续不断的生产经营过程
缺点	①缺乏远期指导性，定期预算法固定以1年为预算期，缺乏长远打算；②缺乏灵活性，定期预算法不能根据情况的变化及时进行调整，预算容易滞后过时；③缺乏连续性，由于受预算期间的限制，定期预算法不能适应连续不断的生产经营过程	预算编制工作比较繁重

任务二　业务预算和专门决策预算的编制

知识目标

1. 掌握销售预算的内容和编制方法。
2. 掌握生产预算的内容和编制方法。
3. 掌握直接材料预算的内容和编制方法。
4. 掌握直接人工预算的内容和编制方法。
5. 掌握制造费用预算的内容和编制方法。
6. 掌握产品成本预算的内容和编制方法。
7. 掌握销售及管理费用预算的内容和编制方法。
8. 理解专门决策预算的内容和编制方法。

技能目标

1. 学会编制销售预算。
2. 学会编制生产预算。
3. 学会编制直接材料预算。
4. 学会编制直接人工预算。
5. 学会编制制造费用预算。
6. 学会编制产品成本预算。
7. 学会编制销售及管理费用预算。

企业财务管理

企业一般编制业务预算的期间通常以一年或一个营业周期为期,这样可使预算年度与会计年度相一致,便于预算执行结果的分析、评价和考核。业务预算主要包括销售预算、生产预算、直接材料预算、直接人工预算、制造费用预算、生产成本预算和销售及管理费用预算。业务预算和专门决策预算是编制现金预算的依据。

企业预算以利润为最终目标,并把确定下来的目标利润作为编制预算的前提条件。根据已确定的目标利润,通过市场调查,进行销售预测,编制销售预算。在销售预算的基础上,做出不同层次不同项目的预算,最后汇总为综合性的现金预算和预计财务报表。一般应按照"上下结合、分级编制、逐级汇总"的程序进行。财务预算编制的过程可以归结为以下几个主要步骤(如图 7-5):

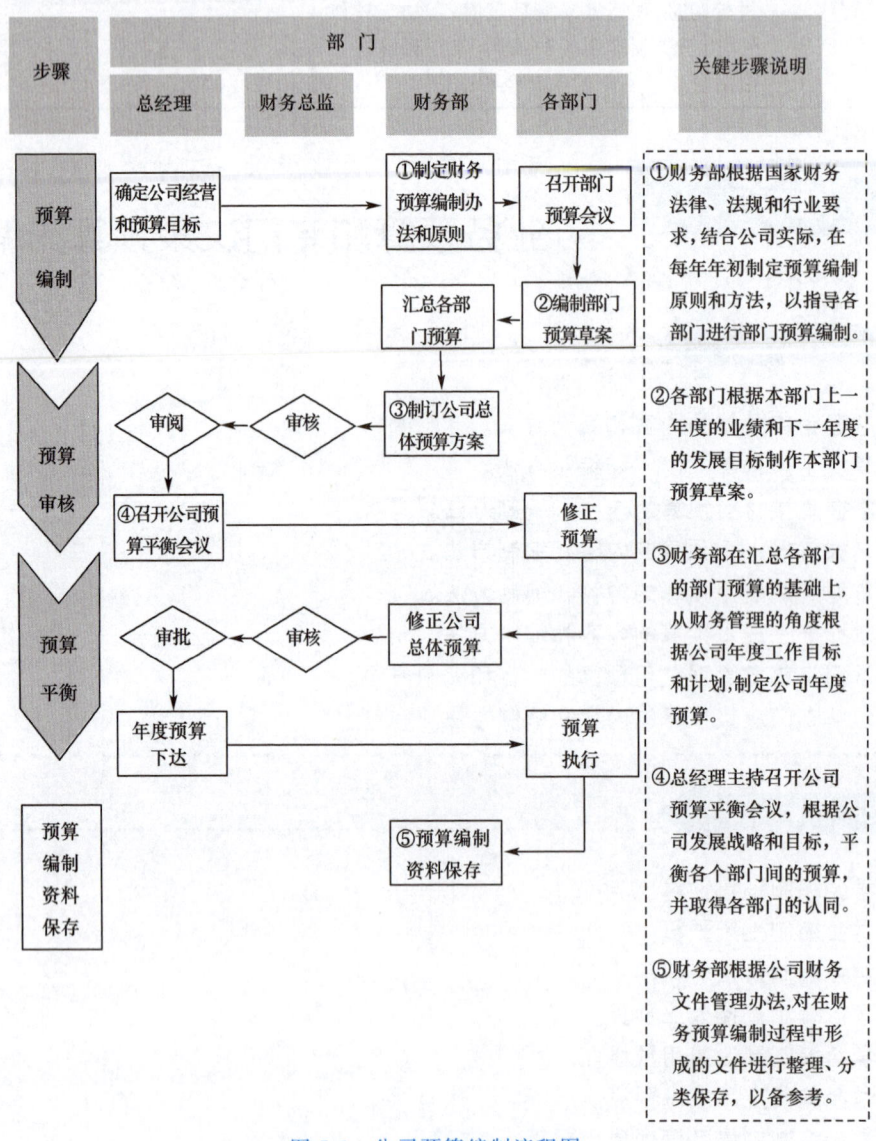

图 7-5 公司预算编制流程图

(1)根据销售预测编制销售预算。

(2)根据销售预算确定的预计销售量,结合产成品的期初结存量和预计期末结存量编制生产预算。

(3)根据生产预算确定的预计生产量,先分别编制直接材料消耗及采购预算、直接人工预算和制造费用预算,然后汇总编制产品成本预算。

(4)根据销售预算编制销售及管理费用预算。

(5)根据销售预算和生产预算估计所需要的固定资产投资,编制资本支出预算。

(6)根据执行以上各项预算所产生和必需的现金流量,编制现金预算。

(7)综合以上各项预算,进行试算平衡,编制预计资产负债表、预计利润表、预计利润分配表和预计现金流量表。

一、销售预算编制

销售预算是在销售预测的基础上,按照企业年度目标利润确定的预计销售量和销售价格编制的,反映企业预算期内销售收入实现情况的预算。在市场经济条件下,企业的生产经营活动一般都是"以销定产"的,所以销售预算是各项经营预算编制的起点。

在销售预算的编制过程中,应根据年度内各季度市场预测的销售量和单价,确定预计销售收入,并根据各季现销收入与收回前期的应收账款反映本期的现金收入额,以便为编制现金收支预算提供资料。

预计销售收入=预计销售量×预计单价

本季度预计现金收入=本季度预计现金销售+本季度收回前期应收账款

做中学 7-6

奇佳股份有限公司只生产 A 产品,2020 年年初应收账款余额为 250 000 元,销售收入中 60% 于销售当季现收,其余 40% 于下一季度收现。销售部门根据公司下达的 2021 年度预算目标草案,整理出 2021 年预计产品的销售数量和价格情况,见表 7-9。

表 7-9　　奇佳股份有限公司 2021 年预计产品销售数量及销售单价

产品名称	销售单价(元/件)	销售数量(件)				
		全年	第1季度	第2季度	第3季度	第4季度
A 产品	200	15 000	3 000	3 500	4 000	4 500

要求:编制奇佳股份有限公司 2021 年度 A 产品的销售预算。

解析:奇佳股份有限公司 2021 年度的销售预算见表 7-10。

表 7-10　　奇佳股份有限公司 A 产品销售预算

2021 年度　　　　　　　　　　　　　　　　　　　　　　金额单位:元

项目	第1季度	第2季度	第3季度	第4季度	全年
预计销量(件)	3 000	3 500	4 000	4 500	15 000
销售单价(元/件)	200	200	200	200	200
预计销售收入	600 000	700 000	800 000	900 000	3 000 000

(续表)

项目		第1季度	第2季度	第3季度	第4季度	全年
预计现金收入	应收账款期初	250 000				250 000
	第1季度销售收入	360 000	240 000			600 000
	第2季度销售收入		420 000	280 000		700 000
	第3季度销售收入			480 000	320 000	800 000
	第4季度销售收入				540 000	540 000
	现金收入合计	610 000	660 000	760 000	860 000	2 890 000

二、生产预算编制

生产预算是为规划预算期的生产数量而编制的一种业务预算,生产预算中所预计的生产数量应能满足企业的销售和存货需要。因此生产预算的编制基础主要是销售预算以及产成品存货的期初期末资料。其计算公式如下:

预计生产量＝预计销售量＋预计期末存货数量－预计期初存货数量

做中学 7-7

奇佳股份有限公司 2021 年年初结存 A 产成品 450 件,预计本年各季度末结存的产成品分别为:第 1 季度末 500 件,第 2 季度末 550 件,第 3 季度末 600 件,第 4 季度末 650 件,预计销售量见表 7-10。

要求:编制奇佳股份有限公司 2021 年度的生产预算。

解析:奇佳股份有限公司 2021 年度的生产预算见表 7-11。

表 7-11　　　　　　奇佳股份有限公司 A 产品生产预算

2021 年度　　　　　　　　　　　　　　　单位:件

项 目	第1季度	第2季度	第3季度	第4季度	全年
预计销售量	3 000	3 500	4 000	4 500	15 000
加:预计期末结存	500	550	600	650	650
合计	3 500	4 050	4 600	5 150	15 650
减:预计期初结存	450	500	550	600	450
预计生产量	3 050	3 550	4 050	4 550	15 200

三、直接材料预算编制

直接材料预算是一项采购预算,主要用于规划预算期内的材料消耗情况及采购活动。所预计的采购数量应能满足企业的生产和材料存货需要,因此直接材料预算主要以生产

项目七 财务预算

预算及材料存货的期初期末结存情况为依据来编制。直接材料预算主要反映了预算期材料消耗量、采购量和期末结存数量,并确定各预算期材料采购现金支出。有关计算公式如下:

某种材料耗用量＝产品预计生产量×单位产品定额耗用量

某种材料采购量＝某种材料耗用量＋该种材料期末结存量－该种材料期初结存量

本季度预计现金支出＝本季度预计现金采购＋支付前期应付账款

做中学 7-8

奇佳股份有限公司2021年度期初材料结存数量为500千克,预计本年各季度结存的材料分别为:第1季度末800千克,第2季度末840千克,第3季度末1 140千克,第4季度末800千克,每季度的购料款于当季支付40%,剩余60%于下一季度支付,应付账款年初余额为150 000元。材料定额单耗为10千克/件,计划采购单价为5元/千克。其他资料见表7-11。

要求:编制奇佳股份有限公司2021年度直接材料预算。

解析:奇佳股份有限公司2021年度直接材料预算见表7-12。

表7-12　　　　　奇佳股份有限公司直接材料预算
2021年度　　　　　　　　　　　金额单位:元

项目		第1季度	第2季度	第3季度	第4季度	全年
预计生产量(件)		3 050	3 550	4 050	4 550	15 200
材料定额单耗(千克/件)		10	10	10	10	10
预计生产需要量(千克)		30 500	35 500	40 500	45 500	152 000
加:期末结存量(千克)		800	840	1 140	800	800
预计需要量合计(千克)		31 300	36 340	41 640	46 300	152 800
减:期初结存量(千克)		500	800	840	1 140	500
预计材料采购量(千克)		30 800	35 540	40 800	45 160	152 300
材料计划单价(元/千克)		5	5	5	5	5
预计购料金额		154 000	177 700	204 000	225 800	761 500
预计现金支出	应付账款年初余额	150 000				150 000
	第1季度购料付现	61 600	92 400			154 000
	第2季度购料付现		71 080	106 620		177 700
	第3季度购料付现			81 600	122 400	204 000
	第4季度购料付现				90 320	90 320
	现金支出合计	211 600	163 480	188 220	212 720	776 020

四、直接人工预算编制

直接人工预算是在生产预算基础上编制的一项业务预算,主要反映预算期内完成预计生产量所需的直接人工工时及直接人工成本。有关计算公式如下:

某种产品直接人工总工时＝单位产品定额工时×该产品预计生产量

某种产品直接人工总成本＝单位工时工资率×该种产品直接人工总工时

注:产品定额工时是由产品生产工艺和技术水平决定的,由产品技术和生产部门提供定额标准,通常情况下,企业需要雇用不同工种的人工,因此需要按照工种类别来分别计算不同工种的直接人工工时;单位工时工资率来自企业人事部门工资标准和工资总额。

编制直接人工预算时,假定各预算期直接人工成本都以现金发放,为简化计算,本书中假定应付福利费包括在直接人工总成本中,并全部以现金支付,因此直接人工预算表中预计直接人工成本就是现金预算中的直接人工现金支出额。

做中学 7-9

奇佳股份有限公司只有一个工种,单位产品耗用工时为 10 小时,单位工时的工资率为 2 元/小时。

要求:编制奇佳股份有限公司 2021 年度直接人工预算。

解析:奇佳股份有限公司 2021 年度直接人工预算见表 7-13。

表 7-13　　　　　　　奇佳股份有限公司直接人工预算
2021 年度

项　目	第 1 季度	第 2 季度	第 3 季度	第 4 季度	全年
预计生产量(件)	3 050	3 550	4 050	4 550	15 200
单耗工时(小时/件)	10	10	10	10	10
直接人工总工时(小时)	30 500	35 500	40 500	45 500	152 000
单位工时工资率(元/小时)	2	2	2	2	2
预计直接人工总成本(元)	61 000	71 000	81 000	91 000	304 000

五、制造费用预算编制

制造费用预算是反映生产成本中除直接材料、直接人工外的所有成本费用的预算。制造费用预算表应包括变动制造费用预算和固定制造费用预算两部分,另外,为方便编制现金预算,还要附有预计现金支出项目。相关公式如下:

某项目变动制造费用分配率＝该项目变动制造费用预算总额/业务量预算总数

预计变动制造费用＝预计直接人工总工时(或机器总工时)×变动制造费用分配率

预计制造费用＝预计变动制造费用＋预计固定制造费用

预计现金支出＝预计制造费用－折旧

做中学 7-10

奇佳股份有限公司 2021 年度预计变动制造费用包括：间接人工 2 元/件，间接材料 1.5 元/件，维修费 0.2 元/件，水电费 0.5 元/件，其他变动制造费用 0.8 元/件。固定制造费用由以下项目构成：各季度生产设备的折旧费用为 2 100 元，设备维护费用为 1 600 元，车间管理人员工资为 15 000 元，其他固定制造费用为 300 元。其余资料见表 7-11。

要求：编制奇佳股份有限公司 2021 年度制造费用预算。

解析：奇佳股份有限公司 2021 年度制造费用预算见表 7-14。

表 7-14　　　　　　　　奇佳股份有限公司制造费用预算
2021 年度　　　　　　　　　　　　　　金额单位：元

项目		第 1 季度	第 2 季度	第 3 季度	第 4 季度	全 年
预计生产量		3 050	3 550	4 050	4 550	15 200
变动费用	间接人工（2 元/件）	6 100	7 100	8 100	9 100	30 400
	间接材料（1.5 元/件）	4 575	5 325	6 075	6 825	22 800
	维修费（0.2 元/件）	610	710	810	910	3 040
	水电费（0.5 元/件）	1 525	1 775	2 025	2 275	7 600
	其他变动制造费用（0.8 元/件）	2 440	2 840	3 240	3 640	12 160
	小计（5 元/件）	15 250	17 750	20 250	22 750	76 000
固定费用	折旧费用	2 100	2 100	2 100	2 100	8 400
	维护费用	1 600	1 600	1 600	1 600	6 400
	车间管理人员工资	15 000	15 000	15 000	15 000	60 000
	其他固定制造费用	300	300	300	300	1 200
	小计	19 000	19 000	19 000	19 000	76 000
预计制造费用		34 250	36 750	39 250	41 750	152 000
减：折旧费用		2 100	2 100	2 100	2 100	8 400
预计现金支出		32 150	34 650	37 150	39 650	143 600

六、产品成本预算编制

产品成本预算主要反映预算期内各产品的单位成本、生产成本、存货成本及销货成本，它不仅反映了各产品的单位生产成本及总成本情况，还为预计资产负债表的编制提供了期末产成品存货数据，为预计利润表的编制提供了销售成本数据。相关公式如下：

变动制造费用分配率 = 变动制造费用预算总额 ÷ 业务量预算总数

固定制造费用分配率 = 固定制造费用预算总额 ÷ 业务量预算总数

单位产品预计生产成本 = 单位产品直接材料成本 + 单位产品直接人工成本 + 单位产品制造费用

生产总成本 = 直接材料总成本 + 直接人工总成本 + 制造费用总额

期末产成品存货成本＝产成品单位成本×预计期末产成品存货数量

销货成本＝产成品单位成本×预计销售数量

产品成本预算的编制以销售预算、生产预算、直接材料预算、直接人工预算、制造费用预算为基础。

做中学 7-11

奇佳股份有限公司有关预算资料见表 7-10 至表 7-14。

要求：编制奇佳股份有限公司 2021 年度 A 产品成本预算。

解析：为便于编制产品成本预算，需要计算制造费用分配率（以直接人工总工时为标准）：

变动制造费用分配率＝76 000÷152 000＝0.5（元／工时）

固定制造费用分配率＝76 000÷152 000＝0.5（元／工时）

奇佳股份有限公司 2021 年度 A 产品成本预算见表 7-15。

表 7-15　　　　　　奇佳股份有限公司 A 产品成本预算

2021 年度　　　　　　　　　　　　　　金额单位：元

项　目	单位价格	单位用量	单位成本	生产成本 （15 200 件）	存货成本 （650 件）	销货成本 （15 000 件）
直接材料	5	10	50	760 000	32 500	750 000
直接人工	2	10	20	304 000	13 000	300 000
变动制造费用	0.5	10	5	76 000	3 250	75 000
固定制造费用	0.5	10	5	76 000	3 250	75 000
合　计			80	1 216 000	52 000	1 200 000

七、销售及管理费用预算编制

销售及管理费用预算是反映整个预算期内为销售产品和维持一般行政管理工作而发生的各项目费用预算。与制造费用预算一样，销售与管理费用预算也可以分为变动部分和固定部分。为便于编制现金预算，该预算表还应包括预算期内预计销售及管理费用的现金支出计算表，计算公式如下：

预计现金支出＝预计销售及管理费用－非现金开支（如折旧等）

做中学 7-12

奇佳股份有限公司预计 2021 年度的变动销售费用数据如下：销售佣金为 0.5 元／件，运杂费为 0.3 元／件，其他变动费用为 0.2 元／件；各季度固定销售费用包括：广告费用 10 000 元，销售及管理人员工资 50 000 元，折旧费用 1 000 元，其他固定费用 500 元；各季度管理费用包括：管理人员工资 20 000 元，折旧费用 25 000 元，其他管理费用 1 200 元。

要求：编制奇佳股份有限公司 2021 年度销售及管理费用预算。

解析：奇佳股份有限公司 2021 年度销售及管理费用预算见表 7-16。

表 7-16　　　　　　　奇佳股份有限公司销售及管理费用预算
2021 年度　　　　　　　　　　　金额单位:元

项　目		第 1 季度	第 2 季度	第 3 季度	第 4 季度	全年
预计销售量(件)		3 000	3 500	4 000	4 500	15 000
预计销售费用						
变动销售费用	销售佣金(0.5元/件)	1 500	1 750	2 000	2 250	7 500
	运杂费(0.3元/件)	900	1 050	1 200	1 350	4 500
	其他变动费用(0.2元/件)	600	700	800	900	3 000
	小计(1元/件)	3 000	3 500	4 000	4 500	15 000
固定销售费用	广告费用	10 000	10 000	10 000	10 000	40 000
	销售及管理人员工资	50 000	50 000	50 000	50 000	200 000
	折旧费用	1 000	1 000	1 000	1 000	4 000
	其他固定费用	500	500	500	500	2 000
	小计	61 500	61 500	61 500	61 500	246 000
预计销售费用合计		64 500	65 000	65 500	66 000	261 000
预计管理费用						
管理人员工资		20 000	20 000	20 000	20 000	80 000
折旧费用		25 000	25 000	25 000	25 000	100 000
其他管理费用		1 200	1 200	1 200	1 200	4 800
预计管理费用合计		46 200	46 200	46 200	46 200	184 800
预计销售及管理费用合计		110 700	111 200	111 700	112 200	445 800
减:折旧费用		26 000	26 000	26 000	26 000	104 000
预计现金支出		84 700	85 200	85 700	86 200	341 800

八、专门决策预算编制

专门决策预算又称资本支出预算,是指与项目投资决策相关的专门预算。该预算往往涉及长期投资项目的资金投放与筹集,因此其包括各类长期资产投资支出与筹资计划两部分内容,编制依据为各投资项目财务可行性分析资料以及企业筹资决策资料。

做中学 7-13

根据投资项目财务可行性分析及筹资决策有关资料,奇佳股份有限公司 2021 年度固定资产投资情况如下:

设备购置支出:第 1 季度上马一条新生产线,价值 500 000 元,第 2 季度购入一台生产设备,价值 300 000 元;工程安装方面的支出为:第 1 季度 15 000 元,第 2 季度 5 000 元,第 3 季度 5 000 元;资金筹集情况:在第 1 季度期初发行公司债券 100 000 元,借入长期借款 100 000 元。

要求:编制奇佳股份有限公司 2021 年度的专门决策预算(不考虑增值税)。

解析：根据上述资料编制的奇佳股份有限公司2021年度专门决策预算见表7-17。

表7-17 　　　　　　　　奇佳股份有限公司专门决策预算
2021年度　　　　　　　　　　　　　　　　金额单位：元

项目	第1季度	第2季度	第3季度	第4季度	全 年
固定资产投资					
设备购置	500 000	300 000			800 000
安装工程	15 000	5 000	15 000		35 000
投资支出总计	515 000	305 000	15 000	0	835 000
投资资金筹措					
长期借款	100 000				100 000
发行公司债券	100 000				100 000
发行优先股					
资金筹措合计	200 000				200 000

任务三　财务预算的编制

知识目标

1. 掌握现金预算的内容和编制方法。
2. 掌握预计资产负债表的内容和编制方法。
3. 掌握预计利润表的内容和编制方法。

技能目标

1. 学会现金预算结构分析和编制。
2. 学会编制预计资产负债表。
3. 学会编制预计利润表。

财务预算也称总预算，它是在预算和决策的基础上，对企业预算期的资金取得与投入、各项收入与支出、经营成本与分配等资金运动和财务状况所做的总体安排。企业的财务预算是企业全面预算的一个重要组成部分，它与其他预算紧密联系，构成了一个数字相互衔接、完整的预算体系。财务预算主要包括反映现金收支活动的现金预算、反映企业经营成果的预计利润表和反映企业财务状况的预计资产负债表。

一、现金预算编制

现金预算是以经营预算和专门决策预算为依据编制的,用以反映预算期内现金收入、现金支出及现金余缺等现金收付活动的预算。

现金预算主要包括以下六个项目:1.期初现金余额;2.现金收入;3.现金支出;4.现金余缺;5.资金筹措与使用;6.期末现金余额。

现金预算各项目间关系及数据来源见表 7-18。

表 7-18　　　　　　　　现金预算各项目间关系及数据来源

项目	各项目间关系及数据来源
1.期初现金余额	
2.现金收入	销售预算
可供支配的现金	期初现金余额+经营现金收入
3.现金支出	
①直接材料采购	直接材料预算
②直接人工	直接人工预算
③制造费用	制造费用预算
④销售及管理费用	销售及管理费用预算
⑤预交所得税	
⑥资本性现金支出	专门决策预算
现金支出合计	①+②+③+④+⑤+⑥
4.最低现金余额	
5.现金需求总额	现金支出合计+最低现金余额
6.现金余缺	可供支配的现金-现金需求总额
7.现金筹措与运用	
①长期借款	专门决策预算
②发行公司债券	专门决策预算
③发行股票	专门决策预算
④短期借款	要比较长期筹措资金与现金余缺的差额,并且考虑利息支出
⑤偿还短期借款	资金充裕时偿还
⑥支付利息	包括应支付的各类借款利息,以负数列示
⑦进行短期投资	资金充裕时可进行短期投资,以负数列示
⑧出售短期投资	资金短缺时可出售短期投资
现金筹措与运用合计	①+②+③+④+⑤+⑥+⑦+⑧
8.期末现金余额	可供支配的现金-现金支出+资金筹措与使用

编制现金预算时,财务管理部门应根据现金余缺与最低期末现金余额的比较,来确定预算期的资金筹集和使用。当现金余缺小于最低现金余额时,可向银行取得长、短期借款或通过其他方式筹措资金,并预计还本付息的期限和数额;当现金余缺大于期末现金余额时,除偿还部分借款外,还可以进行有价证券的短期投资。

做中学 7-14

奇佳股份有限公司2021年度期初现金余额为45 000元,预计各季度预交所得税为80 000元,期末最低现金余额为40 000元。预计第1季度期初借入长期借款100 000元,发行公司债券100 000元,现金不足部分可借入短期借款,现金多余时先偿还短期借款,偿还短期借款后现金多余部分可进行短期投资。企业短期借款利率为4%,长期借款利率为6%,债券利率为8%,借款与发行债券都在期初进行,利息于每季度末计算并支付一次,短期借款与短期投资额都为万元的整数倍。

要求:编制奇佳股份有限公司2021年度的现金预算。

解析:奇佳股份有限公司2021年度现金预算见表7-19。

表7-19　　　　奇佳股份有限公司2021年度现金预算　　　　金额单位:元

项　目	第1季度	第2季度	第3季度	第4季度	全年	数据来源
一、期初现金余额	45 000	45 250	49 720	46 450	45 000	
二、经营现金收入	610 000	660 000	760 000	860 000	2 890 000	表7-10
可供支配的现金	655 000	705 250	809 720	906 450	2 935 000	
三、现金支出						
直接材料采购	211 600	163 480	188 220	212 720	776 020	表7-12
直接人工	61 000	71 000	81 000	91 000	304 000	表7-13
制造费用	32 150	34 650	37 150	39 650	143 600	表7-14
销售及管理费用	84 700	85 200	85 700	86 200	341 800	表7-16
预交所得税	80 000	80 000	80 000	80 000	320 000	
资本性现金支出	515 000	305 000	15 000	0	835 000	表7-17
现金支出合计	984 450	739 330	487 070	509 570	2 720 420	
四、最低现金余额	40 000	40 000	40 000	40 000	160 000	
五、现金需求总额	1 024 450	779 330	527 070	549 570	2 880 420	
六、现金余缺	−369 450	−74 080	282 650	356 880	54 580	
七、资金筹措与使用						
长期借款	100 000				100 000	表7-17
发行公司债券	100 000				100 000	表7-17
短期借款	180 000	90 000			270 000	
偿还短期借款			−270 000		−270 000	
支付利息	−5 300	−6 200	−6 200	−3 500	−21 200	
进行短期投资				−350 000	−350 000	
出售短期投资						
合　计	374 700	83 800	−276 200	−353 500	−171 200	
八、期末现金余额	45 250	49 720	46 450	43 380	43 380	

注:第1季度利息=(100 000×6%+180 000×4%+100 000×8%)÷4=5 300(元)

第2季度利息=(100 000×6%+270 000×4%+100 000×8%)÷4=6 200(元)

第3季度利息=(100 000×6％+270 000×4％+100 000×8％)÷4=6 200(元)
第4季度利息=(100 000×6％+100 000×8％)÷4=3 500(元)
其他数据来源：表7-10　奇佳股份有限公司A产品销售预算
　　　　　　　表7-12　奇佳股份有限公司直接材料预算
　　　　　　　表7-13　奇佳股份有限公司直接人工预算
　　　　　　　表7-14　奇佳股份有限公司制造费用预算
　　　　　　　表7-16　奇佳股份有限公司销售及管理费用预算
　　　　　　　表7-17　奇佳股份有限公司专门决策预算

二、预计利润表编制

预计利润表是综合反映预算期内企业经营成果(包括营业利润、利润总额、净利润)计划水平的一种财务预算。预计利润表一般按照利润表的内容和格式进行编制，其编制基础为销售预算、产品成本预算、销售及管理费用预算及现金预算等，该表可以分季、也可以按年编制。

> **做中学 7-15**
>
> 奇佳股份有限公司2021年度的业务预算、专门决策预算、现金预算见表7-10～表7-19。
>
> 要求：编制奇佳股份有限公司2021年度的预计利润表。
>
> 解析：奇佳股份有限公司2021年度预计利润表见表7-20。

表7-20　　　　　　奇佳股份有限公司2021年度预计利润表　　　　金额单位：元

项　目	金　额	数据来源
一、营业收入	3 000 000	表7-10　产品销售预算
减：营业成本	1 200 000	表7-15　产品成本预算
销售及管理费用	445 800	表7-16　销售及管理费用预算
财务费用	21 200	表7-19　现金预算
二、营业利润	1 333 000	
加：营业外收入		
减：营业外支出		
三、利润总额	1 333 000	
减：所得税	320 000	表7-19　现金预算
四、净利润	1 013 000	

三、预计资产负债表编制

预计资产负债表是预算期期末综合反映企业财务状况的总括性预算，列示了预算期期末的资产、负债和所有者权益金额。它的编制需要在期初资产负债表的基础上，结合预算期内各项业务预算、专门决策预算、现金预算和预计利润表来进行，是全面预算编制的终点。

做中学 7-16

奇佳股份有限公司 2020 年 12 月 31 日资产负债表有关项目见表 7-21,其他资料见表 7-10~表 7-20,假定奇佳股份有限公司按税后利润的 10% 提取盈余公积,无其他利润分配事项。

表 7-21　　　　　奇佳股份有限公司资产负债表有关项目
2020 年 12 月 31 日　　　　　　　　　　　　　金额单位:元

资　产	年末数	负债及所有者权益	年末数
流动资产:		流动负债:	
货币资金	45 000	应付账款	150 000
应收账款	250 000	短期借款	0
材料存货	2 500	长期负债:	
产品存货	36 000	长期借款	0
有价证券投资	5 000	应付债券	0
流动资产合计	338 500	负债合计	150 000
非流动资产:		所有者权益:	
固定资产	1 583 000	股本	1 500 000
减:累计折旧	143 500	盈余公积	12 800
固定资产净额	1 439 500	未分配利润	115 200
非流动资产合计	1 439 500	所有者权益合计	1 628 000
资产总计	1 778 000	负债及所有者权益合计	1 778 000

要求:编制奇佳股份有限公司 2021 年度的预计资产负债表(不考虑税金及附加)。

解析:奇佳股份有限公司 2021 年度预计资产负债表见表 7-22。

表 7-22　　　　奇佳股份有限公司 2021 年度预计资产负债表　　　　金额单位:元

资　产	年初数	年末数	负债及所有者权益	年初数	年末数
流动资产:			流动负债:		
货币资金	45 000	43 380	应付账款	150 000	135 480
应收账款	250 000	360 000	短期借款	0	0
材料存货	2 500	4 000	长期负债:		
产品存货	36 000	52 000	长期借款	0	100 000
有价证券投资	5 000	355 000	应付债券	0	100 000
流动资产合计	338 500	814 380	负债合计	150 000	335 480
非流动资产:			所有者权益:		
固定资产	1 583 000	2 418 000	股本	1 500 000	1 500 000
减:累计折旧	143 500	255 900	盈余公积	12 800	114 100

(续表)

资　产	年初数	年末数	负债及所有者权益	年初数	年末数
固定资产净额	1 439 500	2 162 100	未分配利润	115 200	1 026 900
非流动资产合计	1 439 500	2 162 100	所有者权益合计	1 628 000	2 641 000
资产总计	1 778 000	2 976 480	负债及所有者权益合计	1 778 000	2 976 480

编制说明：

货币资金期末余额来自现金预算（表7-19）；

应收账款期末余额为第4季度赊销额的40%，参见产品销售预算（表7-10）；

材料存货期末余额＝期末结存数量（800千克）×计划单价（5元/千克）＝4 000（元），见直接材料预算（表7-12）；

产品存货期末余额来自产品成本预算（表7-15）；

有价证券投资＝期初余额（5 000）＋本期增加额（350 000）＝355 000（元），见现金预算（表7-19）；

固定资产期末余额＝期初余额（1 583 000）＋本期固定资产增加额（835 000）＝2 418 000（元），参见专门决策预算（表7-17）；

累计折旧期末余额＝期初余额（143 500）＋本期计提折旧额（8 400＋104 000）＝255 900（元），参见销售及管理费用预算（表7-16）；

应付账款期末余额为第4季度购料金额的60%，参见直接材料预算（表7-12）；

短期借款、长期借款及应付债券期末余额参见现金预算（表7-19）；

盈余公积期末余额＝期初余额（12 800）＋本期增加（1 013 000×10%）＝114 100（元）；

未分配利润期末余额＝期初未分配利润（115 200）＋本期增加（1 013 000×90%）＝1 026 900（元）。

职业能力训练

一、名词解释

1. 经营预算　　2. 专门决策预算　　3. 财务预算　　4. 固定预算

5. 弹性预算　　6. 增量预算　　7. 零基预算　　8. 定期预算

9. 滚动预算

二、单项选择题

1.（　　）是指企业在预测、决策的基础上，以数量和金额的形式反映企业未来一定时期内经营、投资、财务等活动的具体计划，为实现企业目标而对各种资源和企业活动做详细安排。

A. 投资　　　　　　　　　　B. 筹资

C. 预算　　　　　　　　　　D. 分析与评价

2.（   ）能准确反映项目资金投资支出与筹资计划，同时也是编制现金预算和预计资产负债表的依据。

A.生产预算　　　　B.销售预算　　　　C.财务预算　　　　D.专门决策预算

3.下列各项中，不属于经营预算内容的是（   ）。

A.生产预算　　　　　　　　　　　　B.产品成本预算

C.销售及管理费用预算　　　　　　　D.资本支出预算

4.全面预算体系中的最后环节是（   ）。

A.业务预算　　　　　　　　　　　　B.财务预算

C.专门决策预算　　　　　　　　　　D.预计资产负债表

5.以预算期内正常的、可实现的某一既定业务量水平为基础来编制的预算是（   ）。

A.静态预算　　　B.零基预算　　　C.弹性预算　　　D.滚动预算

6.不受现有费用项目和开支水平限制，并能够克服增量预算方法缺点的预算方法是（   ）。

A.固定预算法　　B.零基预算法　　C.弹性预算法　　D.滚动预算法

7.将预算期与会计期间脱离开，使预算期始终保持为一个固定长度并逐期向后滚动的预算编制方法是（   ）。

A.静态预算　　　B.零基预算　　　C.定期预算　　　D.滚动预算

8.在编制成本费用预算时，不考虑以往会计期间所发生的费用项目或费用数额，而是一切以零为出发点编制费用预算的方法是（   ）。

A.增量预算　　　B.零基预算　　　C.弹性预算　　　D.滚动预算

9.在编制预算时，以不变的会计期间（如日历年度）作为预算期来编制预算的方法是（   ）。

A.滚动预算　　　B.定期预算　　　C.弹性预算　　　D.固定预算

10.经营预算编制的起点是（   ）。

A.生产预算　　　B.直接材料预算　　C.销售预算　　　D.直接人工预算

三、多项选择题

1.全面预算根据预算内容不同，可以分为（   ）。

A.业务预算　　　B.专门决策预算　　C.现金预算　　　D.财务预算

2.按照适用时间的长短，全面预算可分为（   ）。

A.业务预算　　　B.长期预算　　　C.财务预算　　　D.短期预算

3.下列各项预算中，属于总预算的有（   ）。

A.现金预算　　　　　　　　　　　　B.生产预算

C.预计利润表　　　　　　　　　　　D.专门决策预算

4.下列各项预算中，属于业务预算的有（   ）。

A.现金预算　　　　　　　　　　　　B.预计资产负债表

C.产品成本预算　　　　　　　　　　D.销售及管理费用预算

5.弹性预算编制中,业务量范围应视企业或部门的业务量变化情况而定,通常可按如下方法确定(　　)。

　　A.按照正常生产能力的70%~110%确定

　　B.按照正常生产能力的50%确定

　　C.以历史上最高业务量来确定

　　D.以历史上最高业务量和最低业务量为其上下限确定

6.相对于固定预算而言,弹性预算的主要优点有(　　)。

　　A.可比性强　　　　　　　　B.预算编制的工作量较小

　　C.预算范围宽　　　　　　　D.远期指导性强

7.下列有关滚动预算法特点的说法中,正确的有(　　)。

　　A.滚动预算具有远期指导性,有助于克服一些短期行为

　　B.滚动预算随着时间的推移不断加以调整和修订,有利于发挥预算的指导和控制作用

　　C.滚动预算法能保持预算的完整性、连续性,以适应连续不断的生产经营过程

　　D.滚动预算编制工作比较简单

8.制造费用预算表中包括的内容有(　　)。

　　A.变动制造费用　B.固定制造费用　C.变动管理费用　D.预计现金支出

9.现金预算的内容包括(　　)。

　　A.期初现金余额　　　　　　B.现金收入与现金支出

　　C.期末现金余额　　　　　　D.现金余缺

10.预计资产负债表的编制依据为(　　)。

　　A.业务预算　　　B.专门决策预算　　C.现金预算　　　D.预计利润表

四、判断题

1.公式法下某种业务量的成本费用预算数需要通过计算得出,而列表法下可以直接从表中查得各种业务量下的成本费用预算数。　　　　　　　　　　　　　(　　)

2.在应用列表法编制弹性预算时,业务量之间的间隔大小对预算的编制效果无影响。
　　　　　　　　　　　　　　　　　　　　　　　　　　　　　　　　(　　)

3.弹性预算是以预算期内正常的、可实现的某一既定业务量水平为基础来编制的预算。　　　　　　　　　　　　　　　　　　　　　　　　　　　　　　(　　)

4.零基预算是指以基期成本费用水平为基础,结合预算期业务量水平及有关降低成本的措施,通过调整有关费用项目而编制预算的方法。　　　　　　　　　(　　)

5.零基预算的编制,应考虑企业以往会计期间发生的成本费用项目,以零为基础对各成本费用项目进行预计。　　　　　　　　　　　　　　　　　　　　(　　)

6.滚动预算法又称"连续预算法"或"永续预算法",是在零基预算的基础上发展起来的一种预算方法。　　　　　　　　　　　　　　　　　　　　　　(　　)

7.全面预算的编制应以预算为起点,根据各种预算之间的勾稽关系,按顺序从前往后进行,直至编制出预计财务报表。　　　　　　　　　　　　　　　(　　)

8.进行专门决策预算时,不必考虑企业的战略以及长期计划。（　　）

9.编制预计财务报表时,应先编制预计资产负债表,再编制预计利润表。（　　）

10.财务预算作为全面预算体系的最后环节,从价值方面总括地反映了企业经营预算与专门决策预算的结果。（　　）

五、实务训练题

1.某企业制造费用中的修理费用与修理工时密切相关。经测算,预算期修理费用中的固定修理费用为3 000元,单位工时的变动修理费用为2元/小时;预计预算期的修理工时为3 500小时。

要求:运用公式法,测算预算期的修理费用总额。

2.某企业现着手编制2021年2月的现金收支计划。预计2021年1月初现金余额为8 000元;月初应收账款4 000元,预计月内可收回80%;本月销货50 000元,预计月内收款比例为50%;本月采购材料8 000元,预计月内付款70%;月初应付账款余额5 000元,需在月内全部付清;月内以现金支付工资8 400元;本月制造费用等间接费用付现16 000元;其他经营性现金支出900元;购买设备支付现金10 000元。企业现金不足时,可向银行借款,借款金额为1 000元的倍数;现金多余时可购买有价证券。要求月末现金余额不低于5 000元。

要求:

(1)计算经营现金收入。

(2)计算经营现金支出。

(3)计算现金余缺。

(4)确定最佳资金筹措或运用数额。

(5)确定现金月末余额。

3.某公司为增值税一般纳税人,假定适用的增值税税率为17%。相关预算资料如下:

资料一:预计每个季度实现的销售收入(含增值税)均以赊销方式出售,其中60%在本季度内收到现金,其余40%要到下一个季度收讫,假定不考虑坏账因素。部分与销售预算有关的数据见表7-23。

表7-23　　　　　　　　　销售预算相关数据　　　　　　　　　单位:元

项目	第1季度	第2季度	第3季度	第4季度
预计销售收入	*	80 000	88 000	*
增值税销项税额	*	13 600	(D)	*
预计含税销售收入	93 600	(B)	*	102 960
期初应收账款	16 640	*	*	*
第1季度销售当期收现额	(A)			
第2季度销售当期收现额		(C)		

项目七　财务预算

(续表)

项目	第1季度	第2季度	第3季度	第4季度
第3季度销售当期收现额			*	
第4季度销售当期收现额				(E)
经营现金收入合计	*	*	*	102 960

注:表中"*"表示省略的数据。

资料二:预计每个季度所需要的直接材料(含增值税)均以赊购方式采购,其中40%于本季度内支付现金,其余60%需要到下个季度付讫,假定不存在应付账款到期现金支付能力不足的问题。部分与直接材料预算有关的数据见表7-24。

表7-24　　　　　　　　　直接材料预算相关数据　　　　　　　　单位:元

项目	第1季度	第2季度	第3季度	第4季度
预计材料采购成本	48 000	*	52 000	*
增值税进项税额	*	(G)	8 840	*
预计含税采购金额合计	(F)	56 160	60 840	61 776
期初应付账款	8 000	*	(H)	*
第1季度采购当期支出额	*			
第2季度采购当期支出额		*		
第3季度采购当期支出额			36 504	
第4季度采购当期支出额				*
材料采购现金支出合计	30 464	*	*	*

注:表中"*"表示省略的数据。

要求:

(1)根据资料一确定该表中用字母表示的数值(列示计算过程)。

(2)根据资料二确定该表中用字母表示的数值(列示计算过程)。

(3)根据资料一和资料二,计算预算年度应收账款和应付账款的年末余额。

项目八 财务分析

知识导图

项目八 财务分析
- 任务一 财务分析基本方法
  - 一、财务分析概述
    - 财务分析的目的
    - 财务分析方法的局限性
  - 二、财务分析的方法
    - 比较分析法
    - 比率分析法
    - 因素分析法
- 任务二 财务指标的计算分析
  - 一、偿债能力分析
    - 短期偿债能力
      - 流动比率
      - 速动比率
      - 现金比率
    - 长期偿债能力
      - 资产负债率
      - 产权比率
      - 已获利息倍数
  - 二、营运能力分析
    - 应收账款周转率
    - 存货周转率
    - 流动资产周转率
    - 固定资产周转率
    - 总资产周转率
  - 三、盈利能力分析
    - 一般企业盈利能力分析
      - 营业净利率
      - 总资产报酬率
      - 净资产收益率
    - 上市公司盈利能力分析
      - 每股收益
      - 每股股利
      - 市盈率
      - 股利支付率
      - 每股净资产
  - 四、发展能力分析
    - 总资产增长率
    - 营业收入增长率
    - 营业利润增长率
    - 资本保值增值率
    - 所有者权益增长率
- 任务三 财务综合分析的实践应用
  - 杜邦财务分析法
  - 沃尔比重评分法

项目八 财务分析

思政目标

1. 培养客观公正的职业分析评价能力。
2. 知识传授的同时进行技能培养的知行合一实践能力教育。
3. 会计职业道德养成之诚实守信。

导学案例

汤臣倍健2018年度财务报表

从资产负债表看,公司最大的变化来自收购LSG的并表,增加了13.8亿元的无形资产和21.66亿元的商誉,相当于增加无形资产35.5亿元。2018年公司总资产97.9亿元,增加36.8亿元,增加60%,净资产68.9亿元,增加17.5亿元,增加34%。资产负债率从2017年16%增加到30%,原于金融性负债的增加,其中短期借款增加LSG并表的1.58亿元,长期借款增加了8.93亿元。公司投资性资产并未增加,经营性资产由于收购,比重变大了一些。货币及理财27亿元,占总资产25%,并未有很大的变化。其他项目均没有较大的变化,轻微的变化基本是由并表造成的。总体来看,公司的资产负债质量变差了,杠杆提升了,净资产虽然增加了17.5亿元,但是无形资产和商誉增加了35.5亿元。

从利润表看,公司实现营业收入43.51亿元,由于11月份并表,影响不大,营业收入增长40%,增速加快并表增长17%,毛利率提升0.6个百分点,达到67.7%,销售费用为12.8亿元,增加3亿元,其中广告费5.33亿元,增加1.33亿元,公司的销售费用率开始变化,表明公司不再需要通过投放较多的广告来提升营业收入,公司的品牌力得到了提升。公司实现净利润9.08亿元,净利润增长18%,净利率为21%,净利率出现了下降。经营活动现金流净额达到13.49亿元,可以看出公司2018年应该隐藏了部分利润来应对未来的商誉减值。总体来看,公司的营业收入和净利润进入了快速增长的阶段,公司的盈利能力和盈利质量有了较大的提升。

从盈利能力看,公司的净利率异常下降,下降到上市以来最低的21%,判断是公司隐藏了利润。总资产周转率不变,并没有因为无形资产的大幅提升而下降,这是因为公司营业收入的大幅增长。由于杠杆的提升,净资产收益率不变,仍然保持在16%。若剔除隐藏利润的影响,实际净资产收益率应该接近20%。总体来说,从净资产收益率看,公司的盈利能力提升较大。

2019年,公司战略变化不大,继续保持大单品战略和电商品牌战略,该两项仍然将保持高速增长率。公司同时也提出了一些新战略,一方面,启动以蛋白质粉为形象产品的主品牌提升策略来吸引年轻人群体,另一方面,公司打造专业孕婴童营养品牌"天然博士",致力打造妇婴产品矩阵,拓展母婴渠道,推广大单品LSG的益生菌,使其成为明星产品。从估值看,明年LSG并表将贡献利润,券商预测利润是12亿~14亿元,判断其有可能超预期,给予其25~30倍估值,对应市值300亿~420亿元,若其市值处于估值下沿,则其是一家值得买入的标的。

1.业务流程图(图 8-1)

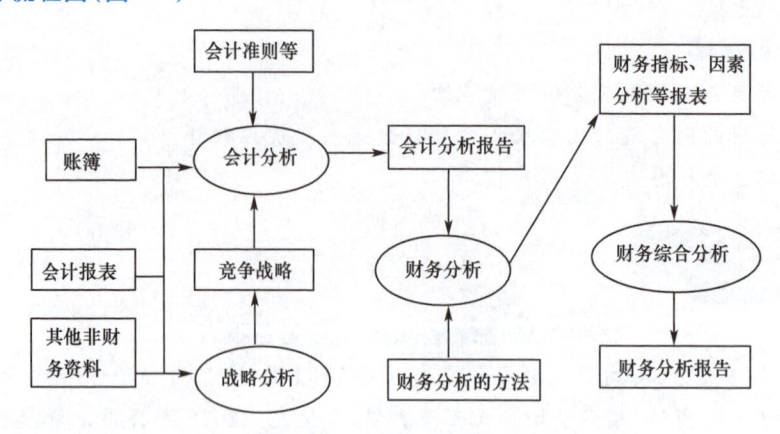

图 8-1　业务流程图

2.业务涉及人员及主要会计岗位职责(图 8-2)

职责内容	1. 对公司整体财务运行情况进行分析，做出书面报告。 2. 对公司资产、负债、所有者权益情况进行具体量化分析，发现问题与异常，提出合理化建议。 3. 对预算执行情况、费用开支、资金收支计划进行分析，甄别异常情况，提出改进建议。 4. 负责提交相关财务报表，保证准确及时，报表包括(但不限于)：资产负债表、利润表、利润分配表、现金流量表、费用分析表、趋势分析表等。 5. 分析公司收入、利润实现情况，提出增收合理化建议。 6. 对公司内控制度等执行情况进行分析总结，提出改进建议与措施。

图 8-2　业务涉及人员及主要会计岗位职责

任务一　财务分析基本方法

知识目标

1.了解财务分析目的和内容。
2.掌握比较分析法、比率分析法、因素分析法。

技能目标

1.了解财务分析目的和内容构成。
2.学会使用比较分析法、比率分析法、因素分析法。

一、财务分析概述

财务分析是根据企业财务报表等信息资料，采用专门方法，系统分析和评价企业财务状况、经营成果以及未来发展趋势的过程。企业财务报告包括资产负债表、利润表、现金流量表、股东权益变动表及相关附表和财务状况说明书，财务报告框架如图8-3所示。

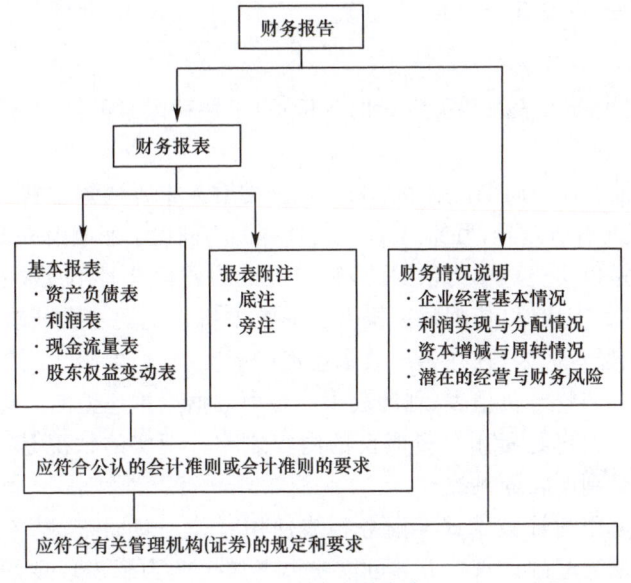

图8-3 财务报告框架

财务分析既是对已完成财务活动的总结，又是财务预测的前提，在财务管理循环中起着承上启下的重要作用。

（一）财务分析的目的

财务分析的主要目的一般可概括为：评价企业过去的经营业绩，反映企业在运营过程中的利弊得失，衡量现在的财务状况，预测未来的发展趋势，为财务报表使用者决策提供可靠的依据。

财务报表使用者主要有投资者、债权人、经理人员、供应商、政府、雇员、中介机构等。不同主体由于利益倾向的差异，在对企业进行财务分析时的目的也有所不同。

1. 企业投资者的目的

投资者作为企业的所有者或股东，必然高度关心其资本的保值和增值状况，即对企业投资的回报率极为关注。

2. 企业债权人的目的

企业的债权人也十分关注债务企业的经营状况。他们最关心的不是企业是否具有强劲的盈利能力，而主要是这种盈利能力最终能否形成有效的支付能力，以保证其债务本息及时足额地予以偿还。

3. 企业经营者的目的

企业经营者必须对企业经营理财的各个方面，包括偿债能力、营运能力、盈利能力与发展能力等加以关注。

227

4.政府部门的目的

政府部门,比如财政、税务及有关经济管理部门,从国家财政收入和宏观经济的角度,也要对企业的财务状况及发展趋势进行评估,衡量企业对国家或社会的贡献水平。

尽管不同企业的经营状况、经营规模、经营特点不同,作为运用价值形式进行的财务分析,归纳起来其分析的内容不外乎偿债能力分析、营运能力分析、盈利能力分析、发展能力分析和综合能力分析等五个方面。

(二)财务分析方法的局限性

财务分析是对财务报表及相关资料的分析,由于种种因素的影响,财务分析存在着一定的局限性。

(1)企业财务报表存在局限。财务分析所依据的财务报表数据常常因企业所采用的会计处理方法的不同而有所差异,另外,会计政策选择的不同也会影响财务报表的可比性。

(2)会计记录是以历史成本为依据的,资产价格的变化有时不反映在财务报表中,当资产的价格发生较大变化时,依据财务报表上的数据所做的财务分析就不能真实地反映企业的财务状况和经营成果,往往会导致企业资产不实、利润虚假。

(3)通货膨胀会使资产负债表、利润表中的各项数据严重地歪曲。会计核算以货币计量为基本前提,币值稳定是货币计量假设的内容之一。现实的情况是,通货膨胀普遍存在,币值稳定假设受到严峻的挑战。

(4)企业往往采用粉饰技术误导财务报表使用者。一般而言,财务分析的诸多指标中,凡是以时点指标为基础计算的大都可以粉饰。如企业为了表现良好的偿债能力和营运能力,可以在报表日前放宽信用条件,扩大销售,增加销售收入;抛售短期有价证券;提前办理大额增资并偿还部分流动负债;期末压缩或延缓进货等。

(5)有时财务报表中的数据并不全面,会有表外因素存在,比如未做记录的或有负债,依照我国《企业会计准则》,除已贴现的商业承兑汇票应作为资产负债表的一个附注反映外,其他或有负债在财务报表中可能没有反映,而一旦成为事实上的负债,其债务负担必然加大。

(6)财务分析指标存在局限。会计以货币作为主要的计量手段,一些非货币计量因素(如开发研制新产品、发明新技术、提高企业人员技术水平等)对企业未来的发展有重大影响,可是财务分析对这类因素的评价显得力不从心。

财务分析是一个认识过程,通常只能发现问题而不能提供解决问题的方案,只能做出评价而不能改善企业的财务状况。

二、财务分析的方法

财务分析的基本程序包括:明确财务分析的目的;搜集有关信息资料;选择适当的分析方法;发现财务管理中存在的问题;提出改善财务状况的具体方案。

财务分析方法有多种,主要有比较分析法、比率分析法、因素分析法。

(一)比较分析法

比较分析法也称对比分析法,是通过两个或两个以上相关指标进行对比,确定数量差异,揭示企业财务状况和经营成果的一种分析方法。比较分析法的具体运用主要有三种方式。

1.重要财务指标的比较

重要财务指标的比较是指将不同时期财务报表中的相同指标或比率进行纵向比较，直接观察其增减变动情况及变动幅度，考察发展趋势，预测发展前景。不同时期财务指标的比较主要有以下两种方法：

(1)定基动态比率，是以某一时期的数额为固定的基期数额而计算出来的动态比率。

$$定基动态比率 = \frac{分析期数额}{固定基期数额} \times 100\%$$

(2)环比动态比率，是以每一分析期的数据与上期数据相比较计算出来的动态比率。

$$环比动态比率 = \frac{分析期数额}{前期数额} \times 100\%$$

2.财务报表的比较

财务报表的比较是指将连续数期的财务报表的金额并列起来，比较各指标不同期间的增减变动金额和幅度，据以判断企业财务状况和经营成果发展变化的一种方法。具体包括资产负债表比较、利润表比较和现金流量表比较等。

> **做中学 8-1**
>
> 表 8-1 是广宇公司的比较利润表。
>
> 表 8-1　　　　　　　　广宇公司比较利润表
> 2019—2020 年　　　　　　　　　　　　　　单位：万元
>
> | 项目 | 2020 年 | 2019 年 | 增加(减少)金额 | 增加(减少)百分比(%) |
> |---|---|---|---|---|
> | 营业收入 | 2 200 | 2 120 | 80 | 3.77 |
> | 营业成本(销售成本) | 1 050 | 1 000 | 50 | 5 |
> | 管理费用 | 480 | 490 | −10 | −2.04 |
> | 财务费用(利息支出) | 123 | 120 | 3 | 2.5 |
> | 营业费用 | 215 | 205 | 9 | 4.39 |
> | 营业利润 | 332 | 305 | 27 | 8.85 |
> | 加：投资收益 | 10 | 10 | 0 | 0 |
> | 　营业外收入 | 32 | 28 | 4 | 14.29 |
> | 减：营业外支出 | 20 | 16 | 4 | 25 |
> | 利润总额 | 354 | 327 | 27 | 8.26 |
> | 所得税(25%) | 88.5 | 81.75 | 6.75 | 8.26 |
> | 净利润 | 265.5 | 245.25 | 20.25 | 8.26 |

3.财务报表项目构成的比较

财务报表项目构成的比较是在财务报表比较的基础上发展而来的，是以财务报表中的某个总体指标作为 100%，再计算出各组成项目占该总体指标的百分比，从而比较各个项目百分比的增减变动，以此来判断有关财务活动的变化趋势。

做中学 8-2

根据表 8-1 提供的数据,把营业收入作为 100%,编制广宇公司的比较百分比利润表,见表 8-2。

表 8-2　　　　　　　　　广宇公司比较百分比利润表
2019—2020 年　　　　　　　　　　　　　　　　单位:%

项　目	2020 年	2019 年
营业收入	100	100
营业成本(销售费用)	47.7	47.2
管理费用	21.8	23.1
财务费用(利息支出)	5.6	5.7
营业费用	9.8	9.7
营业利润	15.1	14.39
加:投资收益	0.5	0.5
营业外收入	1.5	1.3
减:营业外支出	0.9	0.8
利润总额	16	15.42
所得税(25%)	4	3.86
净利润	12	11.57

采用比较分析法时,应当注意三点:(1)用于对比的各个时期的指标,其计算口径必须保持一致;(2)应剔除偶发性项目的影响,使分析所利用的数据能反映正常的生产经营状况;(3)应运用例外原则对某项有显著变动的指标做重点分析,研究其产生的原因,以便采取对策,趋利避害。

(二)比率分析法

比率分析法是指利用财务报表中两项相关数值的比率揭示企业财务状况和经营成果的一种方法。在财务分析中,比率分析法的应用广泛,因为只采用有关数值的绝对数指标对比,不能深入揭示事物的内在矛盾,而比率分析是从财务现象到财务本质的一种深化,所以其更具科学性、可比性。根据分析的目的和要求不同,比率分析主要有以下三种:

1.构成比率

构成比率又称结构比率,是某个经济指标的各个组成部分与总体的比率,反映部分与总体的关系,可以考察总体中某个部分的形成和安排是否合理,以便协调各项财务活动。其计算公式如下:

构成比率=某个组成部分数额/总体数额

2. 效率比率

效率比率是某项经济活动中所费与所得的比率,反映投入与产出的关系。利用效率比率指标,可以进行得失比较,考察经营成果,评价经济效益。如将利润项目与销售成本、销售收入、资本等项目加以对比,可计算出成本利润率、销售利润率以及资本利润率指标,可以从不同角度比较企业盈利能力的高低及增减变化情况。

3. 相关比率

相关比率是根据经济活动客观存在的相互依存、相互联系的关系,以某个项目和与其有关但又不同的项目加以对比所得的比率,反映有关经济活动的相互关系。利用相关比率指标,可以考察有联系的相关业务安排得是否合理,以保障企业运营活动顺利进行。如将流动资产与流动负债加以对比,计算出流动比率,就可以判断企业的短期偿债能力。

财务比率可以进行纵向比较,也可以进行横向比较。纵向比较又叫内部比较,是把企业现在的财务比率同其过去或未来的财务比率相比较。财务比率的变动趋势能反映企业存在的问题。

比率分析法的优点是计算简便,计算结果容易判断,而且可以将某些指标在不同规模的企业之间进行比较。但采用这一方法时,应该注意对比项目的相关性、计算比率的子项和母项两个指标口径的一致性、衡量标准的科学性。

(三)因素分析法

因素分析法是从数值上测定各个相互联系的因素的变动对有关经济指标影响程度的一种分析方法。经济指标的变动,往往是由许多因素共同影响的结果,这些因素同方向或反方向地变动对经济指标有着重要推动作用。要测定各个因素对经济指标变动的影响程度,就需要假定影响经济指标变动的诸因素中的其他因素不变,再研究其中某一个因素变动的影响。因素分析法又分为连环替代法和差额计算法两种。

1. 连环替代法

连环替代法是用来确定几个相互联系的因素对分析对象——综合财务指标或经济指标的影响程度的一种分析方法。

连环替代法分析程序如下:

(1)确定经济指标对比差异,即确定分析对象。

(2)根据影响经济指标的各个因素之间的内在联系,建立反映经济因素与经济指标之间关系的分析模型。

(3)以基数(计划数或上期数等)经济模型为计算基础,按因素顺序以实际指标的各个因素逐次替换基数指标的各个因素,有几个因素就替换几次,直到所有因素均被替换为实际数为止。

(4)将每次替换后的结果,与前一次的计算结果相比较,两者之差即为某个因素的变动对经济指标差异的影响数额。

(5)综合各个因素的影响数之和,即为该项经济指标的对比差异数。

经济关系式:设 N 为材料费用总额,A 为产品产量,B 为单耗,C 为单价,0 为计划指标,1 为实际指标。

$$材料费用总额 = 产品产量 \times 单耗 \times 单价$$

即 $N=ABC$

步骤:1.连环替代法

(1)计算 $\Delta N = N_1 - N_0$

(2)计划指标: $A_0 B_0 C_0$

　　第一次替代: $A_1 B_0 C_0$

　　第二次替代: $A_1 B_1 C_0$

　　第三次替代: $A_1 B_1 C_1$

(3)计算 $\Delta A = A_1 B_0 C_0 - A_0 B_0 C_0$

　　$\Delta B = A_1 B_1 C_0 - A_1 B_0 C_0$

　　$\Delta C = A_1 B_1 C_1 - A_1 B_1 C_0$

(4) $\Delta N = \Delta A + \Delta B + \Delta C$

2.差额计算法:

(1)计算 $\Delta N = N_1 - N_0$

(2)产量增加对材料费用的影响: $\Delta A = (A_1 - A_0) B_0 C_0$

(3)单耗节约对材料费用的影响: $\Delta B = (B_1 - B_0) A_1 C_0$

(4)单价提高对材料费用的影响: $\Delta C = (C_1 - C_0) A_1 B_1$

(5) $\Delta N = \Delta A + \Delta B + \Delta C$

做中学 8-3

科华公司生产的 A 产品有关材料消耗计划和实际资料见表 8-3：

表 8-3　　　　　材料消耗计划和实际资料表

项目	单位	计划	实际
产品产量	件	1 000	1 100
单位产品材料消耗量	千克/件	20	18
材料单价	元/千克	4	5
材料费用总额	元	80 000	99 000

根据表 8-3 可知材料费用总额实际值比计划值增加 19 000(99 000－80 000)元,这是分析对象。

要求:用连环替代法分析各因素变动对材料费用总额的影响程度。

解析:

计划指标: 1 000×20×4＝80 000(元)　　①

第一次替代: 1 100×20×4＝88 000(元)　　②

第二次替代: 1 100×18×4＝79 200(元)　　③

第三次替代: 1 100×18×5＝99 000(元)　　④

产量增加对材料费用的影响:

②－①＝88 000－80 000＝8 000(元)

材料消耗节约对材料费用的影响：
③－②＝79 200－88 000＝－8 800（元）
单价提高对材料费用的影响：
④－③＝99 000－79 200＝19 800（元）
全部因素的影响程度：
8 000－8 800＋19 800＝19 000（元）

从上例可知，连环替代法既可以全面分析各因素对某一经济指标的综合影响，又可以单独分析某个因素对某一经济指标的影响，这是其他分析方法所不具备的。

应用连环替代法时，应明确以下问题：(1)替代因素时，必须按照各因素的排列顺序依次替代，不可随意加以颠倒，否则就会得出不同的计算结果。(2)确定各因素排列顺序的一般原则是：如果既有数量因素又有质量因素，先计算数量因素变动的影响，后计算质量因素变动的影响；如果既有实物数量因素又有价值数量因素，先计算实物数量因素变动的影响，后计算价值数量因素变动的影响；如果同时有几个数量和质量因素，还应区分主要因素和次要因素变动的影响。

2. 差额计算法

差额计算法是连环替代法的一种简化形式，是根据各项因素的实际数与基数的差额来计算各项因素的影响程度的方法。

做中学 8-4

仍以表 8-3 中所列数据为例分析。
要求：采用差额计算法确定各因素变动对材料消耗的影响。
解析：
(1)产品数量变动的影响：(1 100－1 000)×20×4＝8 000（元）
(2)单位产品消耗量变动的影响：1 100×(18－20)×4＝－8 800（元）
(3)单价变动的影响：1 100×18×(5－4)＝19 800（元）

应用因素分析法，要注意如下几个问题：

第一，指标构成因素的相关性，即确定构成经济指标的各个因素与经济指标之间客观上存在着的因素关系，或者说，组成经济指标的各个因素能够反映经济指标差异的内在原因，否则就失去了分析的意义。

第二，因素替换计算的顺序性，指因素的排列顺序要遵循一定的原则，确定正确的替换顺序。在实际工作中，往往先替换数量性指标，后替换质量性指标；先替换实物，后替换价值量指标；先替换主要指标，后替换次要指标。

第三，计算程序的连环性，指因素替换和指标对比要连环地进行，使各因素的影响数与经济指标差异数相符。所谓因素替换的连环性，一是指因素替换要按顺序依次进行，不能间隔地替换；二是指替换过的数用实际数，尚未替换过的数用基期数。

任务二 财务指标的计算分析

知识目标

1. 掌握偿债能力、营运能力、盈利能力、发展能力指标。
2. 了解上市公司财务分析指标。

技能目标

1. 能够进行偿债能力指标计算与分析。
2. 能够进行营运能力指标计算与分析。
3. 能够进行盈利能力指标计算与分析。
4. 能够进行发展能力指标计算与分析。
5. 能够阅读财务报表并进行上市公司的指标计算。

财务活动是一种复杂的经济活动，单纯一种财务比率不能提供足以分析判断企业财务状况和经营成果的充分信息。只有分析一组比率，才能从某个侧面反映财务状况和经营成果。

根据财务比率反映的内容，财务比率可以分为四类：偿债能力指标、营运能力指标、盈利能力指标、发展能力指标。每一类指标都从一个侧面反映了企业的财务状况和经营成果。前两类指标可以根据资产负债表提供的数据计算得出，后两类指标可以根据利润表提供的数据算出。随着财务信息的增加，可以计算的财务比率有许多，但是分析评价企业财务状况和经营成果需要的基本财务比率并不是很多。

做中学 8-5

光华公司2020年度资产负债表、利润表简表见表8-4和表8-5。

表8-4　　　　　　2020年度资产负债表　　　　　　单位：万元

资产	期末余额	年初余额	负债和所有者权益	期末余额	年初余额
流动资产：			流动负债：		
货币资金	900	800	短期借款	2 300	2 000
交易性金融资产	500	1 000	应付账款	1 200	1 000
应收账款	1 300	1 200	预收账款	400	300
预付账款	70	40	其他应付款	100	100
存货	5 200	4 000	流动负债合计	4 000	3 400

(续表)

资产	期末余额	年初余额	负债和所有者权益	期末余额	年初余额
其他流动资产	80	60	非流动负债：		
流动资产合计	8 050	7 100	长期借款	2 500	2 000
非流动资产：			非流动负债合计	2 500	2 000
持有至到期投资	400	400	负债合计	6 500	5 400
固定资产	14 000	12 000	所有者权益：		
无形资产	550	500	实收资本(或股本)	12 000	12 000
非流动资产合计	14 950	12 900	盈余公积	1 600	1 600
			未分配利润	2 900	1 000
			所有者权益合计	16 500	14 600
资产总计	23 000	20 000	负债及所有者权益合计	23 000	20 000

表 8-5　　　　　　　　　　　　2020 年度利润表　　　　　　　　　　　　单位：万元

项目	本期金额	上期金额
一、营业收入	21 200	18 800
减：营业成本	12 400	10 900
税金及附加	1 200	1 080
销售费用	1 900	1 620
管理费用	1 000	800
财务费用	300	200
加：投资收益	300	300
二、营业利润	4 700	4 500
加：营业外收入	150	100
减：营业外支出	650	600
三、利润总额	4 200	4 000
减：所得税费用	1 680	1 600
四、净利润	2 520	2 400

一、偿债能力分析

偿债能力是指企业偿还到期债务的能力。偿债能力分为短期偿债能力和长期偿债能力两个方面。短期偿债能力反映企业以流动资产偿还债务的能力，长期偿债能力反映企业以未来的现金流量偿还债务本息的能力。

（一）短期偿债能力

短期偿债能力是指企业以流动资产偿还流动负债的能力，即企业偿还日常债务的能力。短期偿债能力的强弱是企业财务状况好坏的重要标志。因此,不论是投资人、债权人还是企业管理者都非常重视企业的短期偿债能力。反映短期偿债能力的指标主要有流动比率、速动比率和现金比率三项指标。

1. 流动比率

流动比率是指企业流动资产与流动负债的比率。一般情况下,流动比率越高,反映企业短期偿债能力越强。国际上通常认为该比率为200%较为适当,过高则表明企业流动资产的占用较多,会影响资金使用效率和企业的筹资成本,从而影响企业盈利能力。

$$流动比率 = 流动资产/流动负债$$

根据表8-4光华公司2020年度资产负债表的数据计算:

年初流动比率＝7 100/3 400＝208.82%

年末流动比率＝8 050/4 000＝201.25%

光华公司年初、年末流动比率均超过合理标准,说明公司具有较强的短期偿债能力。

与流动比率相联系的另一个概念是营运资本。营运资本是指流动资产超过流动负债的部分。其计算公式如下:

$$营运资本 = 流动资产 - 流动负债$$

根据表8-4光华公司2020年度资产负债表的数据计算:

营运资本＝8 050－4 000＝4 050(万元)

营运资本也是衡量短期偿债能力的一个主要指标,它可以反映企业规模的大小。

2. 速动比率

速动比率是指企业速动资产与流动负债的比率。速动资产是指流动资产减去变现能力较差且不稳定的存货、预付账款、一年内到期的非流动资产和其他流动资产等之后的余额。由于剔除了存货等变现能力较弱且不稳定的资产,因此,速动比率较之流动比率能够更加准确、可靠地评价企业资产的流动性及其偿还短期负债的能力。其计算公式如下:

$$速动比率 = 速动资产/流动负债$$

式中　速动资产＝货币资金＋交易性金融资产＋应收账款＋应收票据
　　　　　　　＝流动资产－存货－预付账款－一年内到期的非流动资产－其他流动资产

说明:资产负债表中如有应收利息、应收股利和其他应收款项目,可视情况归入速动资产项目。

一般速动比率越高,表明企业偿还流动负债的能力越强。国际上通常认为速动比率为100%时较为适当。如果速动比率小于100%,企业会面临很大的偿债风险;如果速动比率大于100%,尽管债务偿还的安全性很高,但却会因企业现金及应收账款资金占用过多而大大增加企业的机会成本。

根据表8-4光华公司2020年度资产负债表的数据计算:

年初速动比率＝(800＋1 000＋1 200)/3 400＝88.24%

年末速动比率＝(900＋500＋1 300)/4 000＝67.5%

分析表明该公司2020年年末的速动比率比年初有所降低,虽然该公司流动比率超过一般公认标准,但由于流动资产中存货所占比重过大,导致公司速动比率未达到一般公认标准,公司的实际短期偿债能力并不理想,需采取措施加以扭转。

3.现金比率

现金资产包括货币资金和交易性金融资产等。现金资产与流动负债的比值称为现金比率。现金比率计算公式如下：

$$现金比率＝（货币资金＋交易性金融资产）/流动负债$$

现金比率剔除了应收账款对偿债能力的影响，最能反映企业直接偿付流动负债的能力，表明每 1 元流动负债有多少现金资产作为偿债保障。由于流动负债是在一年内（或一个营业周期内）陆续到期清偿，所以并不需要企业时时保留相当于流动负债金额的现金资产。研究表明，0.2 的现金比率就可以接受。而这一比率过高，就意味着企业过多资源被占用在盈利能力较低的现金资产上，从而影响了企业盈利能力。

根据表 8-4 光华公司 2020 年度资产负债表的数据计算：

2019 年度现金比率＝（800＋1 000）/ 3 400＝52.94％

2020 年度现金比率＝（900＋500）/ 4 000＝35％

2020 年度现金比率比 2019 年度有所降低，表明短期偿债能力有一定的下降。

流动比率、速动比率和现金比率构成了企业偿还短期债务的指标。

（二）长期偿债能力

长期负债是指偿还期在一年以上的债务，包括长期借款、应付长期债券、长期应付款等。长期偿债能力分析主要是为了确定企业偿还债务本金和支付利息的能力。从两方面对企业进行分析：一方面是对企业盈利能力的分析。因为企业一般不可能以资产偿还债务，所以企业的盈利能力是分析长期偿债能力的重要依据。另一方面是对资本结构的分析。如果债务占的比例很大，则说明大部分经营风险由债权人负担。债务比例越大，企业无力偿还债务本息的可能性就越高。

反映企业长期偿债能力的财务指标主要有资产负债率、产权比率、已获利息倍数。

1.资产负债率

资产负债率是指企业负债总额与资产总额的比率。资产负债率越高，说明企业总资产中举债筹措的资金越多，财务风险就越大；资产负债率越低，企业的偿债保证程度越强。资产负债率较高，说明投资人运用了较少的自有资金，由于借款利息在税前支付，在投资报酬率高于借款利率的情况下，企业可以利用财务杠杆举债经营，这对提高投资人收益是有利的。保守的观点认为资产负债率不应高于 50％，而国际上通常认为资产负债率等于 60％时较为适当。

$$资产负债率＝负债总额/资产总额$$

根据表 8-4 光华公司 2020 年度资产负债表的数据计算：

年初资产负债率＝5 400/20 000＝27％

年末资产负债率＝6 500/23 000＝28.26％

公司年初和年末的资产负债率都不高，表明长期偿债能力较强，有利于增强债权人提供贷款的信心。

2.产权比率

产权比率是指负债与所有者权益的比率，也称为资本负债比率，反映企业资产中有多少是所有者投入的，有多少是债权人提供的。

$$产权比率＝负债总额/所有者权益$$

根据表 8-4 光华公司 2020 年度资产负债表的数据计算：

年初产权比率＝5 400/14 600＝36.99％

年末产权比率＝6 500/16 500＝39.39％

公司年初和年末的产权比率都不高,表明公司长期偿债能力较强,债权人的保障程度比较高。

资产负债率与产权比率对评价偿债能力的作用基本相同,主要区别是:资产负债率侧重于分析债务偿付安全性的物质保障程度,产权比率则侧重于揭示财务结构的稳健程度以及自有资金对偿债风险的承受能力。一般来说,所有者投入资本大于债权人投入资本的,其企业财务结构比较稳定。

3.已获利息倍数

已获利息倍数是指企业一定时期息税前利润与利息支出的比率。国际上通常认为指标为 3 时较为适当。从长期看,已获利息倍数至少应当大于 1,且比值越高,企业长期偿债能力一般也就越强。公式中采用"息税前利润"是为了反映企业经营业务收益,避免纳税对收益的影响。

$$已获利息倍数＝息税前利润/利息支出$$

但是在短期内,在已获利息倍数低于 1 的情况下,企业仍有可能支付利息。这是因为有些费用如折扣、摊销等不需要当期支付现金。企业在确定合理的已获利息倍数时,应注意和行业水平比较。特别是与本行业平均水平进行比较,从而分析、决定本企业的指标水平。

根据表 8-5 光华公司 2020 年度利润表的数据计算:假定报表中财务费用全部为利息支出。

2019 年已获利息倍数＝(4 000＋200)/200＝21

2020 年已获利息倍数＝(4 200＋300)/300＝15

公司连续两年已获利息倍数均较高,具备较强的偿债能力。

二、营运能力分析

营运能力是指企业的资金周转能力,企业经营者通过对营运能力的分析,可以了解企业的经营状况和管理水平,找出存在的问题,采取措施强化管理,改善财务状况。

评价企业资金周转状况的财务比率主要有三方面:流动资产周转分析、固定资产周转分析和总资产周转分析。具体比率指标有:应收账款周转次数、存货周转次数、营业周期、流动资产周转次数、固定资产周转率和总资产周转率数。

流动资产周转分析指标包括应收账款周转率(次数)、存货周转率(次数)、流动资产周转率(次数)。

1.应收账款周转率

应收账款周转率是指赊销净额与应收账款平均余额之比。这一指标用于衡量企业应收账款回收的快慢,其计算公式如下:

$$应收账款周转率(次数)＝主营业务收入净额/平均应收账款余额$$

平均应收账款余额＝(应收账款年初数＋应收账款年末数)/2

根据表8-4和表8-5的数据计算：

平均应收账款余额＝(1 200＋1 300)/2＝1 250(元)

应收账款周转率(次数)＝21 200/1 250＝16.96(次)

有三个要注意的问题：

(1)公式中的应收账款包括会计核算中的"应收账款"和"应收票据"等全部赊销账款，其金额应为扣除坏账准备后的净额。

(2)如果应收账款余额的波动性较大,应尽可能使用更详尽的计算资料,如按每月的应收账款余额来计算其平均占用额。

(3)分子与分母的数据应注意时间的对应性。

应收账款周转率(次数)是指一定时期内主营业务收入净额与平均应收账款余额的比率。考察应收账款回收速度的快慢,还可以利用应收账款周转天数这一指标,它与应收账款周转次数互为倒数,其计算公式为

应收账款周转天数＝平均应收账款×360/主营业务收入净额

根据表8-4和表8-5的数据计算：

应收账款周转天数＝(1 250/21 200)×360＝21.23(天)

应收账款周转次数越高,周转天数越短,企业收回账款的速度越快,资产的流动性越强,资金周转状况越好。考察应收账款的回收速度,必须与企业的赊销条件相结合。

2.存货周转率

存货周转率是一定时期内企业主营业务总成本与存货平均余额的比率,反映企业销售能力和流动资产的流动性。其计算公式如下：

存货周转率(次数)＝主营业务成本/平均存货余额

其中　　平均存货余额＝(存货年初数＋存货年末数)/2

存货周转天数＝(平均存货余额×360)/主营业务成本

根据表8-4和表8-5的数据计算：

平均存货余额＝(4 000＋5 200)/2＝4 600(元)

存货周转率(次数)＝12 400/4 600＝2.70(次)

存货周转天数＝(4 600×360)/12 400＝133.55(天)

存货周转速度的快慢,不仅反映企业采购、储存、生产、销售各环节管理工作状况的好坏,而且会对企业的偿债能力及盈利能力产生决定性的影响。

指标的计算应注意的问题：

(1)存货计价方法对存货周转率具有较大的影响,因此,在分析企业不同时期或不同企业的存货周转率时,应注意存货计价方法的口径是否一致。

(2)分子与分母的数据应注意时间上的对应性。

一般存货周转率越大,存货变现速度就越快,企业经营状况就越好。存货占流动资产比重较大,存货的流动性将直接影响流动资产周转水平,进而影响企业的短期偿债能力。

营业周期是指企业从购买原材料开始到销售产品收回现金为止的整个期间。营业周期的长短取决于存货周转天数和应收账款周转天数。营业周期短,说明资金周转速度快。

营业周期的计算公式为

$$营业周期=应收账款周转天数+存货周转天数$$

仍以上例公司为例,计算其营业周期：

营业周期＝21.23＋133.55＝154.78(天)

利用营业周期评价流动资金使用时,应注意影响应收账款周转次数和存货周转次数的因素,同样也影响营业周期。

3.流动资产周转率

流动资产周转率(次数)是一定时期主营业务收入净额与平均流动资产总额的比率,它反映的是全部流动资产的利用效率。

主营业务收入与流动资产平均余额的比率,可以用下列公式表示：

$$流动资产周转率(次数)=主营业务收入净额/平均流动资产总额$$

$$平均流动资产总额=(流动资产总额年初数+流动资产总额年末数)/2$$

$$流动资产周转天数=(平均流动资产总额×360)/主营业务收入总额$$

根据表8-4和表8-5的数据计算：

平均流动资产总额＝(7 100＋8 050)/2＝7 575(元)

流动资产周转率(次数)＝21 200/7 575＝2.80(次)

流动资产周转天数＝(7 575×360)/21 200＝128.63(天)

流动资产周转率是分析流动资产周转情况的一个综合性指标,这项指标越高,说明流动资产周转速度越快,企业节约流动资产数额越大。

流动资产周转率分析指标中分子绝大多数都是主营业务收入净额,分母取平均流动资产总额。这个指标越高,资产周转效率越高。

4.固定资产周转率

固定资产周转率是一定时期主营业务收入净额与平均固定资产净值的比率。

$$固定资产周转率=主营业务收入净额/平均固定资产净值$$

$$平均固定资产净值=(固定资产净值年初数+固定资产净值年末数)/2$$

根据表8-4和表8-5的数据计算：

平均固定资产净值＝(12 000＋14 000)/2＝13 000(元)

固定资产周转率＝21 200/13 000＝1.63(次)

这项比率主要用于分析对厂房、设备等固定资产的利用效率,比率高,说明利用率高、管理水平好,同时也说明企业固定资产投资得当,结构合理,能够充分发挥效用。公式中平均固定资产净值可采用年初与年末的平均数。与流动资产不同,固定资产是形成企业生产能力的投资,应该注意的是：在应用固定资产周转率指标时,采用了平均固定资产净值,它会因计提折旧而逐年减少,而且不同的折旧方法也会对它有所影响。

5.总资产周转率

总资产周转率是指企业主营业务收入净额与平均资产总额的比率,它反映企业全部资产的利用效率,其计算公式如下：

$$总资产周转率=主营业务收入净额/平均资产总额$$

$$平均资产总额=(资产总额年初数+资产总额年末数)/2$$

根据表 8-4 和表 8-5 的数据计算：
平均资产总额＝(20 000＋23 000)/2＝21 500(元)
总资产周转率＝21 200/21 500＝0.99(次)

这一比率可用来分析企业全部资产的使用效率。如果这个比率较低，说明企业利用资产的效率较低，会影响企业的盈利能力。资产总额可采用年初与年末的平均数，亦可用年末数。

三、盈利能力分析

(一)一般企业盈利能力分析

盈利能力就是企业资金增值的能力，它通常体现为企业收益数额的大小与水平的高低。由于企业会计的六大会计要素有机统一于资金运动过程中，并通过筹资、投资活动取得收入，补偿成本费用，从而实现利润。因此，企业可以按照会计要素设置营业净利率、总资产报酬率、净资产收益率三项指标，评价企业各要素的盈利能力。

此外上市公司经常使用的盈利能力指标还有每股收益、每股股利、市盈率、股利支付率和每股净资产等。

1.营业净利率

营业净利率是指企业一定时期内净利润与营业收入的比率，反映 1 元营业收入最终赚取了多少利润。从利润表来看，企业的利润包括营业利润、利润总额和净利润三种形式。从营业收入到净利润需要扣除营业成本、期间费用、税金等项目。营业净利率越高，表明企业市场竞争力越强，发展潜力越大，盈利能力越强。

$$营业净利率＝净利润/营业收入×100\%$$

做中学 8-6

根据表 8-5 资料分析。
要求：计算该公司 2019 年度和 2020 年度的营业净利率。
解析：计算营业净利率，见表 8-6。

表 8-6　　　　　　　　　营业净利率计算表　　　　　　　　单位：万元

项目	2019 年	2020 年
净利润	2 400	2 520
营业收入	18 800	21 200
营业利润率	12.77%	11.89%

该公司的营业净利率 2020 年与 2019 年略有下降。这种下降趋势主要是由于公司 2020 年的成本费用增加，但营业净利率的下降幅度不大，可见该公司的经营和产品结构仍符合现有市场需要。

2.总资产报酬率

总资产报酬率是企业息税前利润与平均资产总额的比率。其计算公式如下：

企业财务管理

$$总资产报酬率＝息税前利润总额/平均资产总额×100\%$$

式中　　息税前利润总额＝利润总额＋利息支出＝净利润＋所得税＋利息支出

总资产报酬率反映了企业运用资产的盈利能力，企业所有者和债权人对该指标都非常关心。一般情况下，该指标越高，表明企业的资产利用效益越好。企业还可以将该指标与市场资本利率进行比较，如果前者较后者大，则说明企业可以充分利用财务杠杆，适当举债经营，以获得更多的收益。

做中学 8-7

根据表 8-4 和表 8-5 资料，同时假设表中财务费用全部为利息支出，而且该公司 2018 年度的年末资产总额为 19 000 万元。

要求：计算该公司 2019 年度和 2020 年度总资产报酬率。

解析：该公司的总资产报酬率计算见表 8-7。

表 8-7　　　　　　　　　　总资产报酬率　　　　　　　　　　单位：万元

项目	2019 年	2020 年
利润总额	4 000	4 200
利息支出	200	300
息税前利润总额	4 200	4 500
资产年末总额	20 000	23 000
平均资产总额	19 500	21 500
总资产报酬率	21.54％	20.93％

3.净资产收益率

净资产收益率又称自有资金利润率或权益净利率，是指企业一定时期内的净利润与平均净资产（所有者权益）的比率。其计算公式如下：

$$净资产收益率＝净利润/平均净资产×100\%$$

式中　　平均净资产＝（所有者权益年初数＋所有者权益年末数）/2

做中学 8-8

根据前列资料，该公司 2019 年和 2020 年净资产收益率的计算见表 8-8。

表 8-8　　　　　　　　　　净资产收益率　　　　　　　　　　单位：万元

项目	2019 年	2020 年
净利润	2 400	2 520
年末净资产	14 600	16 500
平均净资产	13 800	15 550
净资产收益率	17.39％	16.21％

该公司 2020 年度的净资产收益率比 2019 年度降低了约 1 个百分点，这是所有者权益的增长快于净利润的增长所引起的。

要求：计算该公司的所有者权益增长率。

解析：

所有者权益增长率＝(15 550－13 800)/13 800×100％＝12.68％

净利润的增长率＝(2 520－2 400)/2 400×100％＝5％

净资产收益率是评价企业自有资本及其积累获取报酬水平的最具综合性与代表性的指标，反映企业资本运营的综合效益。该指标通用性强，适用范围广，不受行业局限，在国际上的企业综合评价中使用率非常高。

对该指标的综合对比分析，可以看出企业盈利能力在同行业中所处的地位，以及与同类企业的差异水平。一般认为净资产收益率越高，企业盈利能力越强；反之，则说明企业盈利能力越弱。

所有者权益(净资产)是指企业资产总额扣除负债总额后的差额。它包括实收资本、资本公积、盈余公积和未分配利润四个部分。

(二)上市公司盈利能力分析

反映上市公司盈利能力的指标主要有每股收益、每股股利、市盈率、股利支付率、每股净资产等。

1.每股收益(EPS)

每股收益(EPS)又称每股利润、每股盈余，是一定时期的净利润与期末普通股股份总数的比值，是衡量上市公司盈利能力的指标。普通股投资者对该指标较为看重，上市公司若发行了优先股股票，计算每股收益时，净利润中需扣除支付的优先股股利。其计算公式如下：

每股收益＝净利润/期末普通股股份总数

该指标反映每一普通股的盈利水平，指标越高，表明每一普通股可获得的利润越多，股东的投资收益越好；反之，则表明股东的投资收益越差。利用该指标进行分析时，可以进行公司间的比较，以评价公司的相对盈利能力；也可以对同一公司的不同时期进行比较，以了解公司盈利能力的变化趋势。需注意的是，每股收益多，并不一定意味着公司会多分红，分红的多少还要看公司的股利分配政策。

做中学 8-9

宏远股份公司是一家上市公司，年末普通股股数为 120 000 万股，其 2020 年实现的净利润为 48 240 万元，则该公司 2020 年每股收益为

每股收益＝48 240/120 000＝0.40(元/股)

2.每股股利

每股股利是衡量上市公司盈利能力的指标，是指一定时期的普通股股利总额与期末普通股股份总数的比值。其计算公式如下：

每股股利＝普通股股利总额/期末普通股股份总数

该指标反映每一普通股获取股利的能力，指标越高，表明股本的盈利能力越强。

> **做中学 8-10**
>
> 宏远股份公司经股东大会讨论决定 2020 年发放股利 21 600 万元,则该公司 2020 年每股股利为
>
> $$每股股利 = 21\ 600/120\ 000 = 0.18(元/股)$$

3. 市盈率

市盈率是衡量上市公司盈利能力的另一项指标,是指普通股每股市价为每股收益的倍数。用每股收益与市价进行比较,目的是反映普通股股票当期盈余与市场价格之间的关系,它可以为投资者提供重要的决策参考。其计算公式如下:

$$市盈率 = 每股市价 / 每股收益$$

市盈率是市场对公司的共同期望指标,市盈率越高,表明市场对公司的未来越看好。在市价确定的情况下,每股收益越高,市盈率越低,投资风险越小;反之亦然。在每股收益确定的情况下,市价越高,市盈率越高,投资风险越大;反之亦然。仅从市盈率高低横向比较看,高市盈率说明公司能够获得市场信赖,具有良好的前景;反之亦然。

> **做中学 8-11**
>
> 宏远股份公司每股市价为 5.4 元,则宏远股份公司的市盈率为
>
> $$市盈率 = 5.4/0.18 = 30(倍)$$

市盈率的高低受市价的影响,市价变动的因素很多,包括投机炒作等,因此观察市盈率的长期趋势非常重要。市盈率太高或太低的股票都不适宜投资。由于一般的期望报酬率为 5%~20%,故正常的市盈率为 5~20 倍。投资者购买高市盈率股票的真正动机也许不是为了获得上市公司的股利分配,而是期待股票市场价格的继续上涨所带来的股票交易利润,这就可能引起股票市场上的价格泡沫。

4. 股利支付率

股利支付率是指普通股每股股利与每股收益的比率。

5. 每股净资产

每股净资产又称每股账面价值或每股权益,是上市公司年末净资产(股东权益)与年末普通股股份总数的比值。

四、发展能力分析

发展能力是企业在生存的基础上,扩大规模发展的潜在能力,通常是指企业未来生产经营的发展趋势和发展水平,包括总资产增长率、营业收入增长率、营业利润增长率、资本保值增值率、所有者权益增长率等。

1. 总资产增长率

总资产增长率是指企业本年总资产增长额同年初资产总额的比率,它反映企业本期资产规模的增长情况。其计算公式如下:

$$总资产增长率 = 本年总资产增长额 / 年初资产总额 \times 100\%$$

式中　　本年总资产增长额 = 资产总额年末数 − 资产总额年初数

> **做中学 8-12**
>
> 根据表 8-4 资料,计算该公司 2020 年度的总资产增长率为
> 总资产增长率=(23 000－20 000)/20 000×100％＝15％

总资产增长率是从企业资产总量扩张方面衡量企业的发展能力,表明企业规模增长水平对企业发展后劲的影响。该指标越高,表明企业一定时期内资产经营规模扩张的速度越快。对总资产增长率进行具体分析时,应该注意:
(1)总资产增长率越高并不意味着企业的资产规模增长就一定合适。
(2)正确分析企业总资产的增长。
(3)正确评价企业资产规模的增长能力。

2.营业收入增长率

营业收入增长率指企业本年营业收入增长额同上年营业收入总额的比率。该指标是衡量企业经营状况和市场占有情况、预测企业经营发展趋势的重要标志。该指标大于 0,表示企业本年的营业收入有所增长。该指标值越高,增长速度越快,前景越好。其计算公式如下:

营业收入增长率=本年营业收入增长额/上年营业收入总额×100％

> **做中学 8-13**
>
> 根据表 8-5 资料,计算该公司 2020 年度的营业收入增长率为
> 营业收入增长率=(21 200－18 800)/18 800×100％＝12.77％

对该指标的分析,应结合企业历年的营业收入水平、企业市场占有情况、行业未来发展及其他影响企业发展的潜在因素,进行前瞻性预测,或者结合企业前三年的营业收入增长率做出趋势性分析判断。

3.营业利润增长率

营业利润增长率是企业本年营业利润增长额与上年营业利润总额的比率,反映企业营业利润的增减变动情况。由于企业的价值主要取决于其盈利及其增长能力,所以企业的利润增长是反映企业增长能力的重要方面。其计算公式如下:

营业利润增长率=本年营业利润增长额/上年营业利润总额×100％

式中　　本年营业利润增长额=本年营业利润总额－上年营业利润总额

> **做中学 8-14**
>
> 根据表 8-4 资料,计算该公司 2019 年度的营业利润增长率为
> 营业利润增长率=(4 700－4 500)/4 500×100％＝4.44％

4.资本保值增值率

资本保值增值率是企业扣除客观因素后的年末所有者权益总额与年初所有者权益总额的比率,反映企业当年资本在自身努力下的实际增减变动情况,揭示了投资者投入资本的完整性和保全性,是评价企业财务收益状况的辅助指标。其计算公式如下:

资本保值增值率=扣除客观因素后的年末所有者权益总额/年初所有者权益总额×100％

做中学 8-15

根据表8-4资料,计算该公司2020年度的资本保值增值率为

资本保值增值率＝16 500/14 600×100％＝113.01％

一般认为,资本保值增值率越高,企业的资本保全状况越好,所有者权益增长越快,债权人的债务越有保障。该指标通常应当大于100％。

5. 所有者权益增长率

所有者权益增长率是本年所有者权益的增长额同年初所有者权益的比率,反映企业当年资本的积累能力,又称资本积累率,是评价企业发展潜力的重要指标,其计算公式如下:

所有者权益增长率＝本年所有者权益增长额/年初所有者权益×100％

式中　　本年所有者权益增长额＝所有者权益年末数－所有者权益年初数

做中学 8-16

根据表8-4资料,计算该公司2020年度的所有者权益增长率为

所有者权益增长率＝(16 500－14 600)/14 600×100％＝13.01％

所有者权益增长率反映了企业所有者权益在当年的变动水平,体现了资本的积累情况。该指标若大于0,则指标值越高表明企业的资本积累越多,应对风险、持续发展的能力越强;该指标若小于0,则表明企业资本受到侵蚀,所有者利益受到损害。

任务三　财务综合分析的实践应用

知识目标

1. 掌握杜邦财务分析法。
2. 了解沃尔比重分析法。

技能目标

1. 学会杜邦财务分析法的运用。
2. 能够用沃尔比重分析法进行财务分析。

财务综合分析,就是将偿债能力、营运能力、盈利能力、发展能力等诸方面的分析纳入一个有机的分析系统之中,全面分析企业经营状况、财务状况,从而对企业经济效益的优劣做出准确的评价与判断。

财务分析的最终目的是全方位地了解企业经营与财务状况,从而对企业经济效益的

优劣做出系统的、合理的评价。单独分析任何一项财务指标,都难以全面评价企业的财务状况和经营成果,要想对企业财务状况和经营成果有一个总的评价,就必须进行相互关联的分析,采用适当的标准进行综合性的评价。

综合指标分析的特点体现在其对财务指标体系的要求上,一个健全有效的综合财务指标体系必须具备三个基本要素:

1. 指标要素齐全适当

指标要素齐全适当是指所设置的评价指标必须能够涵盖企业营运能力、偿债能力和盈利能力等诸方面总体考核的要求。

2. 主辅指标功能匹配

主辅指标功能匹配强调两个方面:第一,在确立营运能力、偿债能力和盈利能力诸方面评价的主要指标与辅助指标的同时,进一步明晰总体结构中各项指标的主辅地位;第二,不同范畴的主要考核指标所反映的企业经营状况、财务状况的不同侧面与不同层次的信息要有机统一,能够全面而详实地揭示出企业经营理财的实绩。

3. 满足多方信息需要

满足多方信息需要要求评价指标体系必须能够提供多层次、多角度的信息资料,既能满足企业内部管理当局实施决策对充分而具体的财务信息的需要,同时又能满足外部投资者和政府凭以决策和实施宏观调控的要求。

常用的综合分析法包括:杜邦财务分析法、沃尔比重评分法。

一、杜邦财务分析法

杜邦财务分析法是由美国杜邦公司率先采用的一种方法,故称杜邦财务分析法。综合分析就是将营运能力、偿债能力、盈利能力和发展能力等诸方面的分析纳入一个有机的整体之中,全面地对企业经营状况、财务状况进行解剖和分析,从而对企业经营效益的优劣做出准确的评价与判断。

根据表 8-4 和表 8-5 资料,可以计算该公司 2020 年度杜邦财务分析体系中的各项指标,如图 8-4 所示。

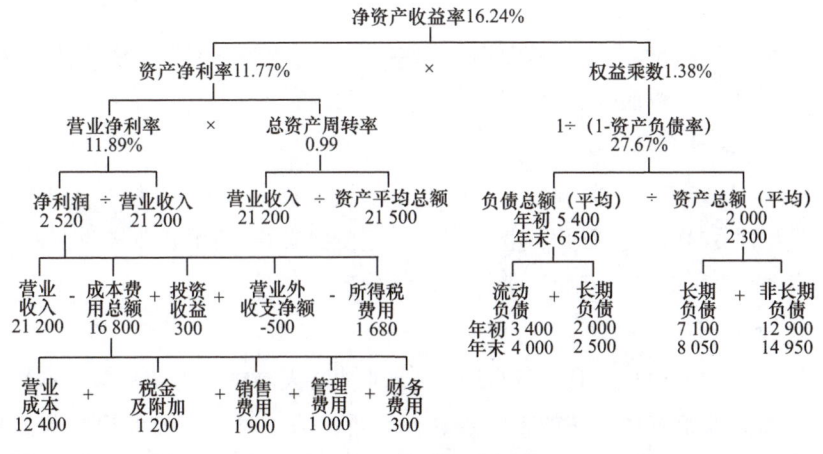

图 8-4 杜邦财务分析图

杜邦财务分析图可以提供下列主要财务指标关系：

（一）净资产收益率

净资产收益率是综合性最强的财务比率，也是杜邦财务分析系统的核心指标。净资产收益率反映所有者权益的盈利能力，反映企业筹资、投资、资产运营等活动的效率，提高净资产收益率是所有者利润最大化的基本保证。净资产收益率的高低取决于资产净利率和权益乘数。

净资产收益率是所有比率中综合性最强、最具有代表性的一个指标：

$$净资产收益率 = 营业净利率 \times 总资产周转率 \times 权益乘数$$

杜邦体系关系式如下：

(1) 资产净利率 = 营业净利率 × 总资产周转率
(2) 净资产收益率 = 资产净利率 × 权益乘数
(3) 净资产收益率 = 营业净利率 × 总资产周转率 × 权益乘数

从公式中可以看出，决定净资产收益率高低的因素有三个方面：营业净利率、总资产周转率和权益乘数，这样分解之后，可以把净资产收益率这样一项综合性指标发生升、降变化的原因具体化，比只用一项综合性指标更能说明问题。

$$净资产收益率 = \frac{净利润}{所有者权益} = \frac{净利润}{资产总额} \times \frac{资产总额}{所有者权益}$$

式中 $\dfrac{资产总额}{所有者权益} = \dfrac{资产总额}{资产总额 - 负债总额} = \dfrac{1}{1 - \dfrac{负债总额}{资产总额}} = \dfrac{1}{1 - 资产负债率}$

企业的负债越多，公式"$\dfrac{1}{1-资产负债率}$"的数值越大，便可以给企业带来更多的财务杠杆利益。因此，"$\dfrac{1}{1-资产负债率}$"被称为权益乘数。当然，企业的负债增加时，企业的财务风险也加大。

"资产净利率 = 营业净利率 × 总资产周转率"这一等式被称为杜邦等式。

（二）资产净利率

资产净利率是综合性较强的重要财务比率，它是营业净利率和总资产周转率的乘积，因此，需要进一步从销售成果和资产运营两方面来分析。

（三）营业净利率

营业净利率反映了企业净利润与主营业务收入净额的关系，提高营业净利率是提高企业盈利能力的关键所在。影响营业净利率的主要因素，一是主营业务收入净额，二是成本费用，分析时，要从这两个方面入手进行详尽分析。

（四）总资产周转率

总资产周转率是反映运用资产以获得主营业务收入净额能力的财务指标。对资产周转率的分析，要从影响资产周转的各因素进行分析。除了对资产的各构成部分从占用量上是否合理进行分析外，还应对流动资产周转率、存货周转率、应收账款周转率等各有关资产组成部分的使用效率做深入分析,以找出影响总资产周转的问题所在。

(五)权益乘数

权益乘数反映所有者权益同总资产的关系,它主要受资产负债率的影响。债务比率越大,权益乘数就越高,说明企业有较高的负债程度,既可能给企业带来较多的杠杆利益,又可能带来较大的财务风险。

从杜邦财务分析图中可以看出,净资产收益率与企业的销售规模、成本水平、资产运营、资本结构有着密切的关系,这些因素构成一个相互依存的系统。只有把这个系统内的各个因素协调好,才能保证净资产收益率最大,进而实现企业的理财目标。杜邦财务分析法有助于企业管理层更加清晰地看到权益资本收益率的决定因素,以及营业净利率与总资产周转率、债务比率之间的相互关联关系,给管理层提供了一张明晰的考察公司资产管理效率和是否最大化股东投资回报的路线图。

做中学 8-17

1.工作任务要求

根据情境案例设计的资料,利用杜邦财务分析法对曙光公司进行分析。

2.情境案例设计

曙光公司有关财务数据见表 8-9 和表 8-10。分析该公司净资产收益率变化的原因。

表 8-9　　　　　　　　　曙光公司基本财务数据　　　　　　　　单位:万元

年度	净利润	营业收入	平均资产总额	平均负债总额	所有者权益
2019 年	650	18 930	9 500	3 100	6 400
2020 年	810	20 180	11 000	4 300	6 700

表 8-10　　　　　　　　　曙光公司财务比率

项目	2019 年	2020 年
净资产收益率	10.16%	12.09%
权益乘数	1.48	1.64
资产负债率	32.63%	39.09%
总资产净利率	6.84%	7.36%
营业净利率	3.43%	4.01%
总资产周转率(次)	2.00	1.83

3.任务实施过程

解析:

(1)对净资产收益率的分析。

曙光公司净资产收益率=营业净利率×总资产周转率×权益乘数

2019 年:3.43%×2×1.48=10.16%

2020 年:4.01%×1.83×1.64=12.03%

该公司的净资产收益率2020年的12.03%比2019年的10.16%增加了近2个百分点。

(2)三大指标对净资产收益率的影响。

2020年的营业净利率为4.01%,比2019年的营业净利率3.43%增加0.58个百分点;2020年的总资产周转率1.83比2019年的总资产周转率2减少了0.17;2020年的权益乘数1.64比2019年的权益乘数1.48增加了0.16。

通过分解可以看出曙光公司2020年的营业收入和净利润提高了,营业净利率也增加了。总资产周转率有所降低,说明资产的利用比前一年效果差,表明该公司利用总资产产生销售收入的效率在降低。营业净利率提高的同时,总资产周转率的减少降低了总资产净利率的增加幅度。

该公司权益乘数的增加,说明公司的资本结构在2019年至2020年发生了变动,2020年的权益乘数较2019年有所增加。权益乘数越大,公司负债程度越高,财务风险也相应增加。这个指标同时也反映了财务杠杆对利润水平的影响。

对于曙光公司,最为重要的就是要保持较高的总资产周转率。

做中学 8-18

华洋公司2020年净资产收益率为12.54%,营业净利率为12%,总资产周转率为0.95,权益乘数为1.1;2019年净资产收益率为15.12%,营业净利率为14%,总资产周转率为0.9,权益乘数为1.2,净资产收益率总差异为-2.58%。

要求:用因素分析法分析该公司的净资产收益率。

解析:净资产收益率=营业净利率×总资产周转率×权益乘数

(1)先分析营业净利率的变动对净资产收益率的影响程度。营业净利率由14%变为12%,对净资产收益率的影响为

$$(12\% - 14\%) \times 0.9 \times 1.2 = -2.16\%$$

(2)在分析营业净利率的基础上,分析总资产周转率的变动对净资产收益率的影响程度。总资产周转率由0.9变为0.95,对净资产收益率的影响为

$$12\% \times (0.95 - 0.9) \times 1.2 = 0.72\%$$

(3)在分析营业净利率、总资产周转率的基础上分析权益乘数的变动对净资产收益率的影响程度。权益乘数由1.2变为1.1,对净资产收益率的影响为

$$12\% \times 0.95 \times (1.1 - 1.2) = -1.14\%$$

(4)所有因素的变动,即营业净利率、总资产周转率和权益乘数三因素的变动对净资产收益率的影响程度为

$$-2.16\% + 0.72\% + (-1.14\%) = -2.58\%$$

以上合计数说明,营业净利率、总资产周转率和权益乘数的共同变动对净资产收益率的影响程度为-2.58%,刚好等于净资产收益率总差异。

从企业绩效评价的角度来看,杜邦财务分析法只包括财务方面的信息,不能全面反映企业的实力,有一定的局限性,在实际运用中需要加以注意,必须结合企业的其他信息加以分

析。杜邦财务分析法的局限性主要表现在：(1)对短期财务结果过分重视，有可能助长公司管理层的短期行为，忽略企业长期的价值创造。(2)财务指标反映的是企业过去的经营业绩，但在目前的信息时代，顾客、供应商、雇员、技术创新等因素对企业经营业绩的影响越来越大，而杜邦财务分析法在这些方面是无能为力的。(3)在目前的市场环境中，企业的无形资产对提高企业长期竞争力至关重要，杜邦财务分析法却不能解决无形资产的估值问题。

二、沃尔比重评分法

在进行财务分析时，人们遇到的一个主要困难就是在计算财务比率之后，无法判断它是偏高还是偏低的。与本企业的历史比较，也只能看出自身的变化，却难以评价其在市场竞争中的优劣地位。亚历山大·沃尔在20世纪初出版的《信用晴雨表研究》和《财务报表比率分析》等著作中提出了信用能力指数概念，将流动比率、产权比率、固定资产比率、存货周转率、应收账款周转率、固定资产周转率、自有资金周转率等七项财务比率用线性关系结合起来，并分别给定各自的分数比重，然后通过与标准比率进行比较，确定各项指标得分及总体指标的累计分数，从而对企业的信用水平进行评价。

沃尔比重评分法有两个缺陷：一是选择这七个比率及给定的比重缺乏说服力；二是当某一个指标严重异常时，会对总评分产生不合逻辑的重大影响。沃尔最初提出的七项指标已难以适用当前企业评价的需要。现在在选择指标时，偿债能力、营运能力、盈利能力、发展能力和社会贡献能力指标均应当选到，此外还应适当选取一些非财务指标作为参考。

做中学 8-19

沃尔比重评分法的基本步骤如下：
(1)选择评价指标并分配指标权重
评价指标分配权见表8-11。

表8-11　　　　　　　　　　评价指标分配权

选择的指标	分配的权重
一、偿债能力指标	20
1.资产负债率	12
2.已获利息倍数	8
二、盈利能力指标	38
1.净资产收益率	25
2.总资产报酬率	13
三、营运能力指标	18
1.总资产周转率	9
2.流动资产周转率	9
四、发展能力指标	24
1.营业增长率	12
2.资本积累率	12
	100

(2) 确定各项评价指标的标准值财务指标的标准值一般可以以行业平均数、企业历史先进数、国家有关标准或者国际公认数为基准来加以确定。表 8-12 中的标准值仅是为举例而假设的。

表 8-12　　　　　　　　　　　　评价指标的标准值

选择的指标	指标的标准值
一、偿债能力指标	
1.资产负债率	60%
2.已获利息倍数	3
二、盈利能力指标	
1.净资产收益率	25%
2.总资产报酬率	16%
三、营运能力指标	
1.总资产周转率	2
2.流动资产周转率	5
四、发展能力指标	
1.营业增长率	10%
2.资本积累率	15%

(3) 对各项指标计分并计算综合分数

各项评价指标的得分＝各项指标的权重×(指标的实际值/标准值)

$$综合分数 = \sum 各项评价指标的得分$$

综合得分计算表见表 8-13。

表 8-13　　　　　　　　　　　　综合得分计算表

选择的指标	分配的权重①	指标的标准值②	指标的实际值③	实际得分④＝①×③÷②
一、偿债能力指标	20			
1.资产负债率	12	60%	28.26%	5.65
2.已获利息倍数	8	3	15	40
二、盈利能力指标	38			
1.净资产收益率	25	25%	16.21%	16.21
2.总资产报酬率	13	16%	20.93%	17.00
三、营运能力指标	18			
1.总资产周转率	9	2	0.93	4.19
2.流动资产周转率	9	5	2.64	4.75
四、发展能力指标	24			
1.营业增长率	12	10%	11.11%	13.33
2.资本积累率	12	15%	13.01%	10.41
综合得分	100			111.54

(4)形成评价结果

在最终评价时,如果综合得分大于100,则说明企业的财务状况比较好;反之则说明企业的财务状况比同行业平均水平或者本企业历史先进水平要差。由于该公司综合得分为111.54,大于100,说明其财务状况较为良好。

沃尔比重评分法是评价企业总体财务状况的一种比较可取的方法,这一方法的关键在于指标的选定、权重的分配以及标准值的确定等。

【拓展阅读】 财务报表粉饰的常见手段

进一步理解财务报表资料的局限性,研究其可能对财务报表分析带来的不利影响,并讨论这种影响能否有效克服。

1.利用资产重组调节利润

资产重组是企业为了优化资本结构、调整产业结构、完成战略转移等目的而实施的资产置换和股权置换。然而,资产重组现已被滥用,以至提起资产重组,人们立即联想到做假账。近年来,在一些企业中,特别是在上市公司中,资产重组确实被广泛用于粉饰财务报表。不难发现,许多上市公司扭亏为盈的秘诀在于资产重组。

典型做法是:(1)借助关联交易,非上市的国有企业以优质资产置换上市公司的劣质资产;(2)由非上市的国有企业将盈利能力较高的下属企业廉价出售给上市公司;(3)由上市公司将一些闲置资产高价出售给非上市的国有企业。

资产重组往往具有使上市公司一夜扭亏为盈的神奇功效,其"秘方"一是利用时间差,如在会计年度即将结束前进行重大的资产买卖,确认暴利;一是不等价交换,即借助关联交易,在上市公司和非上市的母公司之间进行"以垃圾换黄金"的利润转移。

2.利用关联交易调节利润

我国的许多上市公司由国有企业改组而成,在股票发行额度有限的情况下,上市公司往往通过对国有企业局部改组的方式设立。股份制改组后,上市公司与改组前的母公司及母公司控制的其他子公司之间普遍存在着错综复杂的关联关系和关联交易。利用关联交易粉饰财务报表、调节利润已成为上市公司乐此不疲的"游戏"。

利用关联交易调节利润,其主要方式包括:(1)虚构经济业务,人为抬高上市公司业务和效益。(2)采用大大高于或低于市场价格的方式,进行购销活动、资产置换和股权置换。(3)以旱涝保收的方式委托经营或受托经营,抬高上市公司经营业绩。(4)以低息或高息发生的资金往来,调节财务费用。(5)以收取或支付管理费,或分摊共同费用调节利润。

利用关联交易调节利润的最大特点是,亏损大户可在一夜之间变成盈利大户,且关联交易的利润大都体现为"其他业务利润"、"投资收益"或"营业外收入",但上市公司利用关联交易赚取的"横财",往往带有间发性,通常并不意味着上市公司的盈利能力发生实质性的变化。利用关联交易调节利润的另一个特点是,交易的结果是非上市的国有企业的利润转移到上市公司,导致国有资产的流失。

3.利用资产评估消除潜亏

按照会计制度的规定和谨慎性原则,企业的潜亏应当依照法定程度,通过利润表予以体现。然而，许多企业，特别是国有企业，往往在股份制改组、对外投资、租赁、抵押时，通过资产评估，将坏账、滞销和毁损存货、长期投资损失、固定资产损失以及递延资产等潜亏确认为评估减值，冲抵"资本公积"，从而达到粉饰财务报表、虚增利润的目的。

4. 利用虚拟资产调节利润

根据国际惯例，资产是指能够带来未来经济利益的资源。不能带来未来经济利益的项目，即使符合权责发生制的要求列入资产负债表，严格地说，也不是真正意义上的资产，由此就产生了虚拟资产的概念。所谓虚拟资产，是指已经实际发生的费用或损失，但由于企业缺乏承受能力而暂时挂列为待摊费用、递延资产、待处理流动资产损失和待处理固定资产损失等资产科目。

利用虚拟资产科目作为"蓄水池"，不及时确认、少摊销或不摊销已经发生的费用和损失，也是国有企业和上市公司粉饰财务报表、虚盈实亏的惯用手法。其"合法"的借口包括权责发生制、收入与成本配比原则、地方财政部门的批示等。

5. 利用利息资本化调节利润

根据现行会计制度的规定，企业为在建工程和固定资产等长期资产而支付的利息费用，在这些长期资产投入使用之前，可予以资本化，计入这些长期资产的成本。利息资本化本是出于收入与成本配比原则，区分资本性支出和经营性支出的要求。然而，在实际工作中，有不少国有企业和上市公司滥用利息资本化的规定，蓄意调节利润。

利用利息资本化调节利润的更隐秘的做法是，利用自有资金和借入资金难以界定的事实，通过人为划定资金来源和资金用途，将用于非资本性支出的利息资本化。

6. 利用股权投资调节利润

由于我国的产权交易市场还不十分发达，对股权投资的会计规范尚处于起步阶段，有不少国有企业和上市公司利用股权投资调节利润。除了借助资产重组之机，利用关联交易将不良股权投资以天价与关联公司置换股权获取"暴利"外，还有不少国有企业利用成本法和权益法粉饰财务报表。典型的做法是，对于盈利的被投资企业，采用权益法核算，而对于亏损的被投资企业，即使股权比例超过20%，仍采用成本法核算。

近年来一些上市公司迫于利润压力，经常在会计年度即将结束之际，与关联公司签订股权转让协议，按权益法或通过合并财务报表，将被收购公司全年的利润纳入上市公司的财务报表。值得庆幸的是，财政部会计司已发布了通知，明确规定股权转让时，收购企业只能从收购之日起以权益法或合并报表的方法确认被收购企业的利润，收购之日前被收购企业实现的利润只能作为收购成本，收购企业不得将其确认为投资收益。这一规定，无疑将抑制国有企业和上市公司利用股权投资调节利润、粉饰财务报表的行为。

7. 利用其他应收款和其他应付款调节利润

根据现行会计制度规定，其他应收款和其他应付款科目主要用于反映除应收账款、预付账款、应付账款、预收账款以外的其他款项。在正常情况下，其他应收款和其他应付款的期末余额不应过大。然而，我们在审计过程中发现，许多国有企业和上市公司的其他应收款和其他应付款期末余额巨大，往往与应收账款、预付账款、应付账款和预收账款的余额不相上下，甚至超过这些科目的余额。出现这些异常现象，主要是因为许多国有企业和上市公司利用这两个科目调节利润。事实上，注册会计师界已经将这两个科目戏称为"垃圾桶"

（因为其他应收款往往用于隐藏潜亏）和"聚宝盆"（因为其他应付款往往用于隐瞒利润）。

8.利用时间差(跨年度)调节利润

一些上市公司为了在年度结束后能给股东一份"满意"的答卷,往往借助时间差调节利润。传统的做法是在12月份虚开发票,次年再以质量不合格为由冲回。较为高明的做法是,借助与第三方签订"卖断"收益权的协议,提前确认收入。

资料来源：黄世忠,《报表的粉饰与识别》(中国财经报财会世界周刊)

职业能力训练

一、名词解释

1.财务分析　2.因素分析法　3.比较分析法　4.比率分析法
5.趋势分析法　6.杜邦财务分析法　7.沃尔比重评分法　8.计分综合分析法

二、单项选择题

1.影响速动比率可信性的最主要因素是（　　）。
A.存货的变现能力　　　　　　　B.短期证券的变现能力
C.产品的变现能力　　　　　　　D.应收账款的变现能力

2.在计算速动资产时,之所以要扣除存货等项目,是由于（　　）。
A.这些项目价值变动较大　　　　B.这些项目质量难以保证
C.这些项目数量不易确定　　　　D.这些项目变现能力较差

3.在下列项目中,企业短期债权人主要关心企业（　　）。
A.资产的流动性　　　　　　　　B.收益的稳定性
C.负债与权益的比例　　　　　　D.长期负债与短期负债的比例

4.如果企业速动比率很小,下列结论成立的是（　　）。
A.企业流动资产占用过多　　　　B.企业短期偿债能力很强
C.企业短期偿债风险很大　　　　D.企业资产流动性很强

5.与产权比率比较,用资产负债率评价企业偿债能力的侧重点是（　　）。
A.揭示财务结构的稳健程度
B.揭示债务偿付安全性的物质保障程度
C.揭示主权资本对偿债风险的承受能力
D.揭示负债与资本的对应关系

6.产权比率与权益乘数的关系是（　　）。
A.产权比率×权益乘数＝1
B.权益乘数＝1/(1－产权比率)
C.权益乘数＝(1＋产权比率)/产权比率
D.权益乘数＝1＋产权比率

7.在其他条件不变的情况下,下列经济业务可能导致总资产报酬率下降的是（　　）。
A.用银行存款支付一笔销售费用　　B.用银行存款购入一台设备
C.将可转换债券转换为优先股　　　D.用银行存款归还银行借款

8.某企业本年销售收入为 20 000 元,应收账款周转率为 4,期初应收账款余额为 3 500 元,则期末应收账款余额为( )元。

A.5 000　　　　B.6 000　　　　C.6 500　　　　D.4 000

9.某企业应收账款周转次数为 4.5 次,假设一年按 360 天计算,则应收账款周转天数为( )。

A.2 天　　　　B.81.1 天　　　　C.80 天　　　　D.740 天

10.利息保障倍数不仅反映了企业盈利能力,而且反映了( )。

A.资产管理能力　B.短期偿债能力　C.长期偿债能力　D.总偿债能力

11.既是企业盈利能力指标的核心,又是整个财务指标体系核心的指标是( )。

A.资本保值增值率　　　　　　B.总资产报酬率
C.营业利润率　　　　　　　　D.净资产收益率

12.甲公司 2020 年年初发行在外普通股股数为 10 000 万股,2020 年 3 月 1 日新发行 4 500 万股,12 月 1 日回购 1 500 万股,2020 年实现净利润 5 000 万元,则基本每股收益为( )元。

A.0.2　　　　B.0.37　　　　C.0.38　　　　D.0.42

三、多项选择题

1.财务分析的局限性主要表现为( )。

A.财务报表本身的局限性　　　B.比较基础的局限性
C.分析思路的局限性　　　　　D.分析主体的局限性

2.对资产负债率正确的评价有( )。

A.从债权人角度看,负债比率越大越好
B.从债权人角度看,负债比率越小越好
C.从股东角度看,负债比率越高越好
D.从股东角度看,当全部资本利润率高于债务利息率时,负债比率越高越好

3.分析企业短期偿债能力的比率有( )。

A.流动比率　　B.负债比率　　C.速动比率　　D.权益乘数

4.下列关于财务分析有关指标的说法中,正确的有( )。

A.尽管流动比率能反映企业短期偿债能力,但有的企业流动比率较高,却没能力支付到期应付账款
B.产权比率揭示了企业负债与资本的对应关系
C.与资产负债率相比,产权比率侧重于揭示财务结构的稳健程度以及权益资本对偿债风险的承受能力
D.较之流动比率或速动比率,以现金比率来衡量企业短期债务的偿还能力更为保险

5.计算速动比率时,从流动资产中扣除存货的重要原因是( )。

A.存货的价值较大　　　　　B.存货的质量难以保证
C.存货的变现能力较弱　　　D.存货的变现能力不稳定

6.在其他条件不变的情况下,缩短应收账款周转天数,有利于( )。

A.提高短期偿债能力　　　　B.缩短现金周转期
C.企业减少资金占用　　　　D.企业扩大销售规模

7.若流动比率大于1,则下列结论不一定成立的有( )。
A.速动比率大于1　　　　　　　　B.营运资金大于零
C.资产负债率大于1　　　　　　　D.短期偿债能力绝对有保障
8.以下对流动比率的表述中正确的有( )。
A.不同企业的流动比率有统一的衡量标准
B.流动比率越高越好
C.流动比率需要用速动比率加以补充和说明
D.流动比率高,并不意味着企业就一定具有短期偿债能力
9.产权比率与资产负债率相比较,( )。
A.两个比率对评价偿债能力的作用基本相同
B.资产负债率侧重于分析债务偿付安全性的物质保险程度
C.产权比率侧重于揭示财务结构的稳健程度
D.产权比率侧重于揭示自有资金对偿债风险的承受能力
10.反映资产营运能力的指标包括( )。
A.总资产周转率　　　　　　　　B.流动资产周转率
C.应收账款周转率　　　　　　　D.存货周转率
11.在其他条件不变的情况下,会引起总资产周转率指标上升的经济业务有( )。
A.用现金偿还负债　　　　　　　B.借入一笔短期借款
C.用银行存款购入一台设备　　　D.用银行存款支付一年的电话费
12.反映企业盈利能力状况的财务指标有( )。
A.主营业务利润率　　　　　　　B.总资产报酬率
C.净资产收益率　　　　　　　　D.资本保值增值率
13.影响总资产报酬率的因素有( )。
A.净利润　　　B.所得税　　　C.利息　　　D.资产平均总额
14.利息保障倍数指标所反映的企业财务层面包括( )。
A.盈利能力　　　　　　　　　　B.长期偿债能力
C.短期偿债能力　　　　　　　　D.营运能力
15.从杜邦分析体系可知,提高净资产收益率的途径有( )。
A.加强负债管理,降低负债比率　B.加强成本管理,降低成本费用
C.加强资产管理,提高资产周转率　D.加强营业管理,提高营业利润率
16.下列分析方法中,属于财务综合分析方法的有( )。
A.趋势分析法　　　　　　　　　B.杜邦财务分析法
C.沃尔比重评分法　　　　　　　D.因素分析法

四、判断题

1.在采用因素分析法时,既可以按照各因素的依存关系排列成一定的顺序并依次替代,又可以任意颠倒顺序,其结果是相同的。( )
2.流动比率与速动比率之差等于现金比率。( )
3.本应借记"应付账款"科目却误借记"应收账款"科目,这种错误必然会导致流动比率上升。( )

4.尽管流动比率可以反映企业的短期偿债能力,但有的企业流动比率较高,却没有能力支付到期的应付账款。   （   ）

5.对于盈利企业,在总资产净利率不变的情况下,资产负债率越高,净资产收益率越低。   （   ）

6.在总资产报酬率不变的情况下,资产负债率越低,权益资金利润率越高。   （   ）

7.权益乘数的高低取决于企业的资本结构,负债比重越高,权益乘数越低,财务风险越大。   （   ）

8.一般而言,企业存货需要量与企业生产及销售的规模成正比,与存货周转天数成反比。   （   ）

9.某公司今年与上年相比,销售收入增长10%,净利润增长8%,资产总额增加12%,负债总额增加9%。可以判断,该公司净资产收益率比上年下降了。   （   ）

10.企业去年的营业净利率为5.8%,资产周转率为3.2;今年的营业净利率为6.1%,资产周转率为3.5。若两年的资产负债率相同,今年的净资产收益率比去年有所提高。
                                                                                                         （   ）

11.若资产增加幅度低于销售收入净额增长幅度,则会引起资产周转率增大,表明企业的营运能力有所提高。   （   ）

12.因素分析法既可以全面分析各因素对某一经济指标的影响,又可以单独分析某个因素对某一经济指标的影响。   （   ）

13.市盈率是评价上市公司盈利能力的指标,它反映投资者愿意对公司每股净利润支付的价格。   （   ）

五、实务训练题

1.某公司流动资产数据资料为:年初存货为150万元,年初应收账款为120万元,年末流动比率为3,年末速动比率为1.5,存货周转率为5,年末流动资产余额为300万元,一年按360天计算。该公司流动资产由速动资产和存货组成。

要求：

(1)计算该公司流动负债年末余额。

(2)计算该公司存货年末余额和年平均余额。

(3)计算该公司本年销售成本。

(4)假设本年销售收入为1 020万元,应收账款以外的其他流动资产忽略不计,计算该公司应收账款周转天数。

2.某公司2019年的资产负债表见表8-14。

表8-14　　　　　　　　　　　资产负债表

2019年12月31日　　　　　　　　　　　　　　　　　单位:万元

资　产	金额	负债及所有者权益	金额
货币资金	50	应付账款	100
应收账款		长期负债	
存货		实收资本	100
固定资产		留存收益	100
资产总计		负债及所有者权益总计	

其他有关资料如下：
(1)长期负债与所有者权益之比为0.5。
(2)销售毛利率为10%。
(3)存货周转率(存货按年末数计算)为9次。
(4)平均收现期(应收账款按年末数计算)为18天。
(5)总资产周转率(总资产按年末数计算)为2.5次。
要求：利用上述资料，填充公司资产负债表的空白部分(写出计算分析过程)。

3.某企业2019年销售收入为125 000元，毛利率为52%，赊销比例为80%，净利率为16%，存货周转率为5次，期初存货余额为10 000元，期初应收账款余额为12 000元，期末应收账款余额为8 000元，速动比率为1.6，流动比率为2.16，流动资产占总资产的27%，负债比率为37.5%，该公司只发行普通股一种，流通在外的股数为5 000股，每股市价为25元，该公司期末无待摊费用。

要求：
(1)计算应收账款周转率。
(2)计算资产净利率。

六、案例分析题

大同公司近三年有关资料见表8-15。

表8-15　　　　　大同公司近三年有关资料　　　　　单位：万元

项目	2018年	2019年	2020年
净利润	20	3 300	3 550
营业收入	1 000	25 000	27 000
年末资产总额	30 000	35 000	38 000
年末股东权益总额	27 000	29 000	33 000
年末普通股股数	21 000	21 000	21 000
普通股平均股数	21 000	21 000	21 000

假定三年的每股市价均为5.1元。

要求：
(1)分别计算2019年和2020年的如下数据：营业净利率；总资产周转率；权益乘数；平均每股净资产；每股收益；市盈率。(要求所涉及的资产负债表数取平均数)。
(2)用因素分析法分析营业净利率、总资产净利率、权益乘数、平均每股净资产对每股收益的影响。

附 录

附表1　　　　　　　　　　复利终值系数表

期数	1%	2%	3%	4%	5%	6%	7%	8%	9%	10%
1	1.010 0	1.020 0	1.030 0	1.040 0	1.050 0	1.060 0	1.070 0	1.080 0	1.090 0	1.100 0
2	1.020 1	1.040 4	1.060 9	1.081 6	1.102 5	1.123 6	1.144 9	1.166 4	1.188 1	1.210 0
3	1.030 3	1.061 2	1.092 7	1.124 9	1.157 6	1.191 0	1.225 0	1.259 7	1.295 0	1.331 0
4	1.040 6	1.082 4	1.125 5	1.169 9	1.215 5	1.262 5	1.310 8	1.360 5	1.411 6	1.464 1
5	1.051 0	1.104 1	1.159 3	1.216 7	1.276 3	1.338 2	1.402 6	1.469 3	1.538 6	1.610 5
6	1.061 5	1.126 2	1.194 1	1.265 3	1.340 1	1.418 5	1.500 7	1.586 9	1.677 1	1.771 6
7	1.072 1	1.148 7	1.229 9	1.315 9	1.407 1	1.503 6	1.605 8	1.713 8	1.828 0	1.948 7
8	1.082 9	1.171 7	1.266 8	1.368 6	1.477 5	1.593 8	1.718 2	1.850 9	1.992 6	2.143 6
9	1.093 7	1.195 1	1.304 8	1.423 3	1.551 3	1.689 5	1.838 5	1.999 0	2.171 9	2.357 9
10	1.104 6	1.219 0	1.343 9	1.480 2	1.628 9	1.790 8	1.967 2	2.158 9	2.367 4	2.593 7
11	1.115 7	1.243 4	1.384 2	1.539 5	1.710 3	1.898 3	2.104 9	2.331 6	2.580 4	2.853 1
12	1.126 8	1.268 2	1.425 8	1.601 0	1.795 9	2.012 2	2.252 2	2.518 2	2.812 7	3.138 4
13	1.138 1	1.293 6	1.468 5	1.665 1	1.885 6	2.132 9	2.409 8	2.719 6	3.065 8	3.452 3
14	1.149 5	1.319 5	1.512 6	1.731 7	1.979 9	2.260 9	2.578 5	2.937 2	3.341 7	3.797 5
15	1.161 0	1.345 9	1.558 0	1.800 9	2.078 9	2.396 6	2.759 0	3.172 2	3.642 5	4.177 2
16	1.172 6	1.372 8	1.604 7	1.873 0	2.182 9	2.540 4	2.952 2	3.425 9	3.970 3	4.595 0
17	1.184 3	1.400 2	1.652 8	1.947 9	2.292 0	2.692 8	3.158 8	3.700 0	4.327 6	5.054 5
18	1.196 1	1.428 2	1.702 4	2.025 8	2.406 6	2.854 3	3.379 9	3.996 0	4.717 1	5.559 9
19	1.208 1	1.456 8	1.753 5	2.106 8	2.527 0	3.025 6	3.616 5	4.315 7	5.141 7	6.115 9
20	1.220 2	1.485 9	1.806 1	2.191 1	2.653 3	3.207 1	3.869 7	4.661 0	5.604 4	6.727 5
21	1.232 4	1.515 7	1.860 3	2.278 8	2.786 0	3.399 6	4.140 6	5.033 8	6.108 8	7.400 2
22	1.244 7	1.546 0	1.916 1	2.369 9	2.925 3	3.603 5	4.430 4	5.436 5	6.658 6	8.140 3
23	1.257 2	1.576 9	1.973 6	2.464 7	3.071 5	3.819 7	4.740 5	5.871 5	7.257 9	8.954 3
24	1.269 7	1.608 4	2.032 8	2.563 3	3.225 1	4.048 9	5.072 4	6.341 2	7.911 1	9.849 7
25	1.282 4	1.640 6	2.093 8	2.665 8	3.386 4	4.291 9	5.427 4	6.848 5	8.623 1	10.835
26	1.295 3	1.673 4	2.156 6	2.772 5	3.555 7	4.549 4	5.807 4	7.396 4	9.399 2	11.918
27	1.308 2	1.706 9	2.221 3	2.883 4	3.733 5	4.822 3	6.213 9	7.988 1	10.245	13.110
28	1.321 3	1.741 0	2.287 9	2.998 7	3.920 1	5.111 7	6.648 8	8.627 1	11.167	14.421
29	1.334 5	1.775 8	2.356 6	3.118 7	4.116 1	5.418 4	7.114 3	9.317 3	12.172	15.863
30	1.347 8	1.811 4	2.427 3	3.243 4	4.321 9	5.743 5	7.612 3	10.063	13.268	17.449
40	1.488 9	2.208 0	3.262 0	4.801 0	7.040 0	10.286	14.975	21.725	31.409	45.259
50	1.644 6	2.691 6	4.383 9	7.106 7	11.467	18.420	29.457	46.902	74.358	117.39
60	1.816 7	3.281 0	5.891 6	10.520	18.679	32.988	57.946	101.26	176.03	304.48

(续表)

期数	12%	14%	15%	16%	18%	20%	24%	28%	32%	36%
1	1.120 0	1.140 0	1.150 0	1.160 0	1.180 0	1.200 0	1.240 0	1.280 0	1.320 0	1.360 0
2	1.254 4	1.299 6	1.322 5	1.345 6	1.392 4	1.440 0	1.537 6	1.638 4	1.742 4	1.849 6
3	1.404 9	1.481 5	1.520 9	1.560 9	1.643 0	1.728 0	1.906 6	2.097 2	2.300 0	2.515 5
4	1.573 5	1.689 0	1.749 0	1.810 6	1.938 8	2.073 6	2.364 2	2.684 4	3.036 0	3.421 0
5	1.762 3	1.925 4	2.011 4	2.100 3	2.287 8	2.488 3	2.931 6	3.436 0	4.007 5	4.652 6
6	1.973 8	2.195 0	2.313 1	2.436 4	2.699 6	2.986 0	3.635 2	4.398 0	5.289 9	6.327 5
7	2.210 7	2.502 3	2.660 0	2.826 2	3.185 5	3.583 2	4.507 7	5.629 5	6.982 6	8.605 4
8	2.476 0	2.852 6	3.059 0	3.278 4	3.758 9	4.299 8	5.589 5	7.205 8	9.217 0	11.703
9	2.773 1	3.251 9	3.517 9	3.803 0	4.435 5	5.159 8	6.931 0	9.223 4	12.167	15.917
10	3.105 8	3.707 2	4.045 6	4.411 4	5.233 8	6.191 7	8.594 4	11.806	16.060	21.647
11	3.478 5	4.226 2	4.652 4	5.117 3	6.175 9	7.430 1	10.657	15.112	21.199	29.439
12	3.896 0	4.817 9	5.350 3	5.936 0	7.287 6	8.916 1	13.215	19.343	27.983	40.038
13	4.363 5	5.492 4	6.152 8	6.885 8	8.599 4	10.699	16.386	24.759	36.937	54.451
14	4.887 1	6.261 3	7.075 7	7.987 5	10.147	12.839	20.319	31.691	48.757	74.053
15	5.473 6	7.137 9	8.137 1	9.265 5	11.974	15.407	25.196	40.565	64.359	100.71
16	6.130 4	8.137 2	9.357 6	10.74 8	14.129	18.488	31.243	51.923	84.954	136.97
17	6.866 0	9.276 5	10.761	12.468	16.672	22.186	38.741	66.461	112.14	186.28
18	7.690 0	10.575	12.376	14.463	19.673	26.623	48.039	85.071	148.02	253.34
19	8.612 8	12.056	14.232	16.777	23.214	31.948	59.568	108.89	195.39	344.54
20	9.646 3	13.744	16.367	19.461	27.393	38.338	73.864	139.38	257.92	468.57
21	10.804	15.668	18.822	22.575	32.324	46.005	91.592	178.41	340.45	637.26
22	12.100	17.861	21.645	26.186	38.142	55.206	113.57	228.36	449.39	866.67
23	13.552	20.362	24.892	30.376	45.008	66.247	140.83	292.30	593.20	1 178.7
24	15.179	23.212	28.625	35.236	53.109	79.497	174.63	374.14	783.02	1 603.0
25	17.000	26.462	32.919	40.874	62.669	95.396	216.54	478.90	1 033.6	2 180.1
26	19.040	30.167	37.857	47.414	73.949	114.48	268.51	613.00	1 364.3	2 964.9
27	21.325	34.390	43.535	55.000	87.260	137.37	332.96	784.64	1 800.9	4 032.3
28	23.884	39.205	50.066	63.800	102.97	164.84	412.86	1 004.3	2 377.2	5 483.9
29	26.750	44.693	57.576	74.009	121.50	197.81	511.95	1 285.6	3 137.9	7 458.1
30	29.960	50.950	66.212	85.850	143.37	237.38	634.82	1 645.5	4 142.1	10 143
40	93.051	188.88	267.86	378.72	750.38	1 469.8	5 455.9	19 427	66 521	*
50	289.00	700.23	1 083.7	1 670.7	3 927.4	9 100.4	46 890	*	*	*
60	897.60	2 595.9	4 384.0	7 370.2	20 555	56 348	*	*	*	*

注：*＞99 999

附表 2　　　　　　　　　　　　　　　复利现值系数表

期数	1%	2%	3%	4%	5%	6%	7%	8%	9%	10%
1	0.990 1	0.980 4	0.970 9	0.961 5	0.952 4	0.943 4	0.934 6	0.925 9	0.917 4	0.909 1
2	0.980 3	0.961 2	0.942 6	0.924 6	0.907 0	0.890 0	0.873 4	0.857 3	0.841 7	0.826 4
3	0.970 6	0.942 3	0.915 1	0.889 0	0.863 8	0.839 6	0.816 3	0.793 8	0.772 2	0.751 3
4	0.961 0	0.923 8	0.888 5	0.854 8	0.822 7	0.792 1	0.762 9	0.735 0	0.708 4	0.683 0
5	0.951 5	0.905 7	0.862 6	0.821 9	0.783 5	0.747 3	0.713 0	0.680 6	0.649 9	0.620 9
6	0.942 0	0.888 0	0.837 5	0.790 3	0.746 2	0.705 0	0.666 3	0.630 2	0.596 3	0.564 5
7	0.932 7	0.870 6	0.813 1	0.759 9	0.710 7	0.665 1	0.622 7	0.583 5	0.547 0	0.513 2
8	0.923 5	0.853 5	0.789 4	0.730 7	0.676 8	0.627 4	0.582 0	0.540 3	0.501 9	0.466 5
9	0.914 3	0.836 8	0.766 4	0.702 6	0.644 6	0.591 9	0.543 9	0.500 2	0.460 4	0.424 1
10	0.905 3	0.820 3	0.744 1	0.675 6	0.613 9	0.558 4	0.508 3	0.463 2	0.422 4	0.385 5
11	0.896 3	0.804 3	0.722 4	0.649 6	0.584 7	0.526 8	0.475 1	0.428 9	0.387 5	0.350 5
12	0.887 4	0.788 5	0.701 4	0.624 6	0.556 8	0.497 0	0.444 0	0.397 1	0.355 5	0.318 6
13	0.878 7	0.773 0	0.681 0	0.600 6	0.530 3	0.468 8	0.415 0	0.367 7	0.326 2	0.289 7
14	0.870 0	0.757 9	0.661 1	0.577 5	0.505 1	0.442 3	0.387 8	0.340 5	0.299 2	0.263 3
15	0.861 3	0.743 0	0.641 9	0.555 3	0.481 0	0.417 3	0.362 4	0.315 2	0.274 5	0.239 4
16	0.852 8	0.728 4	0.623 2	0.533 9	0.458 1	0.393 6	0.338 7	0.291 9	0.251 9	0.217 6
17	0.844 4	0.714 2	0.605 0	0.513 4	0.436 3	0.371 4	0.316 6	0.270 3	0.231 1	0.197 8
18	0.836 0	0.700 2	0.587 4	0.493 6	0.415 5	0.350 3	0.295 9	0.250 2	0.212 0	0.179 9
19	0.827 7	0.686 4	0.570 3	0.474 6	0.395 7	0.330 5	0.276 5	0.231 7	0.194 5	0.163 5
20	0.819 5	0.673 0	0.553 7	0.456 4	0.376 9	0.311 8	0.258 4	0.214 5	0.178 4	0.148 6
21	0.811 4	0.659 8	0.537 5	0.438 8	0.358 9	0.294 2	0.241 5	0.198 7	0.163 7	0.135 1
22	0.803 4	0.646 8	0.521 9	0.422 0	0.341 8	0.277 5	0.225 7	0.183 9	0.150 2	0.122 8
23	0.795 4	0.634 2	0.506 7	0.405 7	0.325 6	0.261 8	0.210 9	0.170 3	0.137 8	0.111 7
24	0.787 6	0.621 7	0.491 9	0.390 1	0.310 1	0.247 0	0.197 1	0.157 7	0.126 4	0.101 5
25	0.779 8	0.609 5	0.477 6	0.375 1	0.295 3	0.233 0	0.184 2	0.146 0	0.116 0	0.092 3
26	0.772 0	0.597 6	0.463 7	0.360 7	0.281 2	0.219 8	0.172 2	0.135 2	0.106 4	0.083 9
27	0.764 4	0.585 9	0.450 2	0.346 8	0.267 8	0.207 4	0.160 9	0.125 2	0.097 6	0.076 3
28	0.756 8	0.574 4	0.437 1	0.333 5	0.255 1	0.195 6	0.150 4	0.115 9	0.089 5	0.069 3
29	0.749 3	0.563 1	0.424 3	0.320 7	0.242 9	0.184 6	0.140 6	0.107 3	0.082 2	0.063 0
30	0.741 9	0.552 1	0.412 0	0.308 3	0.231 4	0.174 1	0.131 4	0.099 4	0.075 4	0.057 3
35	0.705 9	0.500 0	0.355 4	0.253 4	0.181 3	0.130 1	0.093 7	0.067 6	0.049 0	0.035 6
40	0.671 7	0.452 9	0.306 6	0.208 3	0.142 0	0.097 2	0.066 8	0.046 0	0.031 8	0.022 1
45	0.639 1	0.410 2	0.264 4	0.171 2	0.111 3	0.072 7	0.047 6	0.031 3	0.020 7	0.013 7
50	0.608 0	0.371 5	0.228 1	0.140 7	0.087 2	0.054 3	0.033 9	0.021 3	0.013 4	0.008 5
55	0.578 5	0.336 5	0.196 8	0.115 7	0.068 3	0.040 6	0.024 2	0.014 5	0.008 7	0.005 3

附 录

（续表）

期数	12%	14%	15%	16%	18%	20%	24%	28%	32%	36%
1	0.892 9	0.877 2	0.869 6	0.862 1	0.847 5	0.833 3	0.806 5	0.781 3	0.757 6	0.735 3
2	0.797 2	0.769 5	0.756 1	0.743 2	0.718 2	0.694 4	0.650 4	0.610 4	0.573 9	0.540 7
3	0.711 8	0.675 0	0.657 5	0.640 7	0.608 6	0.578 7	0.524 5	0.476 8	0.434 8	0.397 5
4	0.635 5	0.592 1	0.571 8	0.552 3	0.515 8	0.482 3	0.423 0	0.372 5	0.329 4	0.292 3
5	0.567 4	0.519 4	0.497 2	0.476 1	0.437 1	0.401 9	0.341 1	0.291 0	0.249 5	0.214 9
6	0.506 6	0.455 6	0.432 3	0.410 4	0.370 4	0.334 9	0.275 1	0.227 4	0.189 0	0.158 0
7	0.452 3	0.399 6	0.375 9	0.353 8	0.313 9	0.279 1	0.221 8	0.177 6	0.143 2	0.116 2
8	0.403 9	0.350 6	0.326 9	0.305 0	0.266 0	0.232 6	0.178 9	0.138 8	0.108 5	0.085 4
9	0.360 6	0.307 5	0.284 3	0.263 0	0.225 5	0.193 8	0.144 3	0.108 4	0.082 2	0.062 8
10	0.322 0	0.269 7	0.247 2	0.226 7	0.191 1	0.161 5	0.116 4	0.084 7	0.062 3	0.046 2
11	0.287 5	0.236 6	0.214 9	0.195 4	0.161 9	0.134 6	0.093 8	0.066 2	0.047 2	0.034 0
12	0.256 7	0.207 6	0.186 9	0.168 5	0.137 2	0.112 2	0.075 7	0.051 7	0.035 7	0.025 0
13	0.229 2	0.182 1	0.162 5	0.145 2	0.116 3	0.093 5	0.061 0	0.040 4	0.027 1	0.018 4
14	0.204 6	0.159 7	0.141 3	0.125 2	0.098 5	0.077 9	0.049 2	0.031 6	0.020 5	0.013 5
15	0.182 7	0.140 1	0.122 9	0.107 9	0.083 5	0.064 9	0.039 7	0.024 7	0.015 5	0.009 9
16	0.163 1	0.122 9	0.106 9	0.093 0	0.070 8	0.054 1	0.032 0	0.019 3	0.011 8	0.007 3
17	0.145 6	0.107 8	0.092 9	0.080 2	0.060 0	0.045 1	0.025 8	0.015 0	0.008 9	0.005 4
18	0.130 0	0.094 6	0.080 8	0.069 1	0.050 8	0.037 6	0.020 8	0.011 8	0.006 8	0.003 9
19	0.116 1	0.082 9	0.070 3	0.059 6	0.043 1	0.031 3	0.016 8	0.009 2	0.005 1	0.002 9
20	0.103 7	0.072 8	0.061 1	0.051 4	0.036 5	0.026 1	0.013 5	0.007 2	0.003 9	0.002 1
21	0.092 6	0.063 8	0.053 1	0.044 3	0.030 9	0.021 7	0.010 9	0.005 6	0.002 9	0.001 6
22	0.082 6	0.056 0	0.046 2	0.038 2	0.026 2	0.018 1	0.008 8	0.004 4	0.002 2	0.001 2
23	0.073 8	0.049 1	0.040 2	0.032 9	0.022 2	0.015 1	0.007 1	0.003 4	0.001 7	0.000 8
24	0.065 9	0.043 1	0.034 9	0.028 4	0.018 8	0.012 6	0.005 7	0.002 7	0.001 3	0.000 6
25	0.058 8	0.037 8	0.030 4	0.024 5	0.016 0	0.010 5	0.004 6	0.002 1	0.001 0	0.000 5
26	0.052 5	0.033 1	0.026 4	0.021 1	0.013 5	0.008 7	0.003 7	0.001 6	0.000 7	0.000 3
27	0.046 9	0.029 1	0.023 0	0.018 2	0.011 5	0.007 3	0.003 0	0.001 3	0.000 6	0.000 2
28	0.041 9	0.025 5	0.020 0	0.015 7	0.009 7	0.006 1	0.002 4	0.001 0	0.000 4	0.000 2
29	0.037 4	0.022 4	0.017 4	0.013 5	0.008 2	0.005 1	0.002 0	0.000 8	0.000 3	0.000 1
30	0.033 4	0.019 6	0.015 1	0.011 6	0.007 0	0.004 2	0.001 6	0.000 6	0.000 2	0.000 1
35	0.018 9	0.010 2	0.007 5	0.005 5	0.003 0	0.001 7	0.000 5	0.000 2	0.000 1	*
40	0.010 7	0.005 3	0.003 7	0.002 6	0.001 3	0.000 7	0.000 2	0.000 1	*	*
45	0.006 1	0.002 7	0.001 9	0.001 3	0.000 6	0.000 3	0.000 1	*	*	*
50	0.003 5	0.001 4	0.000 9	0.000 6	0.000 3	0.000 1	*	*	*	*
55	0.002 0	0.000 7	0.000 5	0.000 3	0.000 1	*	*	*	*	*

注：* <0.0001

附表 3　　　　　　　　　　　　　　　年金终值系数表

期数	1%	2%	3%	4%	5%	6%	7%	8%	9%	10%
1	1.000 0	1.000 0	1.000 0	1.000 0	1.000 0	1.000 0	1.000 0	1.000 0	1.000 0	1.000 0
2	2.010 0	2.020 0	2.030 0	2.040 0	2.050 0	2.060 0	2.070 0	2.080 0	2.090 0	2.100 0
3	3.030 1	3.060 4	3.090 9	3.121 6	3.152 5	3.183 6	3.214 9	3.246 4	3.278 1	3.310 0
4	4.060 4	4.121 6	4.183 6	4.246 5	4.310 1	4.374 6	4.439 9	4.506 1	4.573 1	4.641 0
5	5.101 0	5.204 0	5.309 1	5.416 3	5.525 6	5.637 1	5.750 7	5.866 6	5.984 7	6.105 1
6	6.152 0	6.308 1	6.468 4	6.633 0	6.801 9	6.975 3	7.153 3	7.335 9	7.523 3	7.715 6
7	7.213 5	7.434 3	7.662 5	7.898 3	8.142 0	8.393 8	8.654 0	8.922 8	9.200 4	9.487 2
8	8.285 7	8.583 0	8.892 3	9.214 2	9.549 1	9.897 5	10.260	10.637	11.029	11.436
9	9.368 5	9.754 6	10.159	10.583	11.027	11.491	11.978	12.488	13.021	13.580
10	10.462	10.950	11.464	12.006	12.578	13.181	13.816	14.487	15.193	15.937
11	11.567	12.169	12.808	13.486	14.207	14.972	15.784	16.646	17.560	18.531
12	12.683	13.412	14.192	15.026	15.917	16.870	17.889	18.977	20.141	21.384
13	13.809	14.680	15.618	16.627	17.713	18.882	20.141	21.495	22.953	24.523
14	14.947	15.974	17.086	18.292	19.599	21.015	22.551	24.215	26.019	27.975
15	16.097	17.293	18.599	20.024	21.579	23.276	25.129	27.152	29.361	31.773
16	17.258	18.639	20.157	21.825	23.658	25.673	27.888	30.324	33.003	35.950
17	18.430	20.012	21.762	23.698	25.840	28.213	30.840	33.750	36.974	40.545
18	19.615	21.412	23.414	25.645	28.132	30.906	33.999	37.450	41.301	45.599
19	20.811	22.841	25.117	27.671	30.539	33.760	37.379	41.446	46.019	51.159
20	22.019	24.297	26.870	29.778	33.066	36.786	40.996	45.762	51.160	57.275
21	23.239	25.783	28.677	31.969	35.719	39.993	44.865	50.423	56.765	64.003
22	24.472	27.299	30.537	34.248	38.505	43.392	49.006	55.457	62.873	71.403
23	25.716	28.845	32.453	36.618	41.431	46.996	53.436	60.893	69.532	79.543
24	26.974	30.422	34.427	39.083	44.502	50.816	58.177	66.765	76.790	88.497
25	28.243	32.030	36.459	41.646	47.727	54.865	63.249	73.106	84.701	98.347
26	29.526	33.671	38.553	44.312	51.114	59.156	68.677	79.954	93.324	109.18
27	30.821	35.344	40.710	47.084	54.669	63.706	74.484	87.351	102.72	121.10
28	32.129	37.051	42.931	49.968	58.403	68.528	80.698	95.339	112.97	134.21
29	33.450	38.792	45.219	52.966	62.323	73.640	87.347	103.97	124.14	148.63
30	34.785	40.568	47.575	56.085	66.439	79.058	94.461	113.28	136.31	164.49
40	48.886	60.402	75.401	95.026	120.80	154.76	199.64	259.06	337.88	442.59
50	64.463	84.579	112.80	152.67	209.35	290.34	406.53	573.77	815.08	1 163.9
60	81.670	114.05	163.05	237.99	353.58	533.13	813.52	1 253.2	1 944.8	3 034.8

（续表）

期数	12%	14%	15%	16%	18%	20%	24%	28%	32%	36%
1	1.000 0	1.000 0	1.000 0	1.000 0	1.000 0	1.000 0	1.000 0	1.000 0	1.000 0	1.000 0
2	2.120 0	2.140 0	2.150 0	2.160 0	2.180 0	2.200 0	2.240 0	2.280 0	2.320 0	2.360 0
3	3.374 4	3.439 6	3.472 5	3.505 6	3.572 4	3.640 0	3.777 6	3.918 4	4.062 4	4.209 6
4	4.779 3	4.921 1	4.993 4	5.066 5	5.215 4	5.368 0	5.684 2	6.015 6	6.362 4	6.725 1
5	6.352 8	6.610 1	6.742 4	6.877 1	7.154 2	7.441 6	8.048 4	8.699 9	9.398 3	10.146
6	8.115 2	8.535 5	8.753 7	8.977 5	9.442 0	9.929 9	10.980	12.136	13.406	14.799
7	10.089	10.731	11.067	11.414	12.142	12.916	14.615	16.534	18.696	21.126
8	12.300	13.233	13.727	14.240	15.327	16.499	19.123	22.163	25.678	29.732
9	14.776	16.085	16.786	17.519	19.086	20.799	24.713	29.369	34.895	41.435
10	17.549	19.337	20.304	21.322	23.521	25.959	31.643	38.593	47.062	57.352
11	20.655	23.045	24.349	25.733	28.755	32.150	40.238	50.399	63.122	78.998
12	24.133	27.271	29.002	30.850	34.931	39.581	50.895	65.510	84.320	108.44
13	28.029	32.089	34.352	36.786	42.219	48.497	64.110	84.853	112.30	148.48
14	32.393	37.581	40.505	43.672	50.818	59.196	80.496	109.61	149.24	202.93
15	37.280	43.842	47.580	51.660	60.965	72.035	100.82	141.30	198.00	276.98
16	42.753	50.980	55.718	60.925	72.939	87.442	126.01	181.87	262.36	377.69
17	48.884	59.118	65.075	71.673	87.068	105.93	157.25	233.79	347.31	514.66
18	55.750	68.394	75.836	84.141	103.74	128.12	195.99	300.25	459.45	700.94
19	63.440	78.969	88.212	98.603	123.41	154.74	244.03	385.32	607.47	954.28
20	72.052	91.025	102.44	115.38	146.63	186.69	303.60	494.21	802.86	1 298.8
21	81.699	104.77	118.81	134.84	174.02	225.03	377.46	633.59	1 060.8	1 767.4
22	92.503	120.44	137.63	157.42	206.34	271.03	469.06	812.00	1 401.2	2 404.7
23	104.60	138.30	159.28	183.60	244.49	326.24	582.63	1 040.4	1 850.6	3 271.3
24	118.16	158.66	184.17	213.98	289.49	392.48	723.46	1 332.7	2 443.8	4 450.0
25	133.33	181.87	212.79	249.21	342.60	471.98	898.09	1 706.8	3 226.8	6 053.0
26	150.33	208.33	245.71	290.09	405.27	567.38	1 114.6	2 185.7	4 260.4	8 233.1
27	169.37	238.50	283.57	337.50	479.22	681.85	1 383.1	2 798.7	5 624.8	11 198
28	190.70	272.89	327.10	392.50	566.48	819.22	1 716.1	3 583.3	7 425.7	15 230
29	214.58	312.09	377.17	456.30	669.45	984.07	2 129.0	4 587.7	9 802.9	20 714
30	241.33	356.79	434.75	530.31	790.95	1 181.9	2 640.9	5 873.2	12 941	28 172
40	767.09	1 342.0	1 779.1	2 360.8	4 163.2	7 343.9	22 729	69 377	207 874	609 890
50	2 400.0	4 994.5	7 217.7	10 436	21 813	45 497	195 373	819 103	*	*
60	7 471.6	18 535	29 220	46 058	114 190	281 733	*	*	*	*

注：* > 999 999.99

附表 4　　　　　　　　　　　　　　　年金现值系数表

期数	1%	2%	3%	4%	5%	6%	7%	8%	9%	10%
1	0.990 1	0.980 4	0.970 9	0.961 5	0.952 4	0.943 4	0.934 6	0.925 9	0.917 4	0.909 1
2	1.970 4	1.941 6	1.913 5	1.886 1	1.859 4	1.833 4	1.808 0	1.783 3	1.759 1	1.735 5
3	2.941 0	2.883 9	2.828 6	2.775 1	2.723 2	2.673 0	2.624 3	2.577 1	2.531 3	2.486 9
4	3.902 0	3.807 7	3.717 1	3.629 9	3.546 0	3.465 1	3.387 2	3.312 1	3.239 7	3.169 9
5	4.853 4	4.713 5	4.579 7	4.451 8	4.329 5	4.212 4	4.100 2	3.992 7	3.889 7	3.790 8
6	5.795 5	5.601 4	5.417 2	5.242 1	5.075 7	4.917 3	4.766 5	4.622 9	4.485 9	4.355 3
7	6.728 2	6.472 0	6.230 3	6.002 1	5.786 4	5.582 4	5.389 3	5.206 4	5.033 0	4.868 4
8	7.651 7	7.325 5	7.019 7	6.732 7	6.463 2	6.209 8	5.971 3	5.746 6	5.534 8	5.334 9
9	8.566 0	8.162 2	7.786 1	7.435 3	7.107 8	6.801 7	6.515 2	6.246 9	5.995 2	5.759 0
10	9.471 3	8.982 6	8.530 2	8.110 9	7.721 7	7.360 1	7.023 6	6.710 1	6.417 7	6.144 6
11	10.367 6	9.786 8	9.252 6	8.760 5	8.306 4	7.886 9	7.498 7	7.139 0	6.805 2	6.495 1
12	11.255 1	10.575 3	9.954 0	9.385 1	8.863 3	8.383 8	7.942 7	7.536 1	7.160 7	6.813 7
13	12.133 7	11.348 4	10.635 0	9.985 6	9.393 6	8.852 7	8.357 7	7.903 8	7.486 9	7.103 4
14	13.003 7	12.106 2	11.296 1	10.563 1	9.898 6	9.295 0	8.745 5	8.244 2	7.786 2	7.366 7
15	13.865 1	12.849 3	11.937 9	11.118 4	10.379 7	9.712 2	9.107 9	8.559 5	8.060 7	7.606 1
16	14.717 9	13.577 7	12.561 1	11.652 3	10.837 8	10.105 9	9.446 6	8.851 4	8.312 6	7.823 7
17	15.562 3	14.291 9	13.166 1	12.165 7	11.274 1	10.477 3	9.763 2	9.121 6	8.543 6	8.021 6
18	16.398 3	14.992 0	13.753 5	12.659 3	11.689 6	10.827 6	10.059 1	9.371 9	8.755 6	8.201 4
19	17.226 0	15.678 5	14.323 8	13.133 9	12.085 3	11.158 1	10.335 6	9.603 6	8.950 1	8.364 9
20	18.045 6	16.351 4	14.877 5	13.590 3	12.462 2	11.469 9	10.594 0	9.818 1	9.128 5	8.513 6
21	18.857 0	17.011 2	15.415 0	14.029 2	12.821 2	11.764 1	10.835 5	10.016 8	9.292 2	8.648 7
22	19.660 4	17.658 0	15.936 9	14.451 1	13.163 0	12.041 6	11.061 2	10.200 7	9.442 4	8.771 5
23	20.455 8	18.292 2	16.443 6	14.856 8	13.488 6	12.303 4	11.272 2	10.371 1	9.580 2	8.883 2
24	21.243 4	18.913 9	16.935 5	15.247 0	13.798 6	12.550 4	11.469 3	10.528 8	9.706 6	8.984 7
25	22.023 2	19.523 5	17.413 1	15.622 1	14.093 9	12.783 4	11.653 6	10.674 8	9.822 6	9.077 0
26	22.795 2	20.121 0	17.876 8	15.982 8	14.375 2	13.003 2	11.825 8	10.810 0	9.929 0	9.160 9
27	23.559 6	20.706 9	18.327 0	16.329 6	14.643 0	13.210 5	11.986 7	10.935 2	10.026 6	9.237 2
28	24.316 4	21.281 3	18.764 1	16.663 1	14.898 1	13.406 2	12.137 1	11.051 1	10.116 1	9.306 6
29	25.065 8	21.844 4	19.188 5	16.983 7	15.141 1	13.590 7	12.277 7	11.158 4	10.198 3	9.369 6
30	25.807 7	22.396 5	19.600 4	17.292 0	15.372 5	13.764 8	12.409 0	11.257 8	10.273 7	9.426 9
35	29.408 6	24.998 6	21.487 2	18.664 6	16.374 2	14.498 2	12.947 7	11.654 6	10.566 8	9.644 2
40	32.834 7	27.355 5	23.114 8	19.792 8	17.159 1	15.046 3	13.331 7	11.924 6	10.757 4	9.779 1
45	36.094 5	29.490 2	24.518 7	20.720 0	17.774 1	15.455 8	13.605 5	12.108 4	10.881 2	9.862 8
50	39.196 1	31.423 6	25.729 8	21.482 2	18.255 9	15.761 9	13.800 7	12.233 5	10.961 7	9.914 8
55	42.147 2	33.174 8	26.774 4	22.108 6	18.633 5	15.990 5	13.939 9	12.318 6	11.014 0	9.947 1

(续表)

期数	12%	14%	15%	16%	18%	20%	24%	28%	32%	36%
1	0.892 9	0.877 2	0.869 6	0.862 1	0.847 5	0.833 3	0.806 5	0.781 3	0.757 6	0.735 3
2	1.690 1	1.646 7	1.625 7	1.605 2	1.565 6	1.527 8	1.456 8	1.391 6	1.331 5	1.276 0
3	2.401 8	2.321 6	2.283 2	2.245 9	2.174 3	2.106 5	1.981 3	1.868 4	1.766 3	1.673 5
4	3.037 3	2.913 7	2.855 0	2.798 2	2.690 1	2.588 7	2.404 3	2.241 0	2.095 7	1.965 8
5	3.604 8	3.433 1	3.352 2	3.274 3	3.127 2	2.990 6	2.745 4	2.532 0	2.345 2	2.180 7
6	4.111 4	3.888 7	3.784 5	3.684 7	3.497 6	3.325 5	3.020 5	2.759 4	2.534 2	2.338 8
7	4.563 8	4.288 3	4.160 4	4.038 6	3.811 5	3.604 6	3.242 3	2.937 0	2.677 5	2.455 0
8	4.967 6	4.638 9	4.487 3	4.343 6	4.077 6	3.837 2	3.421 2	3.075 8	2.786 0	2.540 4
9	5.328 2	4.946 4	4.771 6	4.606 5	4.303 0	4.031 0	3.565 5	3.184 2	2.868 1	2.603 3
10	5.650 2	5.216 1	5.018 8	4.833 2	4.494 1	4.192 5	3.681 9	3.268 9	2.930 4	2.649 5
11	5.937 7	5.452 7	5.233 7	5.028 6	4.656 0	4.327 1	3.775 7	3.335 1	2.977 6	2.683 4
12	6.194 4	5.660 3	5.420 6	5.197 1	4.793 2	4.439 2	3.851 4	3.386 8	3.013 3	2.708 4
13	6.423 5	5.842 4	5.583 1	5.342 3	4.909 5	4.532 7	3.912 4	3.427 2	3.040 4	2.726 8
14	6.628 2	6.002 1	5.724 5	5.467 5	5.008 1	4.610 6	3.961 6	3.458 7	3.060 9	2.740 3
15	6.810 9	6.142 2	5.847 4	5.575 5	5.091 6	4.675 5	4.001 3	3.483 4	3.076 4	2.750 2
16	6.974 0	6.265 1	5.954 2	5.668 5	5.162 4	4.729 6	4.033 3	3.502 6	3.088 2	2.757 5
17	7.119 6	6.372 9	6.047 2	5.748 7	5.222 3	4.774 6	4.059 1	3.517 7	3.097 1	2.762 9
18	7.249 7	6.467 4	6.128 0	5.817 8	5.273 2	4.812 2	4.079 9	3.529 4	3.103 9	2.766 8
19	7.365 8	6.550 4	6.198 2	5.877 5	5.316 2	4.843 5	4.096 7	3.538 6	3.109 0	2.769 7
20	7.469 4	6.623 1	6.259 3	5.928 8	5.352 7	4.869 6	4.110 3	3.545 8	3.112 9	2.771 8
21	7.562 0	6.687 0	6.312 5	5.973 1	5.383 7	4.891 3	4.121 2	3.551 4	3.115 8	2.773 4
22	7.644 6	6.742 9	6.358 7	6.011 3	5.409 9	4.909 4	4.130 0	3.555 8	3.118 0	2.774 6
23	7.718 4	6.792 1	6.398 8	6.044 2	5.432 1	4.924 5	4.137 1	3.559 2	3.119 7	2.775 4
24	7.784 3	6.835 1	6.433 8	6.072 6	5.450 9	4.937 1	4.142 8	3.561 9	3.121 0	2.776 0
25	7.843 1	6.872 9	6.464 1	6.097 1	5.466 9	4.947 6	4.147 4	3.564 0	3.122 0	2.776 5
26	7.895 7	6.906 1	6.490 6	6.118 2	5.480 4	4.956 3	4.151 1	3.565 6	3.122 7	2.776 8
27	7.942 6	6.935 2	6.513 5	6.136 4	5.491 9	4.963 7	4.154 2	3.566 9	3.123 3	2.777 1
28	7.984 4	6.960 7	6.533 5	6.152 0	5.501 6	4.969 7	4.156 6	3.567 9	3.123 7	2.777 3
29	8.021 8	6.983 0	6.550 9	6.165 6	5.509 8	4.974 7	4.158 5	3.568 7	3.124 0	2.777 4
30	8.055 2	7.002 7	6.566 0	6.177 2	5.516 8	4.978 9	4.160 1	3.569 3	3.124 2	2.777 5
35	8.175 5	7.070 0	6.616 6	6.215 3	5.538 6	4.991 5	4.164 4	3.570 8	3.124 8	2.777 7
40	8.243 8	7.105 0	6.641 8	6.233 5	5.548 2	4.996 6	4.165 9	3.571 2	3.125 0	2.777 8
45	8.282 5	7.123 2	6.654 3	6.242 1	5.552 3	4.998 6	4.166 4	3.571 4	3.125 0	2.777 8
50	8.304 5	7.132 7	6.660 5	6.246 3	5.554 1	4.999 5	4.166 6	3.571 4	3.125 0	2.777 8
55	8.317 0	7.137 6	6.663 6	6.248 2	5.554 9	4.999 8	4.166 6	3.571 4	3.125 0	2.777 8